E como você se sente em relação a isso?

JOSHUA FLETCHER

E como você se sente em relação a isso?

Tudo que você ~~sempre~~ *nunca* quis saber sobre terapia

Traduzido por Bruno Fiuza

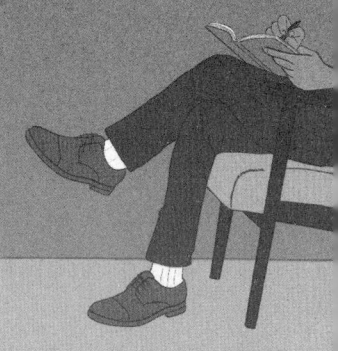

SEXTANTE

Título original: *And How Does That Make You Feel?*

Copyright © 2024 por Joshua Fletcher
Copyright da tradução © 2024 por GMT Editores Ltda.
Publicado mediante acordo com Rachel Mills Literary Ltd.

Todos os direitos reservados. Nenhuma parte deste livro pode ser utilizada ou reproduzida sob quaisquer meios existentes sem autorização por escrito dos editores.

coordenação editorial: Juliana Souza
produção editorial: Carolina Vaz
preparo de originais: Cláudia Mello Belhassof
revisão: André Marinho e Taís Monteiro
diagramação: Ana Paula Daudt Brandão
capa: Jessica Hart e Paul Miele-Herndon
adaptação de capa: Gustavo Cardozo
imagem de capa: © Debs Lim
impressão e acabamento: Cromosete Gráfica e Editora Ltda.

CIP-BRASIL. CATALOGAÇÃO NA PUBLICAÇÃO
SINDICATO NACIONAL DOS EDITORES DE LIVROS, RJ

F631c

Fletcher, Joshua
    E como você se sente em relação a isso? / Joshua Fletcher ; tradução Bruno Fiuza. - 1. ed. - Rio de Janeiro : Sextante, 2024.
    320 p. ; 23 cm.

    Tradução de: And how does that make you feel?
    ISBN 978-65-5564-889-8

    1. Psicoterapia. 2. Saúde mental. I. Fiuza, Bruno. II. Título.

24-91876   CDD: 616.89
                                        CDU: 616.89

Gabriela Faray Ferreira Lopes - Bibliotecária - CRB-7/6643

Todos os direitos reservados, no Brasil, por
GMT Editores Ltda.
Rua Voluntários da Pátria, 45 – 14º andar – Botafogo
22270-000 – Rio de Janeiro – RJ
Tel.: (21) 2538-4100
E-mail: atendimento@sextante.com.br
www.sextante.com.br

*Dedico este livro a todos os terapeutas que
investiram centenas de horas na sua formação para
chegar aonde estão hoje.
E também às pessoas corajosas que procuraram
a ajuda de um terapeuta. Fazer isso não é fácil.
Eu escuto vocês. Eu vejo vocês. Obrigado.*

Sumário

Introdução   11
As vozes interiores do terapeuta   14

Daphne   16
As origens da ansiedade   22
Levi   24
Noite de apresentação na escola   30
Zahra   33
Ataques de pânico   42
A guerra das abordagens   43
Harry   48
Noah   50
Instaterapia   55
Noitada   57
Daphne   61
Quadro de referência   73
Levi   76
    Autoflagelação   80
    Transtorno obsessivo-compulsivo   83

Introjeção	88
Zahra	92
Terapia de exposição	93
Harry	103
Noah	105
Ansiedade social	107
Daphne	115
Lutar, fugir, paralisar ou bajular	117
Conservadorismo emocional	128
Harry	130
Levi	132
Terapia de exposição com prevenção de resposta	134
Autocuidado	143
Zahra	146
Ansiedade ao dirigir	147
Harry	159
Noah	162
Depressão	172
Supermercado	174
Daphne	177
Harry	190
Levi	195
Violência doméstica	204
Bar secreto	207
Zahra	213
Uma carta para a minha ansiedade	224

Harry	228
Noah	232
Quando a terapia não funciona	245
Daphne	250
Aspirador de pó	254
Noah	261
Levi	267
Finais	278
Harry	282
Zahra	286
Mantenha a calma e siga em frente	302
A beleza da terapia	308
A entrevista	313
Agradecimentos	319

Introdução

Se você já teve o prazer de conhecer um terapeuta em uma festa (um bom terapeuta, pelo menos), provavelmente percebeu que somos muito atenciosos. Damos o nosso melhor para ouvir. Não fazemos isso para encontrar pistas de cada um dos seus defeitos, nem para enxergar uma parte oculta sua que você preferiria que não víssemos, tampouco estamos tentando associar um traço da sua personalidade às questões que você tem com os seus pais. Não mergulhamos nos seus pensamentos mais sombrios, não lemos sua mente nem detectamos mentiras em tempo real. Somos atenciosos porque o que gostamos de fazer é ouvir. Fomos treinados para isso.

Quando perguntamos – no consultório ou na vida – "e como você se sente em relação a isso?", é porque de fato queremos saber. Estamos interessados. Somos curiosos. Queremos entender.

Assim como o designer de interiores que não consegue deixar de analisar cada cômodo em que pisa ou o engenheiro que dá uma batidinha para conferir a parede da obra de outro profissional, os terapeutas muitas vezes acham difícil se desligar do trabalho diário. Principalmente quando se trata de um trabalho que define grande parte da identidade deles. Em ocasiões sociais, descobri que muitas pessoas ficam desconfortáveis quando revelo minha profissão. A linguagem corporal delas se torna sutilmente mais defensiva, algo muitas vezes seguido pelo comentário em tom de piada "Aposto que você está me analisando agora!". Eu entendo a desconfiança e, como terapeuta qualificado e experiente, gostaria de confirmar que essa acusação em tom de brincadeira não está tão longe assim da verdade. No entanto, minha curiosidade profissional não diz respeito à análise invasiva que muitos temem a princípio – ela parte de um misto de compaixão, curiosidade e força do hábito.

Além do mais, quando estamos ouvindo outra pessoa, mesmo em uma festa ou um evento familiar, temos dificuldade em desligar os anos de formação, que incluem prateleiras repletas de teoria do aconselhamento, cheias de soluções para questões psicológicas. O cérebro de todo mundo gosta de consultar automaticamente sua própria biblioteca de referência, e os terapeutas não são exceção, mas isso não significa que seguimos as sugestões que nos vêm à cabeça. Muitas vezes, gostaríamos que essa parte do cérebro desligasse quando não estamos trabalhando, ainda mais se estivermos tentando relaxar diante da TV com uma taça de vinho na mão.

É importante lembrar que terapeutas também são humanos. E tudo bem olhar para eles como seres humanos, dentro ou fora do consultório. Não temos a solução para tudo. Temos defeitos e manias e nos debruçamos o tempo todo sobre as nossas próprias questões. Ao longo deste livro, você vai ver até que ponto somos humanos quando eu compartilhar minhas vulnerabilidades, imperfeições, ansiedades e meus pensamentos mais íntimos. Faço isso não para desacreditar minha classe profissional, mas para ajudar as pessoas a perceberem que terapeutas não são nem tão assustadores nem tão imaculados quanto você talvez receie que sejam.

Eu juro que não há nenhum sabichão onipotente esperando por você dentro do consultório, pronto para desferir um golpe na primeira oportunidade que tiver de julgá-lo ou constrangê-lo. Em vez disso, quem espera por você é, teoricamente, alguém que quer ouvir e que está disposto a visitar o seu universo por algum tempo de maneira cuidadosa e sem julgamentos, que faz você se sentir seguro ao deixar o consultório até seu retorno para a próxima sessão. Espero que meus pacientes se sintam assim em relação a mim e à minha prática.

Sou psicoterapeuta especializado em ansiedade e gosto muito do meu trabalho. A ansiedade é algo com que todos nos identificamos em algum grau, e tive enormes problemas com ela no passado. Mesmo hoje, minha ansiedade não desapareceu por completo. Ainda assim, graças à transformação da terapia e à psicoeducação, posso dizer com segurança que tenho uma vida feliz e plena – uma meta que desejo para todos os meus pacientes. Ajudá-los a chegar a um lugar melhor é o que me motiva como terapeuta. A ansiedade pode ser paralisante para muita gente, mas sempre que eu vejo um dos meus pacientes abraçando a incerteza e encarando seus medos, isso me enche de uma admiração extrema. Eles não são um caso perdido. *Você* não é um caso perdido.

Como sociedade, estamos progredindo na forma como falamos de saúde mental, mas ainda há um longo caminho a ser percorrido. As *hashtags* do Instagram e os dias de bem-estar nas empresas só conseguem nos levar até determinado ponto, e ainda há muitas pessoas que acreditam que é melhor manter em segredo sentimentos problemáticos, seja por constrangimento ou vergonha. Acredito que a terapia pode ajudar quase todo mundo em algum momento da vida, mas também acredito que existam muitos mal-entendidos sobre o processo terapêutico. Quero, neste livro, desfazer alguns desses mitos e mal-entendidos, para reforçar a ideia de que falar sobre saúde mental com um profissional não precisa fazer ninguém se sentir assustadoramente vulnerável nem adotar uma postura extremamente autoindulgente.

E como você se sente em relação a isso? está estruturado em torno de quatro estudos de caso de pacientes reais. Qualquer terapeuta que esteja lendo isso pode ter engasgado nesse ponto: "Ai, meu Deus, que heresia! E a confidencialidade?!" Apesar de este livro representar fielmente minha experiência como terapeuta, a confidencialidade dos meus pacientes é minha prioridade. Por isso, todos os eventos, características, peculiaridades e datas foram misturados, de forma que nenhum deles possa ser identificado. Esse processo foi rigorosamente avaliado pelo meu supervisor e pela minha equipe jurídica.

Este livro é minha contribuição para que falemos mais abertamente sobre bem-estar mental, além de oferecer um vislumbre de um campo muitas vezes envolto em mistério. Você vai descobrir como é ser terapeuta, mas também como é ser um humano imperfeito, de carne e osso. Isso inclui ótimas histórias sobre conflitos, tragédias e erros. Inseri coisas que acontecem e que poucos terapeutas ousariam contar e algumas que me pergunto se deveria ter escrito. Entretanto, se depois de ler este livro uma pequena parte de você passar a achar a terapia mais atraente ou menos assustadora, ou se você se sentir disposto a falar sobre terapia em uma conversa casual, terei cumprido meu principal objetivo.

As vozes interiores do terapeuta

Gostaria de apresentar minhas vozes interiores – personagens muito falantes que aparecem com destaque ao longo deste livro. A formação de terapeuta, juntamente com o fato de fazer terapia, me ajudou a desenvolver um profundo autoconhecimento. Parte do meu desenvolvimento emocional, incluindo a redução da ansiedade, consistia em identificar os diferentes pensamentos e vozes que minha mente gostava de me conceder ao longo do dia. Certo dia, peguei uma caneta e decidi dar nome a cada uma delas à medida que minha semana se desenrolava. Com o passar do tempo, comecei a imaginar essas vozes como personagens numa grande mesa redonda de pensamentos – todas elas brigando, se debatendo e lutando por atenção na minha cabeça.

As vozes que você vai encontrar no meu diálogo interno durante as sessões de terapia são:

ANALÍTICA – Enxerga tudo sob a perspectiva da teoria do aconselhamento.
ANSIOSA – A voz da preocupação, que foca nas ameaças e em catástrofes improváveis.
BIOLÓGICA – Fome, cansaço, dor, desconforto, vontade de ir ao banheiro, temperatura, etc.
COMPASSIVA – A vontade de compreender e ajudar.
CRÍTICA – Uma voz que julga.
DETETIVESCA – A voz que procura pistas e significados.

EMPÁTICA – A que tenta imaginar e experimentar como o outro se sente.

ESCAPISTA – A voz que me incentiva a evitar sentimentos difíceis.

INTUITIVA – Um toque que vem lá do fundo e que vai além da lógica e da razão.

IRREVERENTE – Pensamentos bizarros e inesperados que invadem o consultório.

REDENTORA – O desejo de "salvar" uma pessoa fora do âmbito do dever profissional.

ENGATILHADA – Ciúme, inveja, ansiedade, raiva, postura defensiva, traumas relacionados.

VOLITIVA – Uma intervenção metacognitiva ou, em linguagem menos técnica, decidir dar ouvidos a uma voz mais adequada do que aquela que surge a princípio.

Daphne

Olhei para o relógio enquanto Tony refletia por um momento sobre o que tinha acabado de compartilhar comigo. Aquela havia sido uma sessão especialmente transformadora, pois Tony e eu vínhamos trabalhando muito para descobrir por que ele costumava se sentir desconfortável quando se via sozinho. No entanto, esse momento profundamente terapêutico foi maculado pela minha decisão estúpida, momentos antes de ele chegar, de beber um café extragrande de uma vez só.

> BIOLÓGICA: *Você vai se mijar.*
> CRÍTICA: *Idiota. Você devia ter ido ao banheiro antes de começar.*
> ANSIOSA: *Você sabe que segurar xixi faz mal para a próstata, não sabe?*

Eu me acomodei desajeitadamente na cadeira para tentar diminuir o desconforto. Não há nada de errado em dizer que você precisa fazer uma pausa para se aliviar, mas, faltando quatro minutos e em um momento tão crucial, eu não podia deixar que aquilo interrompesse a transformação em curso. Mantive os olhos fixos em Tony e fiz o melhor para estar presente no momento.

Tony: Começou a fazer sentido pra mim já tem um tempo. Olhando pra trás, percebo que tenho muito poucas associações felizes com estar sozinho. Quando exploramos os sentimentos que surgem do nosso trabalho de exposição, me vêm lembranças do divórcio. Estar no apartamento do meu irmão. O cheiro de cigarro e roupa molhada…

Ele fez uma pausa e me olhou nos olhos.

Tony: Mesmo durante a infância e a adolescência, quando eu ficava sozinho, geralmente era para evitar as discussões. As brigas intermináveis que aconteciam em casa. Ou até para fugir dos valentões da escola. Eu ia para os fundos da quadra só para ficar em silêncio. Pra mim, estar sozinho significa fugir do perigo, mas ao custo de ficar lado a lado com a tristeza.

Josh: Será que não é da sensação de insegurança que estamos fugindo, mas da própria sensação de tristeza?

Tony: Isso... É como se eu sempre fizesse planos para nunca mais ficar sozinho caso sentisse aquela tristeza de novo. Gosto muito da minha vida, mas noto que esse medo é antigo e muito poderoso. Estou entendendo por que sempre tenho medo de ficar sozinho, mesmo que seja por, tipo, cinco minutos.

Josh: Qual vai ser o nosso dever de casa, então?

Tony: Fácil. Eu tenho que praticar ficar sozinho.

Josh: Por quê?

Tony: Porque quero mudar minha associação com o fato de estar sozinho. Quero aproveitar momentos a sós e não ficar apavorado toda vez que a Helen sai para visitar a irmã dela. Não quero ficar contando os segundos até as crianças voltarem da escola, porque aí não vou estar mais sozinho. Uau, é estranho me dar conta disso tudo.

    INTUITIVA: *Lembre a ele das definições sobre as quais vocês falaram.*

Josh: Lembra quando dissemos que tem uma grande diferença entre estar solitário e estar sozinho? Acho que parece um ótimo dever de casa para você fazer.

Tony deu um sorriso de nervoso, mas havia um ar de determinação nele.

    COMPASSIVA: *Ele está indo muito bem.*
    EMPÁTICA: *Esse dever de casa vai ser difícil, mas ele sabe que é um
        passo na direção certa.*
    BIOLÓGICA: *Sem dúvida nenhuma você vai se mijar.*
    ESCAPISTA: *Você precisa encerrar a sessão, e rápido.*

Para concluir a sessão, apresentei uma das estratégias terapêuticas mais antigas do manual:

Josh: *Acabei de ver a hora*, Tony, e estamos chegando ao fim da sessão. Nos vemos no horário de sempre na próxima semana? Talvez possamos falar sobre o dever de casa, se você quiser.

Tirei Tony do consultório com mais pressa do que gostaria, mas estava desesperado. Assim que ele entrou no elevador, dei um sorriso enquanto as portas se fechavam. Como um cavalo em disparada com uma bexiga do tamanho de uma melancia, galopei pelo corredor e abri a porta do banheiro com o ombro. Em pânico, descobri que o reservado estava ocupado e que o único mictório estava sendo usado pelo Dr. Patel, o clínico geral do andar de baixo. É incrível como os sentidos ficam absurdamente mais apurados quando você está desesperado para urinar, pois fui capaz de deduzir pelos barulhos da calça do Dr. Patel que ele estava abrindo o zíper, não fechando. Por que raios ele tinha resolvido usar o banheiro aqui de cima, afinal?

Tudo doía. Eu não podia esperar. Olhei para a pia e respirei fundo. "Sinto muito, doutor, mas é uma emergência." E aí você já sabe: mijei na pia. O grande espelho sobre ela funcionou como um castigo poético pelas minhas ações, já que eu não tinha para onde olhar senão para mim mesmo.

> *BIOLÓGICA: Obrigado.*
> *CRÍTICA: O Dr. Patel te acha nojento.*
> *COMPASSIVA: Não tem problema nenhum em achar uma boa solução num momento ruim.*

Ouvi o Dr. Patel fechando o zíper na mesma hora.

Voltei para o meu escritório afastando pensamentos intrusivos de crianças lavando as mãos inocentes na pia que eu tinha acabado de macular. Fiz questão de lavar e desinfetar tudo, mas ainda sentia uma vergonha persistente.

> *VOLITIVA: Você já pode esquecer isso. Volte para o trabalho.*

Uma sessão típica de terapia dura uma "hora terapêutica", que para a maioria dos profissionais tem duração de cinquenta minutos. Isso permite que haja um intervalo entre cada consulta para voltarmos ao normal, escrever e guardar anotações ou urinar na pia. Geralmente passo esse intervalo de dez minutos respirando com atenção plena e refletindo sobre a sessão que acabou de terminar ou vendo memes no Reddit sem atenção nenhuma. Voltei para minha sala e olhei a agenda para ver o que vinha a seguir. Eu tinha uma nova paciente marcada a lápis com o nome "Daphne". Sem sobrenome. Ela ia chegar dali a dois minutos para a primeira consulta. Ter apenas alguns segundos para me preparar para um novo paciente fez dispararem os estágios do pânico.

ENGATILHADA: *Você vai ser pego desprevenido. Impostor!*
ANSIOSA: *Você está parecendo um delinquente. E se a Daphne achar que você não é profissional?*

Corri para a gaveta da minha mesa e peguei uma escova para pentear o cabelo. Liguei a câmera do celular e a usei como espelho, para conferir se a minha cara estava apresentável.

CRÍTICA: *Você podia ter feito a barba, cara.*
ANALÍTICA: *Você ainda se julga pela aparência. Isso é uma coisa pra refletir mais tarde.*

Eu me lembrei de ter conversado com Daphne por telefone e de ela ter enfatizado que queria permanecer anônima, o que não é totalmente incomum com pacientes que se preocupam com a privacidade. Fico curioso ao conhecer qualquer paciente novo, mas admito que os que são inflexíveis quanto ao anonimato são sempre mais empolgantes para mim.

IRREVERENTE: *Eu me pergunto quantas pessoas Daphne já matou...*

O relógio marcou cinco minutos de atraso. Nada de Daphne. Conferi o consultório e me certifiquei de que estava tudo limpo e arrumado – ajeitei as almofadas, cuidei para que as plantas parecessem menos negligenciadas e verifiquei pela segunda vez se meu celular pessoal estava no modo silencioso. Então me sentei e esperei. Fiquei olhando para a porta como um cachorro aguardando o dono voltar para casa. Oito minutos já tinham se passado. Nada de Daphne.

> **CRÍTICA:** *Que raios você está fazendo, Daphne? Que indelicadeza. Tempo é dinheiro.*
> **EMPÁTICA:** *Esse pode ser o primeiro contato dela com a terapia. Será que ela está assustada? Dê uma chance pra ela. Você se lembra de suas próprias experiências com a terapia, não lembra?*
> **ANSIOSA:** *E se ela foi atropelada por um ônibus no caminho?*
> **IRREVERENTE:** *E se foi ela que atropelou o ônibus em vez disso? "Morra, ônibus, morra!"*
> **ANALÍTICA:** *Você está tenso porque está nervoso.*
> **BIOLÓGICA:** *Seu sistema nervoso simpático está ativado.*
> **COMPASSIVA:** *Não tem problema nenhum em não se sentir calmo agora. Não tem problema nenhum em se sentir desconfortável.*
> **DETETIVESCA:** *As evidências indicam que ela não vai aparecer.*
> **CRÍTICA:** *Nossa, cara, você adora pensar demais.*
> **VOLITIVA:** *Vou me concentrar na minha respiração e nos sons externos.*
> **COMPASSIVA:** *Boa ideia.*

Vinte minutos se passaram, e foi nesse momento que concluí que Daphne não ia aparecer. Isso é normal e pode acontecer (não só comigo, mas com todos os terapeutas). É frustrante. Se você falta a uma sessão, saiba que o primeiro sentimento do terapeuta é se preocupar com você. Ele espera que você esteja bem, depois xinga baixinho como uma forma de extravasar o ódio que está sentindo. Estou brincando, claro – o ódio, ele guarda. Uma falta é frustrante, mas essa frustração temporária é quase sempre ofuscada pela preocupação genuína com o seu bem-estar.

Para preencher a lacuna em formato de Daphne no meu consultório, assisti a alguns vídeos engraçados de cachorros no YouTube, bem como a momentos emocionantes do filme *Hook – A volta do Capitão Gancho*, depois fechei o laptop e comecei a arrumar minhas coisas para voltar para casa. Apertei o botão do elevador e fiquei vendo o número dos andares ir aumentando enquanto ele subia em minha direção. As portas do elevador se abriram e... meu queixo caiu.

Revelado como um prêmio em um *game show* da década de 1990, lá estava uma das pessoas mais impressionantes que eu já vi. Ela também era instantaneamente reconhecível. Uma alteza com A maiúsculo, uma celebridade, uma atriz premiada, uma pessoa que havia estrelado alguns dos meus filmes e séries preferidos. Era... bem... eu não posso dizer. Gostaria de poder contar quem estava transitando pelos elevadores e corredores do prédio do meu consultório em Salford. Mas a confidencialidade exige que seja apenas Daphne para este livro. Que raios ela estava fazendo ali, e por que estava no meu andar?

Daphne: Oi, Josh, sinto muito pelo atraso. Tenho uma consulta marcada com você e acho que perdi.

ANALÍTICA: Merda.
ANSIOSA: Merda.
BIOLÓGICA: Merda.
COMPASSIVA: Merda.
CRÍTICA: Merda.
DETETIVESCA: Merda.
EMPÁTICA: Merda.
INTUITIVA: Merda.
IRREVERENTE: (rindo).
REDENTORA: Merda.
ENGATILHADA: Merda.
VOLITIVA: Merda.

As origens da ansiedade

Muitas pessoas me perguntam de onde eu acho que a ansiedade "vem". A ansiedade é a resposta do nosso corpo à *ameaça*; é um mecanismo poderoso que se sobrepõe a tudo e nos coloca em modo de *luta*, *fuga* ou *paralisia*, para o caso de haver uma "ameaça" iminente. O que essa ameaça pode ser é subjetivo. Pode ser uma ameaça bem literal, como um maníaco com um machado correndo em nossa direção. Pode ser uma ameaça à nossa autoestima, como não fazer uma boa apresentação ou tirar nota baixa em uma prova. Pode ser uma ameaça social, como o medo de ser ostracizado, rejeitado ou humilhado. Ou pode ser uma atriz mundialmente famosa chegando ao meu consultório sem avisar, com quase 45 minutos de atraso. Seja qual for a ameaça, a mente ansiosa gosta de nos proteger nos impregnando com um sentimento avassalador de *dúvida*. Quando temos dúvida, paramos tudo que estamos fazendo e damos atenção à potencial ameaça, para que possamos atacá-la, resolvê-la ou evitá-la.

Esse mecanismo de resposta a ameaças foi muito útil para os nossos ancestrais. Muito necessário mesmo. Eles estariam ferrados sem isso. Nossos ancestrais cresceram com muitos predadores à volta, como leões e lobos. Eles não tinham estrutura física para encarar esses predadores num combate corpo a corpo, então, em vez disso, os humanos copiaram os suricatos ao desenvolverem uma resposta à ameaça que *antecipava* o perigo. Assim como os suricatos, eles concentravam a resposta às ameaças vasculhando o horizonte em busca de perigos. Dessa forma, conseguiriam detectar os predadores antes e teriam a vantagem de agir primeiro. Poderiam decidir contornar o bando de leões sem alertá-los ou fabricar lanças e se aproximar deles furtivamente para atacar e fazer a provisão para um churrasco noturno com tema do *Rei Leão*. Da mesma forma, se os nossos ancestrais suspeitassem que algo perigoso poderia sair de uma caverna para atacá-los, a resposta à ameaça desencadeava um mecanismo de dúvida que fixava o olhar deles na entrada da caverna quando estivessem passando por ela. Melhor estar um passo à frente, não é?

O que eu acho incrível é que, apesar de todas as mudanças que o nosso estilo de vida moderno representa, essa parte do nosso cérebro nunca evoluiu. A mesmíssima resposta à ameaça existe até hoje. As ameaças, no entanto, se modernizaram. É claro que ainda existem predadores e perigos por aí, mas vivemos em uma sociedade relativamente segura, onde a nossa atenção ansiosa está direcionada para coisas mais abstratas. Os leões foram substituídos por pensamentos relacionados a conquistas, ao medo de não ser bom o suficiente, aplacar os outros e garantir que estejamos apresentáveis. A caverna da qual nossos ancestrais não tiravam os olhos se transformou em nosso bem-estar, nosso relacionamento, nossa carreira ou o ponto onde nos vemos em nosso mapa mental existencial. O mecanismo cerebral permanece idêntico, mas as ameaças são diferentes.

Existe também a hipótese de que consideramos o julgamento crítico dos outros tão aterrorizante porque ser rejeitado, condenado ao ostracismo e abandonado representava uma ameaça muito concreta para os nossos antepassados. Nas tribos, saber agradar às pessoas era uma característica fundamental para continuar fazendo parte da comunidade onde todos os membros confiavam uns nos outros. A segurança vinha de fazer parte de um coletivo. Era vantajoso nos preocuparmos com o que o líder da tribo achava e sentia, porque ele poderia ficar com raiva a ponto de nos banir da segurança do grupo. Hoje em dia, esse mecanismo de ameaça ainda está ativo em todos nós, mas muitas vezes circunscrito ao ambiente de trabalho, tentando ler nas entrelinhas dos e-mails do chefe, sendo incapazes de relaxar em casa ou tendo dificuldade em dizer não às pessoas. Em última instância, a resposta a ameaças desempenha um papel na conexão social, além de nos preparar para lidar com ameaças grandes e assustadoras.

Levi

Quando as portas do elevador se abriram, um sujeito enorme e intimidador estendeu a mão para mim. Retribuí o aperto de mão e permiti que ele comprimisse meus ossos e tendões. Tentei não demonstrar o quanto aquilo tinha doído – um antigo constrangimento meu, decorrente de ter sido criado para reverenciar a "masculinidade" desprovida de sentimentos.

Levi: Tudo bem, meu camarada, meu nome é Levi.

> *ANSIOSA: Esse cara é assustador.*

Josh: Olá, Levi. Bem-vindo ao meu consultório. Venha comigo, vou te mostrar em qual sala eu trabalho.

Cruzei o corredor ao lado daquele gigante e reparei em uma série de tatuagens em seu antebraço e seu pescoço. Algumas estavam desbotadas, mas a tatuagem no antebraço era recente, ainda coberta com plástico-filme. Levi caminhava com autoridade, mas ao mesmo tempo com um ar de resignação obediente, como um segurança se aproximando de um rapaz que ele está prestes a expulsar do bar.

> *ANALÍTICA: Reparei que ele fica abrindo e fechando os punhos.*
> *CRÍTICA: Ele ocupa espaço demais – você vai acabar esmagado contra a parede!*
> *EMPÁTICA: Ele deve estar nervoso, e as pessoas demonstram nervosismo de diferentes formas. Não é pessoal.*

Entramos na minha sala, e fiz um gesto para que Levi se sentasse.

Levi: Em que cadeira *você* se senta?

Josh: Costumo sentar perto da janela, mas fique à vontade pra sentar onde quiser.

Levi: Acho que vou me sentar no *seu* lugar.

>   *ANALÍTICA: Um gesto de poder.*
>   *DETETIVESCA: Ele está se sentindo ameaçado.*

Josh: Claro. Pode pegar umas almofadas também. Fique à vontade.

Levi se afundou na minha cadeira e se esparramou, de um jeito que ficou quase deitado. Cruzou as mãos sobre a barriga e virou a cabeça para olhar pela janela. Ele claramente não estava à vontade, mas tentava ao máximo passar a mensagem de que não se sentia nem um pouco ameaçado.

Levi: Então, quando é que você vai começar a ler a minha mente? Me dizer que todos os meus problemas são porque o papai não me abraçava?

Josh: (*rindo de leve*) Não é bem assim que funciona. Não consigo ler mentes, infelizmente. A principal função do psicoterapeuta é ouvir e proporcionar um espaço seguro.

>   *IRREVERENTE: São sempre os pais.*
>   *ANALÍTICA: Talvez.*
>   *DETETIVESCA: Obviamente precisamos de mais informações – vocês podem calar a boca?*

Levi se levantou e começou a andar pelo consultório. Ele pegava objetos da minha estante gigantesca e os segurava contra a luz.

Levi: O que é isso?

Josh: É uma pequena escultura de búfalo que eu comprei na Zâmbia quando era mais novo.

Levi: Por que colocou isso aqui? Pra se gabar do seu "ano sabático"?

>   *DETETIVESCA: Ele está tentando te intimidar.*
>   *ESCAPISTA: Quero muito ir embora daqui.*
>   *COMPASSIVA: Você consegue, aguente firme.*

Josh: É mais como um lembrete pra mim mesmo de que eu superei meus medos e desafios.

Ele olhou para mim, levantando uma sobrancelha enquanto girava a escultura nas mãos.

Levi: (*com um sorriso sarcástico*) Claro, e aposto que você achou que cairia bem nesse consultório chique. Eu não preciso de muito tempo pra detectar um pedante.

> ANALÍTICA: Use isso como uma brecha para dar início a uma conversa mais pessoal.

Josh: Você é bom em detectar pedantismo?

Levi: No meu trabalho, a gente vê isso toda noite. A gente vê isso na linguagem corporal, no absurdo que sai da boca das pessoas quando elas vêm desfilando até a porta, cheiradas, com roupa alugada, carro alugado. Dá pra identificar com facilidade quem tem dinheiro mesmo e quem tem... dinheiro emprestado.

Ele se sentou.

Levi: Sou chefe de segurança da Seneka, a maior e mais antiga boate da zona norte. Um porteiro excepcional. O segurança dos seguranças.

Ele olhou pela janela.

Levi: Estou lá há catorze anos. Você não acreditaria nas coisas que eu já vi.

Josh: Sei disso muito bem. Fui lá algumas vezes nas noites de estudante, quando eu estava na faculdade.

Levi: Ah, bem, não me lembro de você. Não espere que eu lembre. Vejo milhares de rostos toda semana. Milhares de rostos bêbados e drogados. Você já foi expulso?

Josh: Felizmente, não.

Levi: Que bom, então... Não fazemos mais isso, mas anos atrás tinha um beco pra onde a gente levava a "clientela" bagunceira se eles arrumassem confusão, sabe, pra aplicar uma justiça rápida, digamos assim. A gente chamava de Tribunal de Concreto, um canto escuro e escondido atrás de umas lixeiras. Também *confiscávamos* substâncias ilícitas em... bom, em nome da segurança pública.

DETETIVESCA: *Algo me diz que essas drogas não eram entregues à polícia.*

Josh: Parece muita responsabilidade.

Levi: Bem, a gente não pode mais fazer a maioria dessas coisas de justiça com as próprias mãos, aqui se faz aqui se paga. Essa nova geração é praticamente intocável. No meu tempo, um sacode rápido em um cara que fizesse uma besteira significava que ele nunca mais faria nada de errado. Agora toda noite é a *gente* que é julgado. Julgado pelas redes sociais. Só porque não acertamos uma bosta de um pronome ao pedir a identidade! Não posso chamar ninguém de "meu amor" sem ser tachado de... como é que fala...? Misógino.

Levi fez uma pausa. Apesar de estar me sentindo ansioso, decidi aparentar uma postura relaxada, na esperança de que ele a espelhasse. Surpreendentemente, pareceu funcionar. Ele respirou fundo.

Levi: Como isso funciona, então? Essa coisa de terapia?

EMPÁTICA: *É difícil baixar a guarda quando a gente se sente ameaçado.*
COMPASSIVA: *Muito bem, Levi.*
ANSIOSA: *Ainda estamos nos cagando de medo aqui, rapaz.*

Josh: Depende de cada um, na verdade. Eu sugiro sempre usar a primeira sessão para nos conhecermos e saber em que ponto você gostaria de ter ajuda. Juntos, e só se você quiser, podemos traçar um panorama do que está acontecendo e trabalhar juntos para estabelecer um caminho a ser seguido... tudo em um espaço seguro, confidencial.

Levi olhou para mim com o que parecia uma mistura de curiosidade e frustração. De repente, do nada, pareceu cair uma ficha.

Levi: Bem, claro que é seguro. Por que não seria seguro? Você não pode me agredir nem nada assim, né? Puta que p...

Ele parou e imediatamente deixou de lado a agressividade para se levantar e andar até a janela. Deu um suspiro e olhou para a rua lá embaixo.

Levi: Eu, hã... eu não queria falar palavrão. Odeio falar palavrão.

EMPÁTICA: *Ele provavelmente ouve esse tipo de coisa o tempo todo.*

Josh: Está tudo bem. Você provavelmente ouve esse tipo de coisa o tempo todo.

Levi: Sim. É desagradável.

Percebi que a minha ansiedade foi diminuindo à medida que eu falava mais com Levi. É natural ficar ansioso com qualquer novo paciente, devido ao desconhecido. Eu ainda me sentia desconfortável, mas, quanto mais observava e ouvia, mais conseguia ver um homem sobrecarregado por um conflito interior. Eu o respeitava por estar ali, disposto a enfrentar aquilo.

INTUITIVA: Deixe o silêncio preencher um pouco o espaço.

Depois de olhar pela janela, perdido em pensamentos, Levi me deu as costas e caminhou até minha mesa. Continuei sentado e esperei pacientemente que ele se reconectasse. Ele parecia mais calmo. Apesar disso, eu ainda o achava assustador. Ele se aproximou da minha mesa e começou a ajustar o plástico-filme enrolado sobre a tatuagem mais recente.

Levi: Você tem tatuagem?

Josh: Só essa.

Levi: É o quê?

Josh: É uma frase em gaélico irlandês que significa "que os deuses protejam meu irmão".

Levi: Você é religioso?

Josh: Pra falar a verdade, não.

Levi: Então por que tem inscrições religiosas no corpo?

Josh: Porque eu tinha 18 anos e achava bacana. Também acalmou minha avó, que é muito católica.

ANALÍTICA: Cuidado para não compartilhar tanta coisa sobre você. Você está aqui por ele, não por você.
INTUITIVA: Continue. Ele perguntou.

Levi permaneceu de frente para a minha mesa, de costas para mim.

Levi: Essa tatuagem nova é a minha preferida. O Mal fez um ótimo trabalho.

Josh: Reparei nela quando você chegou. O que ela representa?

Levi: Representa Gaunab. A morte personificada. A encarnação do mal. É da mitologia do sudoeste da África.

Ele fez uma pausa e olhou para o braço levantado.

Levi: Ele acertou direitinho o sombreado.

> DETETIVESCA: *Fico me perguntando por que ele tem tatuagens tão sombrias.*
> ANALÍTICA: *Humm, as tatuagens nem sempre têm um significado profundo.*
> IRREVERENTE: *Lembra da tatuagem de* carpe diem *daquela garota da faculdade?*

Josh: Existe uma inspiração por trás dela?

Levi deixou cair o braço junto ao corpo e fixou o olhar na luminária da minha mesa. Continuou de costas para mim. Fiquei em silêncio e, por mais estranho que pareça, tenho certeza de que ouvi o barulho das engrenagens do seu pensamento intenso – parecia que eu tinha feito uma pergunta dificílima.

Levi: Eu... bem... gostei do símbolo... é...

No que pareceu ter vindo do nada, ouvi umas leves batidas na mesa, mas os braços de Levi continuavam junto ao corpo. Eu só conseguia ver as costas dele, que faziam um movimento convulsivo leve e ritmado. Foi aí que eu percebi. As batidas na mesa não vinham dos dedos dele, mas de lágrimas caindo. Levi estava chorando. Aquele sujeito grande e assustador estava chorando baixinho.

> COMPASSIVA: *Tem muita coisa acontecendo com ele. Estou com pena.*
> REDENTORA: *Vou descobrir o que está deixando ele assim e resolver tudo.*

Levi não fez nenhum gesto para enxugar as lágrimas; deixou que elas escorressem dos olhos, e eu não intervim. Ele parecia precisar de espaço, e permiti que o tivesse.

Noite de apresentação
na escola

Quando você se torna um psicoterapeuta que escreve livros, é possível que seja visto como uma pessoa "bem-sucedida", mas também como uma alternativa barata ou, falando com sinceridade, "gratuita" a um palestrante motivacional para sua antiga escola. Um mar de olhos extremamente entediados olhava para mim no púlpito do auditório. O antigo coordenador ainda estava lá, surpreso por eu estar em uma posição de sucesso e responsabilidade – sendo que ele se recorda de me suspender por vender cigarros pela janela da sala de aula –, mas também estranhamente orgulhoso de me ver de volta e me saindo bem. Era quase como se minha reaparição reacendesse nele um otimismo há muito extinto sobre garotos problemáticos que apesar de tudo conseguem chegar a algum lugar na vida – como se ele tivesse tido *algum* impacto nisso, o que ele teve, para ser justo.

Minha fala de abertura foi interrompida pela tosse violenta e encatarrada de um dos pais, mais ou menos na quarta fileira, o que só aumentou a ansiedade que eu já estava sentindo diante dos rostos inexpressivos à minha frente. Na semana anterior, eu tinha recebido uma bela quantia para falar em um evento corporativo onde muitos dos participantes tinham lido meus livros de autoajuda. Depois daquela palestra, fui soterrado por perguntas entusiasmadas e por elogios e presenteado com uma refeição regada a muitos drinques, que eu gostaria de poder dizer que recusei. Agora havia uma ironia cômica em dar uma palestra na minha escola, onde quase ninguém parecia estar interessado em quem eu era ou no que tinha a dizer.

Tropecei nas palavras, mexi desajeitadamente no microfone e depois me recompus. "Oi, pessoal, meu nome é Joshua Fletcher e eu estudei aqui. Fui criado aqui perto, no conjunto habitacional Abbey Lane. Estou muito feliz por ser o orador convidado nessa noite de apresentação."

Cabeças se espicharam, curiosas. A tosse parou. Mencionar o conjunto habitacional Abbey Lane nunca falha. Minha antiga escola fica entre dois enormes conjuntos habitacionais – sendo um deles o Abbey Lane. Eu despertei o interesse de todos. Eu era um deles. Era mais do que só um cara com um terno azul-marinho barato que já tinha ido a mais funerais do que comemorações. Eu estava pronto para lançar bombas de verdade inspiradoras, dignas de qualquer conta premium do LinkedIn. Que comecem os jogos.

Pontifiquei fazendo um discurso sobre ter vindo do nada e chegado a algum lugar. O de sempre. O vice-diretor tinha me feito prometer que eu não ia mencionar meu histórico de comportamento na escola, o que era compreensível, pois obviamente eles não queriam insinuar que quebrar as regras leva a uma vida próspera e bem-sucedida. Portanto, abandonei as histórias sobre roubar e fazer cópia da chave-mestra da escola, sobre "pedir emprestados" equipamentos científicos, beber cerveja no bosque, fazer download de fotos de mulheres nuas, brigar e ser pego colando nas provas. A verdade completa simplesmente não era necessária. Em vez disso, falei que aquela escola extremamente acolhedora me ensinou a ter compaixão, autoconfiança, um código moral e uma noção sólida de bom senso, o que ela fez de maneira brilhante. Infelizmente, não havia uma boa métrica para avaliar isso na época, então a escola era sempre criticada publicamente e subestimada. Mas eu não esqueci. Existem algumas coisas que estão além do currículo e que moram no coração das pessoas atenciosas que administram uma escola.

Um estranho senso de dever me levou de volta à minha cidade natal, onde tive a sensação de que precisava completar o arco da história otimista de um jovem problemático que se tornou um terapeuta trágico, mas nobre, capaz de "sensibilizar as crianças" com suas palavras.

Ao final da minha fala, um adolescente entusiasmado se aproximou do palco. Ele me deu de presente a primeira página do folheto do evento, onde se lia "Orador convidado de honra: Joshua Fletcher, psicoterapeuta e escritor", mas com uma intervenção dele. O menino deduziu habilmente que, com a adição de três barras entre as letras, a palavra psicoterapeuta (*psychotherapist*) podia ser quebrada em "*psycho/the/rapist*" (psicopata/o/ estuprador). Orgulhoso de seu trabalho, ele só queria exibi-lo. Não tinha nada a ver com o meu discurso. Nenhuma palavra de inspiração. O rapaz sabia das coisas. Por aquele breve instante, foi bom estar de volta.

Zahra

Minha primeira sessão com Zahra começou de forma dramática. Uma mulher mais ou menos da minha idade engatinhava em direção ao sofá do consultório, os longos cabelos escuros quase tocavam o chão, enquanto a mãe, exasperada, tentava explicar a situação:

Faiza: Ela tem ataques de pânico, entende? Está tendo um agora. Ela não sai de casa direito há meses. Eu tive que arrastá-la até aqui! Ela... ela faz isso todos os dias!

Zahra finalmente chegou ao sofá e se recostou nele, tentando recuperar o fôlego. As lágrimas escorriam pelo rosto e ela estava claramente vivenciando alguma forma de pavor. Eu me agachei diante dela, tentando olhá-la nos olhos, embora fosse difícil, pois ela não parava de rolar a cabeça no braço do sofá.

COMPASSIVA: Seja bem delicado; ela está sofrendo.

Josh: Oi, Zahra, meu nome é Josh. Eu sei que você está tendo um ataque de pânico agora, mas está tudo bem. Você está segura. Seu corpo vai chegar a um estado de tranquilidade em breve. Eu sei que parece que algo terrível está acontecendo...

Ela se jogou para a frente e me deu um susto.

Zahra: Por que essa sensação não passa?! Por favor, faz isso parar! Eu... eu acho que eu preciso de uma ambulância!

Faiza: (*exasperada*) Já chamamos a ambulância muitas vezes, Zahra. Você está bem.

Zahra: É fácil pra você dizer isso, mãe! Arrgggghhh, faz isso parar!

A mãe olhou para mim como que pedindo desculpas. Zahra se endireitou no sofá e começou a hiperventilar. Ela estava com uma das mãos no peito e a outra na testa. As pernas tremiam, e sua respiração estava ofegante.

Faiza: Me desculpa. Ela não é assim normalmente. O que é que está acontecendo com ela?

Josh: Zahra, você tem alguma condição médica que eu precise saber?

Zahra: (*tentando respirar*) Não... Eu sou médica, mas eu... não sei o que tem de errado comigo. Eu... fiz exames de sangue e uma tomografia do coração... Parece que... parece que o meu cérebro está quebrado. Meu Deus, acho que estou perdendo o controle. Vou partir ao meio. Ai, meu Deus, por favor, me ajuda. Faz isso parar!

> ANALÍTICA: *É, isso é um ataque de pânico.*
> INTUITIVA: *Faz ela se concentrar em outra coisa que não os sentimentos e sensações.*
> ANALÍTICA: *Será que ela está presa no ciclo do pânico?*

Faiza: Procuramos especialistas em ansiedade na internet e achamos você. Você tem como ajudar?! Eu pago qualquer valor. Por favor, ajuda a minha filha.

Zahra continuou a hiperventilar em meio ao choro. Ela estava sofrendo muito. Ela se virou para mim, suplicante. Desesperada.

> EMPÁTICA: *Ela quer que você faça isso passar.*
> REDENTORA: *EU QUERO fazer isso passar.*

Josh: Ok. Está tudo bem. Certo. Vamos fazer o seguinte... Zahra, tente olhar pra mim. Você está bem. Não precisa fazer nada. Eu te garanto que esse sentimento vai passar. O que você está sentindo é seguro. É muito normal para o corpo. Você não precisa fazer nada além de manter a atenção em mim ou em qualquer coisa nesta sala da melhor maneira possível.

Zahra assentiu e colocou as mãos no chão para se apoiar. Olhei para a mãe dela.

Josh: Está tudo bem. Vamos ficar bem, agora. Pode voltar perto do fim da sessão, ok?

Relutante, Faiza assentiu e se dirigiu até a porta depois de lançar um olhar cheio de ansiedade para a filha. Zahra ainda estava hiperventilando, mas parecia um pouco mais recomposta. Quando a mãe fechou a porta com delicadeza depois de sair, Zahra finalmente olhou para mim.

Zahra: Eu... desculpa. Eu... eu estou um caco.

Josh: Você não tem nada do que se desculpar. Obrigado por tirar um tempo hoje para vir me ver. Quer um pouco d'água? A adrenalina vai passar logo, não se preocupe.

> CRÍTICA: *Dizer a alguém que está tendo um ataque de pânico pra não se preocupar – ótima ideia, Josh.*

Zahra: Como é que você sabe que isso vai passar? E se eu ficar assim pra sempre? E se eu estiver ficando maluca?!

> EMPÁTICA: *Ah, eu me lembro bem desses sentimentos.*
> INTUITIVA: *Use isso, então. Mas não vire o assunto para o seu lado. Seja inteligente.*
> ANALÍTICA: *Você está demonstrando uma postura relaxada, isso deve ajudar.*

Josh: Bem, você não me parece maluca. Você já teve esses pensamentos do tipo "E se?" antes?

Zahra riu de nervoso e pegou uma almofada para abraçar.

Zahra: É... praticamente todos os dias.

Josh: Ah... que engraçado.

> ANALÍTICA: *Arriscado...*
> IRREVERENTE: *Adorei.*

Zahra: (*sorrindo de leve*) Ah, sim, a minha casa está em festa todos os dias. Faz só quatro meses que comecei a trabalhar como médica assistente e já tive que entrar de licença. E não, não fui eu que assinei meu próprio atestado médico.

Entreguei um copo d'água para Zahra e, trêmula, ela tomou um gole.

Zahra: É normal sentir isso? Consigo sentir meu coração batendo forte e meu cérebro disparando a mil quilômetros por hora. Claro que não é normal, né? Perguntei aos meus colegas médicos e alguns até fizeram uns exames, e eles me disseram que está tudo bem comigo, mas como pode estar tudo bem? Isso não é normal. Eu não estou normal. Eu consegui, finalmente. Enlouqueci. Estava mesmo fadado a acontecer.

Josh: Eu não diria que ter um ataque de pânico é algo fora do comum. Você me parece muito sã.

Zahra: Muito sã?!

Josh: Não posso afirmar com certeza que você é sã. Por exemplo... você pode roubar minhas plantas ou algo assim.

Ela olhou para mim com total perplexidade.

> *ANALÍTICA: A atenção dela está se voltando mais para fora. Continue; está funcionando.*
> *DETETIVESCA: A perplexidade está fazendo ela parar de dar atenção aos sintomas para dar atenção a você.*

Zahra: Li um artigo dizendo que você virou terapeuta porque tinha ataques de pânico... É verdade? Depois que uma coisa trágica aconteceu com você ou algo assim.

Josh: É verdade, sim.

Zahra: Bem, como é que você sabe que o que eu estou sentindo é pânico? Você não está dentro da minha cabeça nem consegue ver lá dentro.

Josh: Boa pergunta. Vamos fazer o checklist mágico do "pânico"?

Zahra: O que tem de mágico nele?

Josh: Nada, eu é que gosto de exagerar tanto quanto a ansiedade. Saber o que você está enfrentando e responder à altura.

No meu consultório tenho um quadro-branco grande com rodinhas. É o sonho de todo professor. Eu me levantei com entusiasmo e fui deslizando o quadro-branco, tentando manter a atenção de Zahra longe dos sintomas para interromper o ciclo do pânico. Comecei a rabiscar meus comentários no quadro, um hábito de quando eu era professor.

Josh: Os ataques de pânico, ou transtorno de pânico, ocorrem quando temos muitos ataques de pânico e depois começamos a sentir *medo* de ter ataques de pânico. Isso provoca uma "espiral de medo"...

Zahra: Quem poderia imaginar que eu ia precisar de um homem pra explicar os meus problemas?

Josh: (*rindo*) Acompanha meu raciocínio por um minuto. Você me disse que isso acontece quase todos os dias, então desconfio que você esteja em algo chamado "ciclo do pânico", ou "ciclo do pico de ansiedade".

Desenhei um círculo malfeito no quadro.

Josh: Começa sempre com um primeiro ataque de pânico – o "maior". Aquele em que muitas vezes você acha que está prestes a perder todo o controle. Você geralmente dissocia, se desliga, sente muitos sintomas físicos e seu cérebro parece estar em modo acelerado. Isso basicamente nos assusta tanto que não queremos que aconteça de novo. Você se lembra do seu primeiro ataque de pânico?

Zahra: Lembro. Foi em uma conferência médica. Fui convidada para apresentar os resultados da minha pesquisa e eu...

A voz dela ficou embargada.

Zahra: Eu simplesmente fui embora. Fui pra casa como uma covarde. A sala inteira parecia estranha. De uma hora pra outra, fiquei com calor e me senti aérea. Cada fibra do meu ser me dizia para fugir. E foi isso que eu fiz. Saí correndo e liguei pra minha mãe. Ela foi me buscar na mesma hora e está preocupada comigo desde então. Tive que voltar a morar com ela porque não consigo lidar com isso sozinha.

Josh: Ela parece se importar muito com você.

Zahra: Ela se importa. Ela já passou por muita coisa. Odeio sobrecarregá-la assim.

Josh: Seu pai também mora com ela?

> *ANALÍTICA: Exagerou.*
> *CRÍTICA: Idiota.*

Zahra olhou para o lado, ainda agarrada à almofada.
Zahra: Não.

> *DETETIVESCA: Foi embora? Morreu?*

INTUITIVA: Traga a atenção de volta. Isso é desnecessário.
COMPASSIVA: A história é dela. Ela vai compartilhar se quiser.

Zahra: Eu desconfio que esse tenha sido o meu "grande" ataque de pânico. Desde aquele dia, não sou mais eu mesma. Simplesmente achei que não ia conseguir, sabe? Tinha tanta coisa acontecendo, e eu não queria passar por uma humilhação na frente dos meus colegas e profissionais da área médica.
Josh: Humm.
Zahra: É patético, de verdade. Eu devia ser a pessoa que ajuda e cura os outros. Não consigo nem mesmo me curar. Só deixo as pessoas próximas preocupadas, e isso também não faz bem para a saúde delas.

A linguagem corporal de Zahra pareceu relaxar, e ela assumiu uma postura mais calma. Parecia cansada. A carga de adrenalina devia estar passando. A ansiedade tinha se transformado em uma tristeza quase palpável.

Josh: Bem, não há nada que indique que você vai ter ataques de pânico pra sempre. Eu consigo ver que o seu pânico está diminuindo um pouco, agora. Você percebeu?
Zahra: Diminuiu um pouco, sim. Mas eu ainda quero sair correndo porta afora, gritando.
Josh: Bem, correndo o risco de soar paternalista, você fez um trabalho muito bom em tolerar os pensamentos e as sensações ruins e ficar aqui conversando comigo. Eu agradeço. Reparou como a sua ansiedade diminuiu sem você fugir da situação?
Zahra: É... diminuiu. Mas ela vai voltar mais tarde. Sempre volta. Eu me sinto... sem esperança. Me sinto doente.
Josh: Tenho a esperança de que todo mundo que entra neste consultório vai conseguir chegar aonde quer. Também não vejo os ataques de pânico como um sinal de doença.
Zahra: Bem, de acordo com o Manual Diagnóstico e Estatístico de Transtornos Mentais, quinta edição, o transtorno de pânico *é* uma doença.

IRREVERENTE: Rá! A médica te pegou!

Josh: Verdade... Mas pesquisas também sugerem que o transtorno de pânico tem uma taxa de recuperação muito alta quando abordado da maneira correta. Eu, pessoalmente, enxergo ele como uma fobia. Um medo do medo em si. É por isso que eu não o vejo inteiramente como uma doença.

Zahra fez uma pausa e pareceu estar pensando. Algo que eu tinha dito havia ressoado nela. Ela alisou a almofada no colo e sentou-se ligeiramente mais para a frente. Olhou para o diagrama do ciclo do pânico no quadro branco e semicerrou os olhos, pensativa.

Zahra: Entendi. Eu tenho medo de ter um ataque de pânico tão ruim quanto o que tive na conferência médica, não é?

Eu não disse nada.

Zahra: É isso... Eu entrei em pânico, eu me retirei. Fui pra casa pra resolver tudo aquilo e me sentir melhor. Não consegui me sentir melhor. Continuo tendo ataques de pânico todos os dias, mas tenho medo deles. Fico atenta a eles o tempo todo.

Josh: Isso se chama monitoramento de ameaças. Mais especificamente, "monitoramento interno de ameaças".

Fiz aspas no ar com os dedos.

Zahra: Eu faço isso o tempo todo. Acordo e me examino; meus sintomas, minha pressão arterial, minha oxigenação sanguínea. Fico procurando sinais de pânico em mim o tempo todo.

> *ANALÍTICA: Ela está desenvolvendo uma consciência metacognitiva dos próprios pensamentos e comportamentos relacionados à fobia de pânico que ela tem.*
> *EMPÁTICA: Parece elucidativo, mas lembre-se: perceber isso também pode ser desesperador para ela.*

Josh: Com que frequência você evita fazer coisas "só para prevenir" um ataque de pânico?

Zahra: Todo dia. Tudo gira em torno da ansiedade.

Josh: E com que frequência você tenta pensar em uma forma de escapar da ansiedade?

Zahra: Todo dia!

Josh: Já que estamos jogamos o bingo da ansiedade, com que frequência você interpreta de maneira equivocada os sintomas físicos como os primeiros sinais da sua morte iminente?

Zahra: Ai, meu Deus. Estou convencida de que essas palpitações são sinal de uma condição cardíaca, apesar de ter feito três ecocardiogramas e de ter sido examinada por um amigo cardiologista. Também acho que essas sensações muito intensas são um sinal de câncer de adrenal.

Ela olhou para mim, intrigada. Eu tinha toda a atenção dela, graças em parte ao fato de o ataque de pânico estar passando.

Josh: Você tem a sensação de que a ansiedade, ou a preocupação com o pânico, é o principal foco da sua vida? Você planeja tudo em torno disso? Sempre leva isso em consideração antes de tomar uma decisão?

Zahra: Você está lendo a sinopse da minha autobiografia. Minha cabeça está assim nos últimos dois meses.

Josh: Bem, completamos o checklist mágico. Parabéns, parece que você está mesmo lidando com transtorno de pânico.

Zahra: Ainda não entendi o que tem de mágico nessa lista, mas é reconfortante saber que os meus pensamentos e sentimentos são algo que acontece com outras pessoas. Não que eu queira que os outros sofram, mas me sinto menos sozinha assim. Você tem como me ajudar?

> *EMPÁTICA: Eu me lembro dessa sensação.*
> *REDENTORA: Quero salvá-la. Quero ajudar outra pessoa a lidar com a ansiedade.*

Ela parecia esperançosa. Confiante.

> *ENGATILHADA: É muita responsabilidade.*
> *BIOLÓGICA: Vou liberar agora mesmo um monte de cortisol.*
> *CRÍTICA: Você é um irresponsável de merda, seu grandessíssimo charlatão.*
> *COMPASSIVA: Não dê ouvidos a isso. Seu valor é inestimável.*
> *CRÍTICA: É mesmo? Essa mulher é médica. E você é o quê?!*
> *INTUITIVA: Volte pro consultório. Agora. O foco não é você.*

Josh: Posso tentar ajudar você a se ajudar. A psicoeducação é extremamente importante para qualquer quadro de ansiedade. Posso te ensinar o que eu sei e te dar apoio, mas, no fim das contas, é você que vai ter que se esforçar para interromper os ataques de pânico e voltar aos eixos. Você acha que está disposta a fazer isso comigo?

Zahra: Acho. Vamos em frente.

Ataques de pânico

Um ataque de pânico é a sensação avassaladora que temos de repente de que algo terrível está prestes a acontecer. Começa com uma descarga de adrenalina e do hormônio do estresse, o cortisol, que pode nos dar uma sensação intensa de arrebatamento que capta a nossa atenção no mesmo instante. Em seguida, somos tomados pela sensação de que uma catástrofe é iminente, seguida por uma enxurrada de pensamentos muito intensos do tipo "e se?", como "E se eu estiver morrendo?", "E se eu desmaiar?", "E se eu estiver enlouquecendo?", "E se essa sensação não passar nunca?", para citar alguns exemplos. Isso costuma ser acompanhado por um desejo profundo de fugir de onde quer que estejamos.

Para agravar essa mistura explosiva, os ataques de pânico também podem ser acompanhados por uma série de sintomas físicos inusitados, como palpitações, desrealização (quando nos sentimos desligados de nós mesmos e da realidade), aperto no peito, suor, dificuldade para respirar, problemas digestivos, sensibilidade à luz, tontura e sensação de formigamento nas extremidades. Existem muitos outros sintomas, mas esses são os mais comuns.

Ataques de pânico podem ser assustadores, ainda mais para quem não tem consciência do que está acontecendo. As pessoas que lidam com ataques de pânico são incrivelmente resilientes; elas não escolhem se sentir assim. O pânico também não é sinal de fraqueza, e quem diz o contrário é, na minha opinião profissional, um indivíduo mal-informado que precisa de tanta psicoeducação quanto quem sofre de ataques de pânico.

A guerra das abordagens

A única diferença entre um psicoterapeuta e um conselheiro é que "psicoterapeuta" tem mais sílabas e soa muito mais bacana. É por isso que o termo "psicoterapeuta" está por todo lado no meu site, ao contrário do modesto "conselheiro". De qualquer forma, ambos podem ser chamados de terapeutas, portanto, da próxima vez que você vir um profissional se autodenominar psicoterapeuta, saiba que ele é tão pretensioso quanto eu.

Terapeutas estão entre as pessoas mais incríveis que já conheci, tanto pessoal quanto profissionalmente. No entanto, eles também podem ser exaustivamente hipócritas e irritantes. Há muita coisa sobre o universo dos terapeutas que o público em geral desconhece, mas nós existimos aos montes e geralmente podemos ser vistos gastando impulsivamente um dinheiro que não temos em novas especializações ou tentando não ser "conselheiros" demais quando interagimos com entes queridos. Permita-me convidá-lo a dar uma espiada na misteriosa sala de funcionários onde nos reunimos para fumar charutos e tramar contra os nossos pacientes (mentira, não fazemos isso; fumar faz mal à saúde).

Antes de entrar, esteja ciente de que um terapeuta deve ser especializado em pelo menos uma *abordagem terapêutica* para ser chamado de terapeuta. Uma abordagem terapêutica é uma escola de pensamento ou uma filosofia que os estudantes de terapia seguem. Ao concluir sua formação, eles recebem o título de terapeuta e, em muitos países, uma licença para clinicar. Existem inúmeras abordagens terapêuticas, o que significa que existem inúmeros tipos de terapeuta. Por exemplo, você pode ser um terapeuta especializado em terapia cognitivo-comportamental, terapia centrada na pessoa, aconselhamento humanístico, psicoterapia psicodinâmica (pense em Freud), terapia de análise transacional, terapia metacognitiva – a lista é enorme.

É confuso demais para o público em geral, e é por isso que uma das maiores tragédias no mundo da saúde mental, na minha opinião, é a suposição de que todo "terapeuta" sabe o que está fazendo. Não sabe, não. Eles só podem recorrer à abordagem na qual se especializaram. O conhecimento deles é limitado. Às vezes dá certo, às vezes, não. O paciente também precisa se conectar com o terapeuta. Na minha opinião, no que diz respeito à abordagem terapêutica e à relação terapêutica, é *fundamental* haver conexão. No entanto, se eu ganhasse um centavo a cada vez que escuto a frase "Tentei fazer terapia mas não funcionou pra mim", eu já teria juntado uma boa quantia. Estamos em uma crise global de saúde mental e, infelizmente, muitas pessoas ficam desiludidas depois da primeira tentativa. Para mim, dizer isso equivale a dizer "Experimentei praticar esporte e não gostei" quando tudo que você fez foi jogar boliche uma vez. A maioria das pessoas não sabe que o universo da terapia tem uma variedade de opções e diferentes abordagens, o que pode atrapalhar se levarmos em conta que é preciso ter muita energia e coragem para ao menos decidir procurar ajuda e que não há garantia de que a primeira abordagem experimentada será a adequada.

Na sociedade, é possível notar que as pessoas geralmente orbitam em torno de um grupo específico. Essa tendência pode ser vista de forma mais ostensiva em jogos de futebol, no ambiente corporativo, na política, em discussões no X, o antigo Twitter, etc. Mas também existe no mundo da terapia. Estudar para se tornar terapeuta exige muito do indivíduo. Respeito todos que tenham atravessado os rigores de um programa de formação de terapeutas. É algo que exige que você desafie a si mesmo e às suas crenças, e o processo se infiltra em sua vida pessoal de uma forma inevitável. A formação de terapeuta testa sua resiliência desafiando a própria estrutura de quem você é, o que pode ser assustador! Se você é terapeuta e está lendo isto, meus sinceros parabéns. Você conseguiu.

A especialização exige que você se dedique inteiramente a uma determinada abordagem, mas, com isso, ela pode criar todo um mundo de dissonância cognitiva ao fazer você tentar enxergar o mundo de outra forma, principalmente através das lentes de outra abordagem. Muitas das especializações em terapia são dirigidas por "puristas" inspiradores apaixonados pela abordagem, que acreditam que a maior parte do sofrimento psicológico pode ser resolvida usando a única abordagem terapêutica na qual se especializaram e na qual estão investidos emocionalmente. Por exemplo, alguém especializado na abordagem psicodinâmica provavelmente acredita que os trabalhos de Carl Jung e Melanie Klein devem ser usados para explorar os processos inconscientes que fundamentam o comportamento ("Pare de tentar transar com a sua mãe e o seu pai"). Enquanto isso, os terapeutas especializados na abordagem centrada na pessoa, de Carl Rogers, acreditam que o objetivo central da terapia é que o terapeuta facilite a capacidade de autorrealização do paciente ("Vou ficar sentado aqui sem dizer nada até você falar"). A terapia cognitivo-comportamental (beckiana e de terceira onda) contrasta fortemente com a terapia centrada na pessoa ao sugerir lidar com problemas concentrando-se nos pensamentos, sentimentos e padrões de comportamento atuais ("Vamos estabelecer um índice para o seu sofrimento que o meu computador possa ler"). Depois temos a análise transacional, que se debruça em lugares de intimidade e conflito ("Minha criança interior quer um milk-shake"). Sem esquecer os que seguem uma linha fundamentada no trauma, que gostam de bancar o detetive e atribuir tudo a um conceito vago de trauma que vai além da definição de transtorno de estresse pós-traumático, porque uma vez leram *O corpo guarda as marcas*, de Bessel van der Kolk. E não para por aí.

Não podemos de fato esperar que ninguém compreenda toda a gama de terapias disponíveis nem se estiver saudável, menos ainda se estiver sofrendo com questões de saúde mental que comprometam consideravelmente a mente. O que nos resta é uma abordagem que envolve sorte e lançamento de dados quando a pessoa finalmente decide criar coragem para procurar a terapia. Fico sempre me perguntando em qual abordagem ela vai parar. Em última instância, muitas vezes depende do terapeuta e da abordagem escolhida. Às vezes funciona, e funciona bem. Outras vezes, não. No entanto, *todas* as abordagens prometem ajuda em relação à ansiedade, à raiva e à depressão. O doloroso é que, quando uma forma específica de terapia não funciona, o paciente muitas vezes fica com a sensação de que a culpa é dele ou que ele não tem como receber ajuda de forma nenhuma. Um bom terapeuta é aquele capaz de admitir os limites da sua própria sabedoria e abordagem em vez de acreditar cegamente que a sua abordagem é a redentora de todo sofrimento, e que seja suficientemente seguro para compreender que a falta de progresso de um paciente não se deve necessariamente a uma incapacidade dele em se envolver com a abordagem. Existem muitos terapeutas assim, e são pessoas excelentes. No entanto, eu estaria mentindo se dissesse que todos os terapeutas são assim.

Ao olhar para a porta aberta da sala da equipe de terapeutas, semicerre os olhos e observe que, apesar da fachada sorridente, todos nós desprezamos uns aos outros em segredo. Ok, estou exagerando, não é bem assim. Mas somos, sim, *apaixonados* pelo tanto que investimos em nossa própria trajetória para nos tornarmos terapeutas. Tanto é que, uma vez por ano, todos nos encontramos em um campo, vestindo as cores da nossa abordagem, e lutamos até a morte – nossa versão de *Jogos Vorazes*. A abordagem do sobrevivente é coroada como "única abordagem verdadeira" (ano passado foi a hipnoterapia). Se quiser uma sugestão de aposta, a terapia fundamentada no trauma é a favorita para vencer este ano.

Agora você deve estar pensando: qual é a cor da abordagem que Josh usa? Bem, é aqui que as coisas se complicam.

Nem todo terapeuta está disposto a lutar até a morte por uma única abordagem. Assistir a toda essa carnificina se desenrolando no campo de batalha da terapia é um simples entretenimento para os senhores supremos da terapia. O pessoal importante. Eles são chamados de "terapeutas integrativos" e são os mais presunçosos de todos. É desse grupo que eu faço parte, claro. Formado em aconselhamento humanístico e terapia cognitivo-comportamental (por enquanto) e animado para estudar mais no futuro.

Os terapeutas integrativos são conselheiros que se especializaram em mais de uma modalidade, e, em teoria, podem optar por combinar abordagens para atender melhor aos pacientes. Os terapeutas integrativos acreditam que estão acima dos puristas das abordagens porque, convenhamos, estamos mesmo. Ficamos assistindo de nossos tronos dourados enquanto os coaches enchem nossos cálices e, em seguida, ordenamos que estes mesmos coaches façam o papel de pufes humanos para esticarmos nossos pés.

Falando sério, se você está procurando um terapeuta ou já está fazendo terapia, pergunte em qual abordagem (ou abordagens) ele é especializado. Alguns lhe dirão logo de cara, sem que seja preciso perguntar. Pergunte qual é o objetivo da terapia e do que trata a abordagem dele. Você pode conferir se isso está de acordo com o que você espera da terapia. Existem muitos terapeutas brilhantes especializados em todas as abordagens – o mais importante é sentir uma conexão.

Harry

Portal, *junho de 2008*

Josh: Essa foi a pior partida da minha vida.

Meu irmão mais novo revirou os olhos.

Harry: Tenho quase certeza de que já vi você jogar pior.

Josh: Sério, tem algo errado. Talvez seja a conexão com a internet.

Harry: Não... você que é péssimo jogando *Halo*.

Olhei para o lado e percebi seu sorriso de provocação. Não pude deixar de rir. Deslizei o controle pela mesa, derrotado.

Harry: Quer jogar outra coisa? Mamãe comprou *Portal 2* pra mim na semana passada.

Josh: *Portal 2*? Nunca ouvi falar e não joguei o primeiro. Além disso, estou cansado de jogar.

Harry: Ah, vamos! Você vai gostar. É um jogo cooperativo...

Josh: Eu gosto de jogos cooperativos. Tem algum tipo de violência gratuita que a mamãe desaprovaria?

Harry: Não. Não tem briga. É um jogo de estratégia.

Josh: Ah, então nem conta comigo...

Harry pareceu decepcionado. Eu detestava vê-lo triste.

Josh: Tá bem... me passa o controle.

Harry: Acho que você vai gostar. Temos que nos unir pra resolver os mistérios.

A tela se acendeu. Deslizamos nossas cadeiras para ficar lado a lado, retomando nossas posições habituais de jogo. Antes que pudéssemos começar, mamãe apareceu na sala.

Mãe: Por que não estou surpresa de ver que ainda tem louça suja na pia!? De quem era a vez de lavar?

Harry e eu apontamos um para o outro.

Harry: Mas eu levei o cachorro pra passear!

Mamãe olhou para mim, esperando minha justificativa.

Josh: É, bem... eu... merda.

Mãe: Joshua!

Harry: Podemos jogar umas partidas de *Portal*, mãe, por favor? Eu tenho que ir pra casa do papai já, já.

Josh: É, mãe, é o *Portal 2*! Estamos esperando essa sequência há anos!

Ela olhou feio para mim. Harry segurou o riso.

Mãe: Assim que o pai dele chegar... a louça!

Josh: Ok, combinado. Desculpa.

Mamãe desceu, e Harry iniciou o jogo.

Josh: Ok. O que é que a gente tem que fazer?

Harry: Cada um de nós tem uma arma que aciona dois portais diferentes. Um portal de entrada e um portal de saída.

Harry apertou um botão, e um portal oval laranja apareceu na tela.

Harry: O portal laranja é o de entrada e...

Ele disparou a arma de novo. Dessa vez apareceu um portal oval azul.

Harry: Esse é o portal de saída. Se você entrar no laranja, se teletransporta pra onde estiver o portal azul.

O personagem de Harry entrou pelo portal laranja e passou para o outro lado da tela. Andei com o meu personagem para espiar pelo portal laranja.

Josh: Uau! Eu consigo te ver através do portal. Que maneiro!

Harry moveu seu personagem para ficar em frente ao portal de saída. Nossos personagens ficaram ali se entreolhando. Pareciam dois retratos animados.

Josh: A programação é incrível.

Harry: O objetivo do jogo é chegar ao portal de saída. Mas temos que trabalhar juntos.

Josh: Ok... Estou dentro.

Passei pelo portal.

Noah

Meu habitual nervosismo diante de um novo paciente estava dando as caras. Noah ia chegar dali a alguns minutos. Ele parecia muito educado ao telefone. Troquei rapidamente meu suéter porque, não pela primeira vez, o sujei de maionese no almoço. Tenho uma gaveta de "emergência" no meu consultório para situações como essa. Ela tem escova de cabelo, desodorante, chave reserva, pá de lixo e vassourinha, lenços umedecidos, minhas informações de login da receita federal e meu testamento mais recente. Também tem um pote de maionese.

Uma batida na porta. Abri e diante de mim estava um sujeito bem vestido de vinte e poucos anos.

Josh: Oi, você é o Noah?
Noah: Oi, Josh. Sou eu, sim.
Josh: Por favor, entre.

Noah me seguiu até o consultório. Tirou o casaco e o pendurou delicadamente no cabideiro. Fiz um gesto para que ele se sentasse no sofá.

Josh: Aceita um copo d'água?
Noah: Sim, por favor.

Quando voltei, vi Noah mexendo nervosamente em seu suéter de lã. Ele estava um pouco trêmulo ao beber a água. Sentei-me de frente para ele.

Noah: Obrigado.

> *EMPÁTICA: Ele está nervoso.*
> *COMPASSIVA: Vamos ajudá-lo a ficar mais à vontade.*

Josh: Esta é a primeira vez que você procura terapia?

Noah: Hã... é... longe disso. Já fiz terapia... como é que se diz? A dar com pau?

Josh: Não é a sua estreia, então?

Noah: (*sorrindo*) Não, de jeito nenhum.

Josh: O que você achou da terapia no passado?

Noah: Útil. Eu acho. Até certo ponto, pelo menos. Prefiro muito mais isso do que tentar encontrar um refúgio pacífico nas redes sociais, que é onde tenho ido buscar respostas ultimamente. Uma missão inútil, na verdade. Só me faz sentir mais ansioso, mais solitário.

Josh: Eu te entendo. O que você achou útil nas suas experiências anteriores com a terapia? Isso vai me ajudar a ter uma ideia melhor de como podemos trabalhar juntos.

Noah pousou o copo d'água e agarrou uma almofada com força contra o peito.

Noah: Eu gostava de ter um lugar seguro pra falar. Gostava de poder ter um espaço particular. Totalmente confidencial. Tudo que eu disser é totalmente confidencial, não é?

Josh: Claro. A única forma de quebrar essa confidencialidade seria se houvesse uma ameaça à vida ou se um crime grave tivesse sido cometido.

> DETETIVESCA: *Isso não o tranquilizou. Ele corou levemente e está evitando contato visual.*
> ANALÍTICA: *Isso parece ter deixado ele inquieto.*

Noah: Como assim, "ameaça à vida"?

Josh: Se eu achar que você ou qualquer outra pessoa corre risco imediato. Por exemplo, se você estivesse insinuando tirar a própria vida ou anunciasse um plano para matar alguém. Você diria que se sentiu assim recentemente?

> ANSIOSA: *Espero de verdade que ele não tenha matado ninguém.*

Noah: Ah... não. Nada desse tipo. Eu com certeza não pretendo matar ninguém.

Josh: E... e quanto a fazer mal a você?

Noah fez uma pausa e olhou pela janela.

Noah: Nunca planejei fazer nada assim. No entanto, tenho alguns traços de personalidade que, bem... soaram alertas no passado. Eu não vou me matar, mas... você me garante mesmo que é confidencial?

Josh: Garanto.

Noah chegou mais para a frente, e percebi que ele estava tremendo. Ele arregaçou lentamente uma das mangas do suéter e revelou um antebraço cheio de cicatrizes. A pele parecia mais grossa, com calos e feridas. Eu já tinha visto sinais de automutilação, além de ter sido treinado para procurá-los, mas ele tinha feito um estrago e tanto no próprio braço, e eu estaria mentindo se dissesse que não fiquei chocado.

ANSIOSA: Merda.
COMPASSIVA: Esse rapaz está sofrendo.
EMPÁTICA: Não deve ter sido fácil mostrar isso pra você.

Josh: Obrigado por me mostrar. Agradeço a sua confiança. Alguma dessas é recente?

Noah deslizou a manga até o pulso e voltou a abraçar a almofada.

Noah: A última foi há alguns meses. Eu, é... mostrei à minha última terapeuta e ela pareceu bem chocada. Aí ela disse que achava que trabalhar comigo estava fora do escopo de formação dela. Eu me senti um pouco idiota por ter contado a ela muitas coisas da minha vida pessoal. De repente, descobri que minha mãe e meu pai estavam procurando um novo terapeuta pra mim. E aqui estou eu.

Josh: Parece uma forma abrupta de encerrar a terapia.

Noah: É. Eu gostava dela. Fiquei pior ainda quando não pude mais ir. Como se eu fosse um caso perdido. Foi bem decepcionante.

Ele olhou para mim pela primeira vez.

Noah: Você vai me recusar? Tudo bem se recusar. Estou lhe mostrando isso porque não quero ter que passar por tudo de novo só para ser encaminhado para outra pessoa.

REDENTORA: Eu posso te salvar! Sou um terapeuta incrível!

VOLITIVA: Lembre-se de seus limites profissionais.
ANALÍTICA: Você não sabe quase nada sobre esse jovem.

Josh: Bem, eu não vi nenhuma razão para não podermos trabalhar juntos. Acredito que todo mundo carrega cicatrizes de uma forma ou de outra. Além disso, acho que as cicatrizes podem ser vistas como um símbolo de recuperação, porque... bem... elas são mesmo.

CRÍTICA: Não vai se transformar em um daqueles "curandeiros" que aparecem no Instagram, hein...
COMPASSIVA: Ignore isso. Só continue.

Noah assentiu. Ele começou a se acalmar um pouco.
Noah: Você tem cicatrizes?
A pergunta me surpreendeu.
Josh: Eu, hã... tenho. Algumas físicas, algumas mentais. Acho que a maioria das pessoas tem pelo menos um tipo de cicatriz.
Noah: O que provocou as suas?

VOLITIVA: Redirecione.

Josh: Determinadas coisas que acontecem na vida. Lembre-se, este consultório é um espaço pra você falar sobre as suas necessidades. Embora eu possa responder a perguntas, lembre-se de que vou manter um limite profissional no papel de seu terapeuta.
Noah: Eu sempre fico perplexo que os terapeutas querem que a gente compartilhe tudo – até o fundo da alma –, mas de certa forma se esquivam de compartilhar a alma deles. É uma dinâmica de poder meio desequilibrada.
Josh: Eu entendo o seu sentimento. Acho que sempre existe uma dinâmica de poder no consultório, porque uma pessoa é paga para ser um "especialista", embora não sejamos, e a outra deve ficar vulnerável. Além disso, se um terapeuta começasse a explorar a própria dor com o paciente, estaria fracassando no próprio trabalho, que é proporcionar um espaço inteiramente voltado para você. Meu trabalho é ganhar sua confiança por meio do meu profissionalismo, e não revelando todos os meus aspectos

pessoais. Acredito que não é possível haver um espaço seguro sem que haja limites – isso se aplica a nós dois.

Noah refletiu por um momento, depois pareceu aceitar minha explicação.

Noah: É. Isso também explicaria por que fico frustrado com Richard, um amigo meu. Todas as vezes que tentei me abrir com ele no passado, a conversa sempre parecia acabar se tornando sobre ele. Se você perdeu sua avó, ele perdeu duas. Se você está resfriado, ele está com covid. Se um parente seu tem câncer, a família inteira dele está com lepra.

Eu ri.

Josh: Acho que todo mundo sabe mais ou menos como é conhecer um Richard. Se você decidir continuar trabalhando comigo, o que gostaria de obter com a terapia?

Noah: (*após uma pausa*) Quero me sentir corajoso o suficiente para contar um segredo que guardo há muito tempo. Que eu nunca contei a ninguém. Mas acho que preciso elaborar isso. Tenho a sensação de que vou desmoronar, se botar pra fora.

>DETETIVESCA: *Interessante...*
>EMPÁTICA: *Guardar segredos pode ser pesado e incapacitante.*

Josh: Ok. Bem, se um dia você se sentir seguro para compartilhá-lo, saiba que eu vou ficar contente pela importância que isso tem para você.

Noah assentiu. E relaxou.

Instaterapia

Por que fazer terapia de verdade quando as redes sociais têm todas as respostas? Por que se encontrar com um profissional que investiu anos em formação para ajudar pessoas com necessidades complexas, quando você pode percorrer um oceano de desinformação no Instagram ou no TikTok? É claro que as redes sociais são gratuitas e a terapia na maioria das vezes não, mas preste atenção no que eu tenho a dizer.

Não tem certeza se o seu parceiro é narcisista? Bem, aqui vão "Cinco sinais de que o seu parceiro é narcisista", escrito por alguém completamente desqualificado que está prestes a lhe dizer, enquanto dança ao som de Harry Styles, o quanto a sua namorada é narcisista. Está se sentindo triste no trabalho? Bem, isso é obviamente um "trauma" de infância, não o fato de que você provavelmente está passando por coisas estressantes no momento. Alguém discorda de você? Bem, de acordo com o Insta e o TikTok, isso ocorre porque você está sofrendo *gaslighting*... da sua avó (que também é narcisista e está dormindo com o namorado traumatizado). Sei disso tudo porque estava no final de um vídeo que dizia "Eu me basto" só para me oferecer um link para um curso de coaching caro no qual eu posso ser, como diz o meu amigo Drew Linsalata, "mais suficiente".

Na minha opinião profissional, nas redes sociais há muitos conselhos sobre saúde mental que não ajudam, e eu diria até mesmo que são contraproducentes. Reconheço como isso soa egocêntrico, visto que também dou conselhos nas redes sociais, mas, como especialista em ansiedade que estudou muito e também sofreu muito com ela, posso ver – e vejo – o vórtice neurótico para o qual as redes sociais podem sugar você.

Meu conselho é não perder sua visão crítica ao navegar nas redes sociais em busca de ajuda em saúde mental. Se alguém lhe disser para usar cubos de gelo nos pulsos para curar ataques de pânico, pare e reflita por que esse pode não ser um mecanismo de enfrentamento sustentável no futuro. Não aceite passivamente que os seus problemas se devem a "traumas" só porque é contido de manhã e quer agradar todo mundo à noite. O trauma pode ser complexo, e o transtorno de estresse pós-traumático deve ser identificado por profissionais treinados, como o seu médico. Se uma pessoa insinuar que a resposta secreta para todos os seus problemas está na assinatura do curso dela, sugiro que você preste mais atenção em onde está investindo o seu dinheiro. Não deixe minha rabugice estragar sua experiência com as redes sociais, mas tome cuidado com a desinformação.

Noitada

Manchester, julho de 2015

As paredes do banheiro químico sacudiam violentamente ao som do baixo da música, e uma luz estroboscópica fragmentada pela grade do teto era a única fonte de iluminação. Alguém bateu na porta pela terceira vez. Eu ignorei. Meu senso de gravidade estava comprometido; eu estava completamente drogado. Equilibrar aquele pó sobre a chave da minha casa, com pouca luz e toda a cabine tremendo, era uma tarefa difícil, mas saboreei o desafio porque me senti um herói absoluto – até mesmo um deus. Meu amigo Amos gritou pela grade do banheiro ao lado:

Amos: Ei! Já terminou o saquinho? Não deixa cair no vaso sanitário como eu fiz da última vez.

Josh: Tá, só um segundo.

> *COMPASSIVA: Você não acha que já é o suficiente por esta noite?*
> *ESCAPISTA: Não dê ouvidos a ela. Você merece. Você trabalha muito. As pessoas não entendem. Cheire mais. Cheire o quanto quiser!*
> *BIOLÓGICA: Está tudo preparado para a sua transação, senhor.*

Levei a chave até o nariz e inalei vigorosamente o pó pela narina direita. O cheiro de gasolina e um ardor agudo se espalharam pela minha cavidade nasal como uma explosão no meio de um incêndio violento. Meus olhos se arregalaram. A luz estroboscópica passou pela grade mais uma vez.

> IRREVERENTE: *É assim que os pacotes de arroz devem se sentir no caixa do supermercado.*

Eu me senti imediatamente sintonizado com as batidas implacáveis da música. Eu era eu, mas 110 por cento eu! Estava amando aquilo.

> ESCAPISTA: *BUM! Festa no convés.*
> BIOLÓGICA: *Um novo saque do seu cheque especial de dopamina foi realizado com sucesso. A dívida deve ser paga ao longo de dez dias. Reservei um percentual da serotonina da semana que vem como caução.*

Eu estremeci. Estendi a mão até a grade e passei o saquinho de pó para o Amos.
Josh: Pegou?
Amos: Peguei, valeu!
Alguém bateu na porta do banheiro químico mais uma vez. Dessa vez, eu abri e saí rumo ao mar de luzes e à batida da música eletrônica. Um sujeito mal-humorado com uma camiseta do Ramones fez uma cara feia para mim, depois entrou rapidamente no banheiro e trancou a porta.

> CRÍTICA: *Aposto que ele nem escuta Ramones.*
> ESCAPISTA: *Cala a boca. Vamos continuar curtindo!*

Amos saiu de sua cabine e se juntou a mim na pista principal do imenso armazém. Estávamos eufóricos. Joguei a cabeça para trás e deixei as ondas do baixo baterem no meu peito. Éramos dois pacotes de arroz hedonistas e desavergonhados nos divertindo muito!
Fomos embora da festa às quatro da manhã conversando e rindo com alguns amigos que tínhamos acabado de conhecer.

> ESCAPISTA: *A festa não acabou. Vamos continuar!*
> BIOLÓGICA: *Isso não é bom pra gente. Seu organismo está fazendo hora extra. Você não tem mais 23 anos.*
> CRÍTICA: *Vamos lá. Você costumava ser mais animado!*

ESCAPISTA: *Vamos lá, vamos continuar!*

A festa continuou no apartamento do Amos, no centro da cidade. A casa dele logo se tornou um inferninho de fumaça e drogas em pó em bandejas espelhadas. Eu não queria que a diversão acabasse. Alguém assumiu o comando do som e botou uma música. Vi o cara da camiseta do Ramones sentado na bancada da cozinha sem a menor elegância dando em cima de uma garota. Amos estava beijando um cara bonitão no sofá. Um outro cara se sentou em frente a mim no sofá.

>DETETIVESCA: *Tenho certeza de que já vi esse cara.*
>ANALÍTICA: *É, na festa. Ele se chama Daryl. Você tá cheirado demais agora.*
>ESCAPISTA: *Tô mesmo.*

Daryl me estendeu uma bandeja espelhada com uma nota enrolada e fez um gesto para que eu a usasse. Obedeci.

Daryl: Ei, aquela foi a conversa mais surreal que tive em muito tempo. É muito bacana ver que você é, tipo... normal. Tipo, você é humano. Que noite, hein!?

Josh: Como assim? Desculpa, não me lembro da nossa conversa.

Daryl: (*rindo*) De qual? Daquela na festa? Imagino que deve ser difícil pra você se lembrar das nossas conversas de um tempinho atrás.

Josh: Do quê? A gente já...

Fui tomado de pavor... Um pavor terrível e avassalador.

>DETETIVESCA: *Ah, claro! Esse cara é um paciente dos seus tempos de formação. Ele se chama Daryl. Foi se consultar com você por causa de crises de ciúme ou algo assim muitos anos atrás.*
>IRREVERENTE: *Ahhhhhhhhhh...*
>CRÍTICA: *Você acabou de cheirar um caminhão de pó na frente desse cara sem nem se lembrar da cara dele. Ele não é digno de ser lembrado por você?!*
>ENGATILHADA: *Você acabou de usar drogas com um ex-paciente.*
>BIOLÓGICA: *Pois é, o estômago não vai aguentar isso. Subindo!*

Vomitei sobre mim mesmo. A pressão do vômito, bem como uma noite inteira cheirando pó, rompeu um vaso sanguíneo no meu nariz e fez com que o sangue escorresse das minhas narinas por toda minha camiseta e pelo chão. O cômodo começou a girar descontroladamente. Houve um silêncio constrangedor.

Amos: Ok. Acabou a música. Acho que tá na hora de todo mundo voltar pra casa. Obrigado, pessoal! Circulando!

Ele olhou para mim com a preocupação de um pai ao ver o filho vomitar pela primeira vez. Eu me senti grato por ter um amigo como ele.

Todos foram embora, inclusive Daryl e o cara que o Amos estava beijando. O cara da camiseta do Ramones esqueceu um isqueiro chique no balcão, que vi Amos guardar. Ele se aproximou e me entregou um copo d'água e dois comprimidos de paracetamol. Tirei a camiseta e fui até o banheiro para me limpar. Olhei no espelho e comecei a chorar. Eu me senti patético. Eu *era* patético. Amos bateu na porta.

Amos: Tá tudo bem, cara? Bateu muito forte?

Josh: Foi. Eu tinha acabado de perceber que Daryl era um ex-paciente meu.

Amos: Ai, meu Deus... tá brincando?!

Ele começou a rir.

Amos: Tá bem, vamos te colocar na cama. Você pode me contar tudo quando estiver pagando o meu café amanhã. Você sabe que sempre pode conversar comigo sobre qualquer coisa, mesmo que seja sobre o Harry. Você não está me sobrecarregando nem nada do tipo. Eu sei que é difícil.

Josh: Sinto muito, cara.

Amos: É melhor sentir mesmo. Você interrompeu meu lance, seu idiota. Tá me devendo uma.

Daphne

Daphne estava sentada no meu consultório mais uma vez. Na noite anterior, ela tinha estado na sala da minha casa, mas não ao vivo. Decidi assistir ao meu filme preferido dela, na tentativa de me dessensibilizar por vê-la sentada em meu consultório. Acabou sendo uma ideia ridícula, que só me deixou encantado por uma estrela do cinema e com uma vertigem infantiloide. Minha ansiedade continuou alta, mas misturada a uma sensação de empolgação por ter uma lenda do cinema e dos palcos sentada à minha frente, em meu inexpressivo ambiente de trabalho.

Não é surpresa nenhuma dizer que meu cabelo estava penteado, que eu tinha feito a barba e passado a camisa naquela manhã pela primeira vez desde o casamento de uma amiga no ano anterior. Daphne pousou a bolsa ao lado dela e sorriu para mim. Ela era especialista em se conter ao ser notada, e era incrivelmente difícil distinguir o que era encenação e o que era autêntico. Uma aura de suave realeza a envolvia enquanto ela se sentava perfeitamente ereta.

Josh: Você prefere ser chamada de Daphne ou eu devo usar seu nome verdadeiro?

Daphne: Não me lembro de ter dito que o meu nome não é Daphne.

ANSIOSA: Merda.
CRÍTICA: Que começo excelente.

Meu rosto corou imediatamente. Eu me remexi e tentei manter a compostura.

Josh: Eu, hã… Peço desculpas… Eu…

Daphne: (*sorrindo*) Tudo bem. Não sou ingênua. Eu sei que você sabe quem eu sou. Na verdade, um amigo me mostrou recentemente uma imitação que você fez de mim nas redes sociais. Talvez você não se lembre, porque já faz um tempo. Devo admitir que ficou bem parecido.

> ANSIOSA: Ah... Você se lembra, claro... Você se achava hilário, naquela época.
> ANALÍTICA: É por isso que falam para ter cuidado com o que a gente compartilha na internet.
> DETETIVESCA: Excelente trabalho de detetive, Daphne. Uma verdadeira profissional.

Meu rosto continuou a queimar até o que imagino ser um vermelho ardente. Eu sentia o suor brotando na minha testa. A imitação a que Daphne se referia era um vídeo que eu tinha postado no meu Instagram alguns anos antes. Eu fingia ser uma das minhas detetives preferidas do cinema, que por coincidência era interpretada pela mulher à minha frente. Encarnando uma detetive estoica e fria em um filme *noir* dominado por homens, ela quebrava o gelo com figuras intimidadoras do submundo do crime acendendo seu isqueiro Zippo e pedindo um cigarro. "Você tem algo pra fazer companhia ao meu fogo?", dizia ela em um tom frio e sereno enquanto segurava a chama a alguns centímetros do olhar do sujeito.

> VOLITIVA: Seja sincero. Coerência é importante.

Josh: Eu lembro. Só quero que você saiba que fiz aquela imitação por causa da admiração pela personagem que você interpretou no filme. Peço desculpas e posso tirar do ar imediatamente, se você tiver se ofendido. Vou ser mais cuidadoso...

Daphne: Não precisa de tanto drama. Essa parte você deixa comigo, Joshua. Achei muito divertido, embora a entonação precisasse melhorar um pouco. Presumo que seja óbvio que, se eu tivesse ficado ofendida, não estaria aqui sentada pagando pelo privilégio dos seus serviços.

Josh: Verdade.

Daphne sorriu para mim e pousou as mãos sobre os joelhos cruzados.

Eu senti como se eu fosse o único foco da análise. Ela era uma presença poderosa na sala. Aquela não era uma dinâmica com a qual eu estava acostumado.

Daphne: Meu nome é Daphne mesmo. Esse é o nome que eu uso fora do universo da atuação. Muitos de nós temos nomes artísticos. Meu outro nome é aquele que está associado ao meu sucesso. É o nome que eu uso quando estou fazendo o meu trabalho. Suponho que, para este contexto, Daphne seja o nome mais apropriado.

Josh: Ok. E o que traz você aqui, Daphne?

Daphne: Estou na cidade há várias semanas em turnê com minha peça mais recente, como parte de um festival internacional.

Josh: Que incrível! Na verdade, eu quis dizer o que trouxe você ao meu consultório. No entanto, é de fato interessante saber das suas razões para estar em Manchester.

Ela olhou para baixo e saiu da personagem por um segundo, como uma atriz surpresa por ter esquecido uma fala bem-ensaiada. Depois olhou de novo para mim e sorriu. Compostura recuperada.

Daphne: Claro. Peço desculpas, sou bastante afeita a brincadeiras. Estou aqui porque preciso de ajuda com sentimentos negativos. Muitas vezes me pego lidando com eles. Uma grande amiga minha me disse que você era uma pessoa com quem seria seguro conversar.

> *DETETIVESCA: Eu quero muito perguntar quem foi.*
> *VOLITIVA: Não pergunte. Lembre-se da sua integridade profissional.*
> *COMPASSIVA: Que bom que alguém recomendou você.*

Josh: Bem, não existe elogio melhor do que uma recomendação pessoal.

Daphne me analisou por um momento. Em seguida, tirou um protetor labial da bolsa e o aplicou com delicadeza.

Daphne: Os sentimentos negativos atrapalham meus projetos pessoais. Eu gostaria que você me ajudasse a me livrar deles. Eles ficam no caminho de tudo que eu gostaria de conquistar e são uma perda de tempo. Eu só... não quero ficar remoendo meu passado nem ficar olhando só para o meu umbigo; preciso da sua ajuda para me consertar. De preferência em cinco semanas, porque é quando a turnê termina e eu volto para Londres. Ou, pelo menos, que você faça o melhor que puder nesse tempo.

Josh: Consertar você? Parece que você acha que está quebrada de alguma forma.

Daphne: Claro que estou. Toda noite eu acordo com palpitações às 3h30. Isso não está certo. Meu médico me disse que é ansiedade, mas como pode ser ansiedade se acontece quando eu estou dormindo?

Ela fez uma pausa e olhou pela janela. Do outro lado havia outro complexo de escritórios. Pela janela dava para ver uma festa de aniversário no refeitório, com os funcionários do escritório usando chapéus de festa de papel e soprando apitos.

Daphne: Eu estou ansiosa. Eu... ando tendo problemas com isso recentemente.

EMPÁTICA: É difícil para ela dizer isso.

Josh: Bem, agradeço por você compartilhar isso comigo.

Eu ainda não conseguia aceitar o fato de que aquela atriz famosa estava sentada na minha frente. Fiquei um pouco entorpecido, e admito que uma parte de mim estava ocupada em manter as aparências. Dito isso, quanto mais conversávamos, mais eu era atraído para o quadro de referência de Daphne, que é o fenômeno que ocorre quando você entra no mundo de um paciente e começa a ver e sentir suas experiências como se estivesse no lugar dele.

ANALÍTICA: É compreensível que você esteja chocado, mas ela ainda é uma pessoa. É sua paciente e está pagando e confiando em você para que você aja como um terapeuta. Continue entrando no quadro de referência dela.

E eu entrei.

Daphne falou sobre as pressões da carreira. Os constantes holofotes da mídia, a busca por mais sucesso, a exaustão por trabalhar dezesseis horas por dia e viajar pelo mundo. Embora parecesse inacreditável na teoria, percebi que Daphne ansiava por estabilidade, tranquilidade e a sensação de ter um lar. Ela tinha duas filhas adolescentes das quais sentia muitas saudades. Durante vinte minutos, eu mergulhei no mundo de Daphne – meus ombros e meu peito se contraíram, espelhando inconscientemente sua linguagem corporal quando comecei a *sentir* toda a pressão que havia sobre seus ombros. Um processo que os psicodinâmicos chamam de "transferência".

Daphne: Sinto *outras* pressões também...

Ela se mostrou taciturna, e a máscara animada que tinha usado para descrever as pressões do trabalho caiu. Daphne olhou para o colo. Sua postura ereta tinha murchado um pouco, e ela começou a brincar nervosamente com os anéis nos dedos.

Daphne: Elas vão além do trabalho. Nossa, só de falar tudo isso em voz alta já traz muita coisa à tona, não é?

Josh: Com certeza. Pra mim, essa é uma das maravilhas da terapia. Dizer coisas em voz alta pode, de repente, dar contexto aos nossos anseios.

Daphne: Eu preciso te contar tudo para que a terapia funcione? Isso é necessário para você me consertar... Quero dizer, me ajudar?

> REDENTORA: *Quanto mais você me contar, mais eu posso te ajudar!*
> ANALÍTICA: *Deixe de bobagem. Lembre-se da sua formação.*

Josh: Eu acredito firmemente no poder de falar sobre coisas que são difíceis. Principalmente quando isso é feito com alguém em quem se pode confiar e em um espaço seguro. Dito isso, não vejo benefício nenhum em compartilhar coisas se você não estiver pronta. Pode ter certeza que eu não farei esse tipo de pressão.

Daphne: Eu só confio em você porque a Abosede confia.

> DETETIVESCA: *Foi a Abosede! Uma antiga paciente sua. Ela nunca me falou dessa amizade! Mistério solucionado.*

Daphne: Eu tenho problemas com o meu senso de identidade. Eu... eu não sei bem o que quero dizer com isso.

Josh: Bem, você diria que sabe com certeza quem você é?

Daphne: Eu sei que sou uma atriz talentosa. Tenho prêmios suficientes na minha prateleira para provar isso. É só que... Quando eu durmo, sinto como se tivesse pegado emprestado esse corpo e essa mente como um recipiente temporário. Meu corpo parece um fantoche gigante que eu manipulei por mais um dia.

> EMPÁTICA: *Desconectada de si mesma. Sentindo-se autêntica só quando está sozinha.*
> ANALÍTICA: *Uma linguagem poderosa e desconexa.*

Josh: Isso parece solitário, Daphne. Para mim, quando penso em um espetáculo de marionetes, consigo imaginar o público se divertindo com as marionetes no palco, mas à custa da suspensão de descrença. Todo mundo esquece o titereiro por trás do espetáculo. Ninguém se importa de verdade com *quem* está fazendo as marionetes se mexerem durante o espetáculo.

Daphne: Isso. Eu...

Ela olhou pela janela, e nós dois vimos um bolo gigante sendo levado para a festa do escritório do outro lado sob barulhentas palmas.

Josh: Sinto muito. Eu poderia fechar a janela, mas fica muito quente aqui dentro.

Daphne: Parece uma festa bacana.

Eu não disse nada. Daphne continuou a falar, mas não desviou o olhar da comemoração. Ela parecia triste.

Daphne: Uma vez fiz um filme sobre uma combatente que voltava da guerra...

> ENGATILHADA: *Emocionante! Render-se jamais! Ótimo filme. Você ainda tem o DVD.*
> IRREVERENTE: *Uau, e agora a protagonista está no seu consultório, Josh! Você conseguiu, amigão! Ela tem uma pele tão incrível.*
> CRÍTICA: *Cala a boca!*

Daphne: ... e reencontrava a família. Ela chegou em casa e recebeu apenas... amor. Até o irmão, com quem ela tinha um relacionamento bem conturbado, começou a chorar. Eu gostei muito de fazer parte desse filme. Foi muito agradável trabalhar com a equipe do set, os atores e até mesmo o diretor. Os críticos e o IMDb detonaram o filme, mas significou muito para mim...

Josh: Será que existem elementos do filme próximos a você que nós não vimos na tela?

Ela olhou para mim.

Daphne: Nós? Você assistiu?

ANSIOSA: De novo, não.

Josh: Assisti, sim.

Daphne voltou a observar a festa do escritório. Uma onda temporária de apatia tomou conta dela, como se tivesse dissociado e esquecido onde estava. Ela parecia estar olhando para uma alegre mulher de meia-idade que soprava as velas em cima do enorme bolo.

Daphne: Eu...

Ela começou a gaguejar. As bochechas e o queixo tremeram. Porém, mais uma vez, ela recuperou a compostura. Ela era incrível em se afastar dos sentimentos.

Daphne: Viu só? Até isso. Estou aqui tentando me consertar e só de olhar para aquela festa eu me senti extremamente melancólica. Por que isso está acontecendo comigo? Você pode me receitar algum remédio ou coisa assim? Nossa, isso é pior do que uma reunião de agente com clientes corporativos.

Josh: Sou psicoterapeuta. Apenas psiquiatras podem diagnosticar e receitar medicamentos.

Daphne: Tem alguma diferença?

IRREVERENTE: Claro, os psicoterapeutas têm personalidade.

Josh: Tem. Os psiquiatras estudam durante anos a psicologia e os efeitos dos medicamentos. Os psicoterapeutas são formados para ouvir e pôr em prática modalidades terapêuticas. Voltamos à solução rápida, hein?

Daphne: Seria o ideal. Como você me consertaria, então?

Josh: De novo, não acho que você esteja quebrada, Daphne.

Eu me endireitei na poltrona, pronto para subir no meu palanque de caixa de sapato.

Josh: Aqui nós trabalhamos juntos, se você quiser continuar, para identificar o que você *acha* que é o problema, ou os problemas. Sou especialista em ansiedade, então vou ajudar você com o meu conhecimento de todas as formas que puder. Mas eu não douro pílula nenhuma. Acredito que a ansiedade pode aparecer por causa de sistemas de crenças pessoais inúteis. Isso pode se dar pelo estresse, por mudanças significativas na vida ou coisas dolorosas que acontecem com a gente. O que são essas coisas, bem... você vai ter que me ajudar.

Daphne me estudou de novo, como se fosse ela quem estivesse me analisando, e não o contrário. Ela relaxou como se tivesse ficado satisfeita com a conclusão de sua reflexão silenciosa. Então, lançou o que gosto de descrever como uma inesperada bomba terapêutica de verdade:

Daphne: Minha mãe... me odeia... *mais que tudo*.

BIOLÓGICA: Uau. Isso foi chocante.

Daphne desdobrou as pernas e se largou de volta no sofá, irritada. Suas mãos estavam com as palmas voltadas para cima. Depois de quarenta minutos mantendo a ilusão de pé, tudo desabou de repente. Até eu fiquei surpreso.

Josh: Ok. O que te faz achar isso?

Daphne: Ai, meu Deus, Josh, é tão óbvio. Aquela vaca octogenária não daria um sorriso nem com uma arma apontada pra cabeça. Provavelmente ficaria rezando pra arma disparar e nunca mais ter que falar comigo. É horrível eu falar assim da minha própria mãe?

Josh: Não faço julgamentos. Estou aqui para ouvir e acompanhar seus sentimentos. Alguma ideia do motivo dessa raiva em relação a sua mãe?

Daphne: Ela é abominável. A mulher mais superficial que já existiu na face da Terra. Absurdamente crítica. Bem, crítica em relação a mim, pelo menos. Com meus irmãos, já é outra história. Ter um pau é um passaporte pra liberdade. Minha vulva ardente, no entanto, tem sido a desculpa constante para o escrutínio eterno desde que ela me cuspiu do útero dela.

Seus olhos examinaram freneticamente o chão, como se houvesse algo invisível correndo diante dela.

Daphne: Sinceramente, ela devia escrever um livro chamado *Como* *viver indiretamente por meio de seus filhos*. Ela é especialista nisso. Um gênio, Josh.

> INTUITIVA: *Acho que você devia ficar quieto e deixar a Daphne falar.*

Daphne: Eu realmente não sei como tolerei isso a vida inteira. Cinquenta e quatro anos! Na verdade, não, ela era diferente quando eu era pequena, mas, quando cheguei à adolescência, tudo mudou. Virei objeto do desdém dela, para depois me tornar um projeto que visava me moldar em algo socialmente "aceitável".

O rosto dela ardia de raiva. O barulho da festa do outro lado diminuiu, e Daphne começou a tentar recuperar o ar de compostura que tinha perdido. Tarde demais. Seus olhos brilhavam com lágrimas, mas nenhuma caiu.

Daphne: Por quê? Por que ela me odeia?... Desculpa. Odeio demonstrar fraqueza. Eu te disse que eu estava quebrada. Não sei por que estou te contando isso. Só quero poder dormir sem acordar com palpitações. Só quero poder sair pra jantar e me divertir com os meus amigos.

> COMPASSIVA: *Apesar do sucesso, Daphne tem muita coisa pra descobrir aqui. Ela está passando mesmo por muita coisa. Está sobrecarregada devido a muita pressão, raiva e tristeza.*

Josh: Pelo contrário, acho que o que você está me mostrando é benéfico para este espaço. Para essa relação terapêutica. Obrigado.

Daphne: Por que você está me agradecendo?

Josh: Porque o que é dito aqui está além das defesas que usamos para nos proteger do julgamento. Você tomou a decisão, mesmo sem me conhecer, de compartilhar um lado seu que imagino que não mostre para muitas pessoas. Isso é algo raro e inestimável. É exatamente isso que faz sentido neste consultório. Sei que a confiança recebeu uma mãozinha da recomendação, mas o sentimento continua sendo válido.

Daphne: Obrigada. Apesar de eu me sentir como uma criança mimada reclamando da minha mãe. Nossa, já virei um clichê da terapia!

Josh: (*rindo*) Talvez.

Ela sorriu e pareceu relaxar.

Josh: Você falou que quer sair com seus amigos? O que você quis dizer com isso?

Daphne: Ah, eu sinto uma ansiedade sufocante quando vou a qualquer evento social que não tenha ligação com o trabalho.

Josh: Como assim?

Daphne: Me põe em uma cadeira pra ser entrevistada, ou na frente das câmeras, e consigo fazer tudo no piloto automático. Corta para a minha vida pessoal, e aí parece que tenho um problema – para dizer o mínimo. Essa é parte da razão pela qual vim ver você.

Josh: Existe um contraste entre você no modo trabalho e você fora do trabalho?

Daphne: (*sem hesitar*) Existe.

Josh: O que acontece quando você interage com as pessoas na sua vida pessoal? Me parece que são quase duas pessoas diferentes.

Daphne: Parece que eu fico paralisada e começo a pensar demais. Mesmo com os meus amigos. Com a maior parte da minha família. Tudo se torna... menos automático. Mais incerto. De repente, parece que eu fico hiperconsciente em relação ao que as pessoas estão pensando. Só quero fugir para o silêncio e ficar sozinha. É uma loucura. Uma loucura absurda.

Fiquei ali só ouvindo.

Daphne: Hoje de manhã, por exemplo. Minha família, incluindo minha mãe, vem me visitar semana que vem. Só de pensar nisso meu estômago revira e meu coração dispara. É tão patético. Sou uma mulher estabelecida que já passou dos cinquenta. É absurdo...

Ela se inclinou para a frente e cruzou os braços sobre a barriga, em uma pose de autoproteção.

Daphne: Mas não é só a minha mãe. Acontece... em qualquer lugar. Mesmo quando vou comer alguma coisa com o meu agente ou quando visito meus primos na casa deles ou meus amigos em Cotswolds. Essa ansiedade está sempre presente. Todo mundo sempre espera que eu seja uma pessoa confiante. Eu tenho dinheiro; tive a sorte de ter nascido bonita; sei até ler em latim, pelo amor de Deus. Mas, se estou em um ambiente onde não sou obrigada a ser uma heroína que desafia a narrativa, eu desabo. Simplesmente desabo. Ai, meu Deus, lá estou eu choramingando de novo. Desculpa.

COMPASSIVA: Você não é patética, Daphne.
ANALÍTICA: Se ela ficar, vamos ter que desafiar essas crenças.

Daphne começou a fechar o zíper da bolsa, preparando-se para ir embora. Senti que eu precisava dizer alguma coisa rapidamente.

Josh: Você não é patética. Acredito que compartilhar a vulnerabilidade é uma forma de coragem. Uma que nem sempre recebe aplausos, infelizmente.

Daphne: Você só está dizendo isso porque gosta dos meus filmes. Por causa do que eu pareço ser. Só recebo elogios por aquilo que eu finjo que não sou.

DETETIVESCA: Boa auto-observação.
INTUITIVA: Espelha a narrativa de mais cedo.

Josh: Quando foi que eu disse que gostava dos seus filmes?

Ela pareceu envergonhada.

Daphne: Quando fez aquela imitação terrível e colocou na internet, você disse que admirava a detetive que eu interpretei.

Josh: Eu disse, mas o filme era... razoável. Porém respeito a sua atuação.

Daphne: Você tem esse nível de julgamento sobre a minha atuação aqui?

Josh: De maneira nenhuma. Também espero que você não atue aqui.

Daphne olhou de volta para o escritório do outro lado, agora vazio. As bandeirinhas de aniversário continuavam presas à janela como uma ode à festa da hora do almoço, que já tinha se dispersado.

Daphne: Acho difícil demonstrar vulnerabilidade.

DETETIVESCA: Interessante. Daphne protagonizou algumas das cenas mais emocionantes do cinema moderno.
VOLITIVA: Talvez valha a pena recorrer às observações pessoais aqui.
ANSIOSA: Estou com medo, mas vou fazer isso.

Josh: Peço desculpas por chamar sua atenção para isso. Você está ciente de que assisti a uma parte significativa do seu trabalho. Mas, do meu ponto de vista, você conseguiu dar vida a expressões poderosas de vulnerabilidade na tela e nos palcos.

Fiz uma pausa. Daphne olhava fixamente para mim, cheia de expectativa.

Josh: Acho que o que estou perguntando é: por que você acha difícil demonstrar vulnerabilidade quando, de uma perspectiva externa, você é boa pra caramba nisso?

O contato visual não foi quebrado, mas eu vi que ela estava remoendo a questão dentro da cabeça. Nesse momento, as geleiras salgadas que recobriam seus olhos começaram a se fragmentar um pouquinho. Mas nada de lágrimas. Agora não. Ainda não.

Daphne: É fácil demonstrar vulnerabilidade quando não é você. Quando não é… a minha.

Acompanhei Daphne até fora da sala depois de agendar outra sessão para a semana seguinte. Sentei, dei um suspiro e deixei meus músculos relaxarem. Acendi um incenso e tentei sintonizar o presente. Foi difícil.

> *COMPASSIVA: Você foi bem. Não é todo dia que acontece algo assim.*
> *CRÍTICA: Existem muitos terapeutas melhores que poderiam ajudá-la. Você estava preocupado demais em colocá-la em um pedestal. Idiota.*
> *COMPASSIVA: Dá um desconto pra ele. Ele se saiu bem.*
> *IRREVERENTE: "Você tem algo pra fazer companhia ao meu fogo?"*

Quadro de referência

Por acaso você já teve uma conversa na qual sentiu que a outra pessoa estava apenas esperando você terminar de falar para poder dizer o que já tinha planejado dizer? Conhece alguém que muda imediatamente de assunto para as próprias experiências? "Ah, sim, isso aconteceu comigo..." seguido de um monólogo sobre a fenomenologia dela. Já teve seus sentimentos menosprezados por causa da frustração do interlocutor? "Outras pessoas estão piores"; "Não preciso ouvir esse tipo de coisa agora"; "Você é negativo e deprime as pessoas!" Bem, apresento a você o *quadro de referência*. Uma moldura mágica flutuante e transparente através da qual contemplamos o mundo. Todos nós temos um. O meu tem gárgulas nos cantos.

Existem muitos quadros de referência no mundo ao mesmo tempo. Cerca de 7,8 bilhões – um para cada pessoa no planeta. Pense nisso: 7,8 bilhões de pequenos porta-retratos voando pelo planeta. Cada quadro tem sua própria lente e perspectiva e só consegue capturar experiências na direção para a qual está voltado. São 7,8 bilhões de perspectivas distintas. Algumas são muito parecidas, outras são quase opostas. Como eu disse, depende da direção para a qual o quadro está apontando.

Todos nós contextualizamos e damos sentido à nossa existência recorrendo ao nosso próprio quadro de referência ou, como se diz, vendo o mundo na nossa própria pele. Grande parte da formação de um terapeuta é focada em aprender a sair dos nossos próprios porta-retratos, da nossa própria pele, e tentar imaginar como é ver o mundo na pele de outra pessoa. Que perspectiva elas estão vendo e sentindo pelas lentes dos próprios porta-retratos? Em suma, nós, terapeutas, fazemos isso e o comunicamos aos pacientes para ajudá-los a se sentirem compreendidos – a se sentirem vistos.

É por isso que as pessoas se conectam com mais facilidade por meio de experiências compartilhadas. Quando compartilham quadros de referência, as pessoas têm a chance de saber se já passaram pela mesma experiência difícil ou emocionante. Isso faz surgir um sentimento de companheirismo e proximidade. Isso pode fazer as pessoas se sentirem menos sozinhas. Pessoalmente, quando alguém conseguia se identificar com o meu paralisante transtorno de ansiedade, com o constante estado de dissociação, pensamentos assustadores do tipo "e se?" e constantes palpitações, isso fazia eu me sentir dez vezes melhor. Seja qual for a experiência, as pessoas muitas vezes se encontram para compartilhar algo em comum entre seus quadros de referência. Seja alegria, indignação, ansiedade, sofrimento ou apenas uma empolgação compartilhada por causa da série mais recente da Netflix. Quando há uma intercessão nos quadros de referência, pode ser mais fácil estabelecer vínculos com o outro.

Uma das características humanas mais admiráveis, e que acredito ser um sinal de maturidade emocional extrema, é a capacidade de *sair* do próprio quadro de referência e tentar ver o mundo através do quadro de outra pessoa. "Como será que ele vai se sentir?"; "Ela vai ficar triste naquela data"; "Ele vai apreciar esse gesto porque..."; "Está sendo difícil imaginar como ele se sente, mas estou tentando..."; "Talvez eu devesse calar a boca e escutar, porque é provável que seja disso que ela precise agora".

Pessoas que têm a capacidade de sair do próprio quadro de referência frequentemente são vistas pelos outros como atenciosas, empáticas, cuidadosas, boas ouvintes e uma presença reconfortante. Também podem ser criticadas por serem "sensíveis" ou "moles", mas essas pessoas muitas vezes oferecem um ombro para que outros se abram e façam confidências. É um dom. Para algumas pessoas, essa capacidade de sair de si mesmas é algo natural. Para outras, bem, é preciso prática. Uma forma de perceber se você precisa treinar sair do seu quadro de referência é reagir à história pessoal de alguém com pensamentos (ou, pior, com comentários) do tipo: "Mas e eu?"; "Como é que você acha que *eu* me sinto com isso?"; "Isso com certeza vai ser inconveniente pra mim e pros meus sentimentos".

Confesso que a capacidade de sair do meu próprio quadro de referência não era natural para mim. Não estou dizendo que eu era um poço de egoísmo no passado, mas foi preciso muito autodesenvolvimento, prática e amadurecimento puro e simples para conseguir ver as coisas do ponto de vista de outra pessoa com facilidade. Tenho calafrios quando olho para trás e vejo como ficava neurótico quando o mundo não se dobrava para se ajustar ao meu próprio quadro. Mas faz parte do processo. Cada vez que encontro alguém capaz de se colocar no lugar do outro, tento manter uma conexão com essa pessoa, mesmo que seja apenas uma associação amigável. Conexões fortes se formam por meio da empatia ou da mera tentativa de empatia. Procuro oferecer essa empatia a todos os meus pacientes, porque na maioria das vezes compartilhamos muitos relacionamentos que carecem de empatia. Todos os bons terapeutas também fazem isso. Se você faz terapia ou pensa em fazer, saiba que seu terapeuta está esperando para se livrar do porta-retratos pessoal e da pele dele; ele está pronto para entrar em seu quadro de referência com você. Por você.

Levi

ANSIOSA: Por que ele está me encarando desse jeito?

Levi estava sentado de frente para mim no sofá do consultório, estalando os dedos tatuados. Estava esperando que eu dissesse alguma coisa. Fiquei aliviado porque dessa vez ele decidiu se sentar, em vez de ficar andando pelo consultório. Nossa sessão anterior tinha sido um turbilhão emocional, mas me senti honrado por ele ter voltado para mais uma sessão. Alguma coisa deve ter dado certo.

Levi chorou durante a maior parte da última sessão. Ele soluçou catarticamente por cerca de vinte minutos. Confessou que tinha a sensação de que o cérebro estava "possuído", o que eu contestei com delicadeza. A nova tatuagem de Levi estava descoberta, hoje. Estava quase totalmente cicatrizada, exceto por um leve inchaço. Deixei o silêncio pairar entre nós, e ele continuou me encarando com impaciência. Era quase cômico, como se ele estivesse esperando que eu terminasse um truque de mágica. Cedi.

Josh: Como você está, Levi?

Levi: Com o quê?

Josh: Como foi sua semana?

Levi: Como muitas outras semanas. A cidade estava tranquila no fim de semana, o que faz as noites se arrastarem. Meu colega Ray teve que ser levado ao hospital por causa de uma apendicite, então ficamos com um a menos. Por sorte, um velho colega, o Mandy, apareceu para ajudar.

Josh: O Ray está bem?

Levi: Está. Embora eu receie que a parte mais agradável dele tenha sido removida.

Josh: O apêndice?

Levi: É. É uma piada. Vocês terapeutas não entendem piadas? Ou com vocês é tudo sentimentos e lencinhos de papel?

Josh: (*rindo*) Ah, entendi.

> *ANALÍTICA: Talvez fosse uma boa ideia voltar à sessão anterior. Houve alguns momentos importantes que pode valer a pena explorar.*

Levi continuou me encarando. Era o mesmo jeito que você olharia para um amigo que estivesse prestes a lhe contar uma história constrangedora sobre as confusões da noite anterior. Cauteloso. Com medo da humilhação.

Josh: Lembro que na nossa última sessão você achava que estava "possuído" de alguma forma. Será que a gente pode explorar isso hoje? A decisão é sua.

Levi: Eu *estou* possuído.

> *IRREVERENTE: Que porra é essa? Isso vai ser divertido.*
> *DETETIVESCA: Vou pegar meu bloco de anotações.*

Josh: O que faz você achar isso?

Levi: Meu cérebro me mostra coisas que eu não deveria ver. Eu penso coisas que não deveria pensar. A Safia acha que isso é coisa de um demônio.

Assenti, incentivando-o a continuar.

Levi: A Safia é a minha esposa. Estamos casados há doze anos.

> *EMPÁTICA: Como será que é ser casada com um segurança possuído?*
> *COMPASSIVA: Tenha compaixão por esse homem, ele está se abrindo.*
> *CRÍTICA: Você acha que as coisas que você levou para a sua terapia eram "normais"?*

Josh: A Safia também acha que você está possuído?

Levi: Minha esposa foi a primeira pessoa que percebeu isso. Ela não deixa passar nada. Eu confio nela. Ela estava comigo em cada etapa do caminho pra tentar... qual é a palavra... exercitar... *exorcizar* o demônio.

ANSIOSA: *Podemos estar num beco sem saída, aqui.*

Josh: Ok. E como é que se exorciza demônios na sua casa?
Levi: Na minha casa? Você está debochando de mim?

BIOLÓGICA: *Cento e vinte batimentos por minuto é o novo normal.*

Josh: Não. Desculpa, só estou tentando normalizar a situação pra nós dois. Não costumo ouvir histórias de pessoas possuídas. Só quero que você saiba que não tem problema nenhum compartilhar isso aqui.

Ele pareceu aceitar minha explicação. Tinha sido sincera.

Levi: Tentamos algumas coisas para me livrar do demônio. O melhor que conseguimos fazer foi mantê-lo sob controle. Me permite ter um pouco de paz.
Josh: É muito bom saber que você está conseguindo lidar com seus sentimentos em relação a isso.
Levi: Você não acredita que estou possuído por um demônio, não é?
Josh: Eu... eu gostaria de ouvir mais e entender como é, para você, sentir que está possuído por um demônio.
Levi: O demônio toma conta do meu cérebro quando eu estou distraído. Graças à Safia e à nossa médica, consigo controlá-lo e evitar que ele me cause mal à noite.

ESCAPISTA: *Bem, estou feliz em saber que tem uma médica envolvida.*

Josh: Ok. Antes de perguntar por que você acha que tem um demônio assumindo o controle do seu cérebro, posso perguntar o que você está fazendo para controlá-lo?

Levi se levantou como se fosse a vez dele de apresentar um trabalho para a turma na escola.

Levi: Eu posso te mostrar. Deixa eu me virar.

Levi começou a levantar a camisa para me mostrar suas costas. Parecia que tudo estava acontecendo em câmera lenta, mas acho que foi por causa do choque que eu estava prestes a sentir.

As costas de Levi eram como uma zona de guerra de feridas inflamadas e inchadas. Bolhas, cascas e carne viva. Havia cicatrizes sobrepostas e, no meio das costas, se via carne onde deveria haver pele. Sangue seco se acumulava nas marcas profundas da pele lacerada. Um mosaico de tons vermelhos, rosados e arroxeados de hematomas.

> ANSIOSA: Isso foi longe demais.
> BIOLÓGICA: Sinto muito, mas não temos serventia para o conteúdo do seu estômago nesse momento.
> ESCAPISTA: Você tem que sair daqui!
> INTUITIVA: NÃO saia ainda.
> ANSIOSA: Fale alguma coisa.

Josh: Levi, suas costas estão... muito machucadas. Como foi que isso aconteceu?

> DETETIVESCA: Você sabe como isso aconteceu, mas faz bem em confirmar.

Consegui engolir em seco e contrair o abdômen para segurar o vômito.
Levi: Eu sei, tá? É a única desvantagem de manter o demônio sob controle. Todas as noites eu tenho um ritual. Durante dez minutos eu expulso o demônio. Me ajuda a dormir.

> COMPASSIVA: Coitado desse homem.

Todo terapeuta se depara com um momento em que precisa questionar os limites da sua formação, do seu conhecimento e da sua competência. Aquela sessão com Levi estava se aproximando rapidamente desse momento.

> ANALÍTICA: Acho que é hora de começar a cogitar encaminhar o Levi para serviços mais especializados.
> COMPASSIVA: Esse sujeito tem graves necessidades psicológicas que exigem intervenção. Não é vergonha nenhuma encaminhar alguém pra outro profissional.

ESCAPISTA: Não escolhemos essa profissão pra ver coisas assim. Sentimentos e lencinhos de papel, Josh!

Levi se sentou de novo e sorriu. Parecia aliviado por ter me mostrado os ferimentos nas costas.

INTUITIVA: Calma. Vamos ver como a situação se desenrola.

Josh: E que ritual é esse, Levi? Você está se machucando para bloquear imagens indesejadas na sua mente?
Levi: O quê?
Josh: Você está se autoflagelando porque acredita que isso está detendo o... demônio?
Levi: Auto o quê? Explica isso direito.

Autoflagelação

A autoflagelação é o ato de infligir dor a si mesmo usando instrumentos ritualísticos específicos, geralmente chicoteando-se ou açoitando-se. Imagine alguém segurando um chicote com espinhos nas pontas e batendo-o o mais forte possível contra as costas. Isso inevitavelmente atinge e perfura a pele. A autoflagelação está associada à prática religiosa radical e é vista como uma disciplina espiritual. Muitas vezes é um ato de devoção, que pode ser visto como uma forma de penitência. Como terapeuta, a enxergo apenas como uma forma de automutilação.

Levi: A gente acredita que é preciso pagar uma penitência por causa dos meus pensamentos. Quando eu ataco o demônio, os pensamentos desaparecem por um tempinho. É a prova clara de que eu estou possuído. Sei que você não acredita em mim, mas só pode ser isso.

DETETIVESCA: A Safia está envolvida nisso?

Josh: Que pensamentos são esses? O que te faz achar que eles são tão ruins?

Uma veia pulsava na têmpora de Levi enquanto ele me olhava fundo nos olhos. Eu estava nervoso, mas o medo estava sendo atropelado pela curiosidade pessoal e profissional.

Levi: Não posso falar deles.

Josh: Você está seguro aqui. Lembre-se de que tenho um compromisso com a confidencialidade.

Levi: Não. Você tem a obrigação de denunciar certas coisas à polícia. Eu sei disso porque nós, seguranças, precisamos saber algumas coisas.

Josh: Ter pensamentos não é crime, Levi. Por mais que pareçam terríveis.

Levi: Esses... são.

Ele começou a chorar. Esfregou a tatuagem mais recente. Parecia que estava tentando acalmar a si próprio fazendo aquilo.

REDENTORA: Vamos lá, Levi. Pode falar.

Houve uma longa pausa. Levi se recompôs.

Levi: O demônio me tortura com imagens de... é coisa demais pra dizer.

Fiquei em silêncio. Ouvindo com atenção. Passado um minuto, ele continuou.

Levi: Antes de te contar, você precisa entender que não sou eu que quero pensar essas coisas. É o demônio. Ele está me punindo por alguma coisa. Ainda não paguei minha penitência.

Josh: Ok.

Levi: Vejo imagens inadequadas na minha cabeça de todas as coisas que pertencem ao inferno. Como machucar pessoas queridas, fazer coisas erradas com crianças, pôr na boca coisas que eu não deveria. Cenas terríveis assim.

ANALÍTICA: Pensamentos intrusivos?

Josh: Ok.

Levi: O que você quer dizer com "ok"? Acabei de dizer que tenho pensamentos horríveis com crianças e você acha que está tudo bem?!

O braço dele se levantou em um movimento automático, como se ele estivesse prestes a atacar a si mesmo. Quando percebeu o que estava fazendo, ele parou.

Josh: Não estou dizendo que o seu sofrimento é ok, estou só reconhecendo que o que você está vivenciando costuma ser chamado de pensamentos intrusivos. Eles parecem intrusivos porque eu tenho a nítida impressão de que você não quer vivenciá-los.

Levi olhou para os nós dos dedos e pareceu estar refletindo sobre o que eu tinha acabado de dizer.

Levi: Os pensamentos são nojentos. Não quero ter eles. Prefiro meter uma bala na minha cabeça do que realizar esses pensamentos. Isso é obra do demônio dentro de mim. A Safia diz que uma hora eles vão acabar indo embora. Por favor, não chama a polícia.

Ele parecia extremamente vulnerável. Culpado.

Josh: Não vou chamar a polícia.

Parei por um momento, me preparando para fazer uma pergunta necessária. Enquanto falava, percebi que meu tom era quase um pedido de desculpas.

Josh: Eu tenho que perguntar isso, Levi, mas você tem a intenção de colocar algum desses pensamentos em prática? Ou já colocou algum em prática?

> DETETIVESCA: *Se ele admitir ter feito alguma coisa, você sabe que vai ter que denunciá-lo às autoridades.*
> REDENTORA: *Por favor, diga que não.*

O rosto de Levi ficou vermelho. Todos os seus dedos estalaram ao mesmo tempo quando ele cerrou os punhos. Ele começou a gritar.

Levi: Eu não sou pedófilo!!

Não fiquei chocado com essa reação e mantive a compostura. Não foi a primeira vez nem seria a última que eu faria aquela pergunta no meu consultório.

Josh: Bem, acho que isso esclarece tudo. Peço desculpas, mas eu tenho que fazer perguntas como essa de vez em quando. É para fins de proteção. Obrigado por responder.

Eu me levantei e peguei meu quadro-branco. De repente, eu estava animado. Levi parecia perplexo.

Josh: Agora, deixa eu falar sobre pensamentos intrusivos.

Transtorno obsessivo-compulsivo

O transtorno obsessivo-compulsivo (TOC) é uma condição de ansiedade incapacitante e muito incompreendida, que costuma ser acompanhada de *pensamentos intrusivos*. Infelizmente, o TOC é muitas vezes mal utilizado como adjetivo para descrever pessoas excessivamente limpas, arrumadas e organizadas. A frase "Nossa, eu tenho muito TOC!" não deveria ser usada para descrever uma preferência pela simetria em sua mesa de trabalho, nem uma forma de fazer uma piadinha autodepreciativa porque todos os seus DVDs estão em ordem alfabética. O TOC, principalmente o TOC não tratado e mal diagnosticado, pode ser um transtorno de ansiedade extremamente prejudicial, capaz de provocar um alto grau de preocupação debilitante e levar à depressão.

O TOC se apresenta de muitas formas e é uma condição sorrateira. A maioria dos pacientes com quem trabalhei que tinham TOC apresentava problemas com pensamentos intrusivos, que muitas vezes são pensamentos e imagens desagradáveis, tabus, que vêm à nossa mente quando não queremos. Esses pensamentos costumam ser chocantes, repulsivos e bizarros. Um pensamento intrusivo é definido como qualquer coisa indesejável, involuntária e angustiante. Alguns dos pensamentos intrusivos mais comuns que as pessoas com TOC experimentam são relacionados a:

- **Violência** – pensamentos sobre perder o controle e agredir pessoas gratuitamente, em geral entes queridos, como filhos e parceiros, desconhecidos ou a si mesmo. "E se eu me esfaqueasse?"; "E se eu afogasse o meu filho?"; "E se eu envenenasse a minha mãe idosa?".

- **Sexualidade** – pensamentos inadequados sobre praticar atos sexuais que são tabu. Podem envolver adultério, um sexo ou gênero pelo qual normalmente não nos sentimos atraídos, parentes, crianças e animais.
- **Contaminação** – pensamentos intrusivos sobre contaminar a si mesmo ou a outros com germes, bactérias ou veneno, por exemplo.
- **Organização** – o pensamento e a sensação de que algo ruim vai acontecer se as coisas não forem feitas ou organizadas de uma forma específica.
- **Conferência** – pensamentos sobre provocar um incêndio em casa, esquecer o forno ligado, intoxicação por monóxido de carbono, sair sem trancar a porta, etc. Isso pode levar a pessoa a conferir as coisas de maneira excessiva e compulsiva.
- **Sons, músicas e filmes** – um som aleatório, uma palavra, uma música ou até mesmo um filme repetidos sem parar.

É muito importante entender que as pessoas com TOC não escolhem ter esses pensamentos. Muitas vezes, são pessoas brilhantes, criativas e corajosas. Em suma, o que acontece é que a resposta do cérebro à ameaça fica confusa e conclui que esses pensamentos podem ser um possível perigo. Isso foi até constatado por exames de tomografia computadorizada do cérebro. Pessoalmente, vejo o TOC como um desdobramento de uma inteligência extrema – um efeito colateral de ter uma mente maravilhosamente criativa que, infelizmente, não cumpre a missão de usar a imaginação apenas para o bem. No caso de Levi, desconfiei que o que ele estava vivenciando era uma forma de TOC.

Levi: Então o que você está dizendo é que o meu cérebro tem uma parte que é parecida com a dos meus ancestrais? Para detectar perigos?
Josh: Sim, isso mesmo.
Levi: E esses... pensamentos... não são obra de um demônio?
Josh: Tenho quase certeza de que não são.

Levi ficou refletindo, mas parecia confuso.

INTUITIVA: Faça uma analogia com a qual ele se identifique.
VOLITIVA: Boa ideia.

Josh: Você já teve algum incidente sério na boate? Por exemplo, você já precisou separar uma briga?

Levi me olhou como se eu tivesse perguntado ao sorveteiro se ele vendia sorvete. Ele parecia desconfiado, mas eu sentia que estava chegando a algum lugar com aquilo.

Josh: Ok, você consegue se lembrar de um momento que tenha sido realmente desafiador? Em que você e seus colegas talvez estivessem em perigo? Eu sei que seu trabalho envolve um alto risco.

Levi: É. Isso não acontece muito. Em geral, as coisas estão sob controle e podemos pedir ajuda a seguranças do outro lado da cidade. Mas eu me lembro de algumas vezes em que ficou complicado, sim.

Ele olhou para o teto enquanto mergulhava no arquivo de memórias.

Levi: Teve uma vez em que uma gangue local parou em um carro com os vidros escuros. Eles tinham ido ameaçar o meu colega Ray, o cara do apêndice. Ele tinha expulsado um deles da boate por estar vendendo drogas abertamente. Muita arrogância. Bem, o carro parou e saíram cinco caras com uns canivetes enormes...

Percebi o corpo dele se contrair, como se ele estivesse revivendo o momento.

Levi: ... éramos quatro na porta, e rapidamente pedimos ajuda pelo rádio. Eu me lembro de ter ido em direção aos bandidos para tentar apartar a situação. Meu coração estava disparado, e eu fiquei meio enjoado. Eu só pensava na Safia, na minha filha e nos meus colegas, e fiquei torcendo para não morrer naquela noite.

Ele expirou lentamente enquanto a lembrança se dissipava.

Levi: Foi um momento assustador.

Josh: Obrigado por compartilhar isso comigo. Percebi que seu corpo ficou tenso enquanto você revivia o episódio. Parece mesmo assustador.

Levi olhou para sua postura. A barriga e os ombros estavam tensos e a perna não parava de quicar. Ele pareceu surpreso.

Levi: É. Eu... imagino que tenha reagido a essa lembrança.

Josh: E é ESSA a sua resposta à ameaça. Ansiedade. Se você quiser entender os pensamentos intrusivos, precisa ter em mente que a ameaça não precisa ser real para que *pareça* real. Sua resposta à ameaça é reagir ao pensamento, ou à lembrança, porque isso aconteceu na sua imaginação.

Levi: Tudo bem. Mas o que isso tem a ver com esses... pensamentos? E quem é que pode dizer que não é um demônio? Minha esposa, a médica e o nosso pastor dizem que é.

> *DETETIVESCA: Que raio de médica é essa?*
> *CRÍTICA: Poderíamos trocar algumas palavras com eles, não é, Josh?*
> *EMPÁTICA: Você não pode esperar que pessoas que não conhecem o TOC e a ansiedade entendam esses transtornos como você. Elas vão tirar as próprias conclusões com base no que sabem.*

Josh: Não acredito que demônios se apossem dos nossos pensamentos, Levi. Eu acho...

> *ANSIOSA: Tem certeza de que você quer falar isso?*
> *INTUITIVA: Vai fundo...*

Josh: ... que uma parte de você também não acredita nisso. Por que está aqui, Levi? Com certeza você sabe que sou psicoterapeuta – uma pessoa que não faz exorcismos nem expulsa demônios e espíritos. Parece que o que você tem feito até agora não está adiantando, e você teve a coragem de vir aqui em busca de ajuda.

> *IRREVERENTE: JOSH, O CAÇADOR DE DEMÔNIOS!*

Josh: Digo isso pelo que você me contou sobre os seus pensamentos e... sua reação a eles, a autoflagelação...

Levi: Eu não disse que me autoflagelei. Veja bem.

Josh: Levi... suas costas estão gravemente feridas. Acredito que você fez isso porque te proporciona um alívio temporário dos pensamentos. Muito do que você disse até agora parece TOC, mas eu gostaria de explorar mais isso com você, se você quiser. Posso te contar como os seus pensamentos são bem comuns, que muitas pessoas lutam contra o TOC e como podemos enfrentá-lo.

Levi olhou para mim e não disse nada. Naquele momento, eu o vi como uma pessoa que estava sofrendo – deixando de lado as minhas próprias ansiedades e o meu próprio quadro de referência. Ele parecia assustado. Uma pessoa assustada vestindo uma enorme fantasia de lutador. Só que eu não estava mais tão intimidado, porque sentia que era possível ver a pessoa dentro da fantasia.

Levi: Tenho que sair mais cedo, hoje. Temos uma reunião no trabalho. Novos regulamentos e coisas assim.

Josh: Ah, tudo bem.

Levi se levantou. Havia uma delicadeza em seus movimentos enquanto ele andava até o cabideiro para pegar o casaco.

Josh: Você quer continuar na próxima semana?

Levi: Talvez.

Ele abriu a porta.

Josh: Ah, Levi...

Levi: Sim?

Josh: Por favor, procura um médico...

VOLITIVA: Sério? Que tal deixar claro que é um médico qualificado?

Josh: Por favor, procura um médico para ver as suas costas. Estou preocupado com isso.

Ele semicerrou os olhos para mim. E saiu.

Introjeção

Um dos meus aprendizados preferidos durante os estudos para me tornar terapeuta foi o conceito de *introjeção*. Derivado do trabalho do grande Carl Rogers, a introjeção é um sistema de crenças absorvido que podemos inferir a partir de qualquer experiência de vida. Por exemplo, sou uma criança que chega em casa da escola e ninguém me cumprimenta nem pergunta como foi o meu dia; posso *introjetar* que não sou interessante, porque meus pais não parecem interessados em mim. Para esfregar sal na ferida, talvez minha irmã chegue em casa cinco minutos depois e meus pais saiam correndo para elogiá-la pela última medalha em uma competição esportiva. Posso *introjetar* que só se tem valor por meio de vitórias e conquistas esportivas ou que sou menos digno de amor do que a minha irmã. Imagine ser elogiado por tirar nota 10, mas criticado por tirar 9; podemos introjetar que só temos valor quando alcançamos a perfeição – que seremos julgados pelo resultado, não pela intenção. Podemos introjetar crenças a partir de qualquer situação e absorvê-las como parte dos nossos sistemas de crenças. A maioria das introjeções acontece quando somos mais novos, pois ainda estamos desenvolvendo nosso senso de interpretação crítica – em outras palavras, a parte de nós mesmos capaz de dizer: "Esse comportamento pode ter a ver com eles, e não comigo."

Como terapeuta, estou sempre atento a crenças introjetadas inúteis. É por isso que, quando esse tema é abordado em séries de TV, frequentemente o terapeuta começa a bisbilhotar a infância do paciente. Isso acontece porque uma criança pode introjetar algo que seja incorreto e, infelizmente, muitas vezes isso é mantido como um fato incontestável à medida que ela cresce. Eis alguns exemplos:

1. Uma criança chora em um enterro porque perdeu a avó. Um comportamento inteiramente natural e saudável. O tio da criança se aproxima, coloca a mão no ombro dela e diz: "Não chore. Seja forte pela sua avó." A criança, que respeita o tio como uma figura de autoridade, para de chorar e, ao mesmo tempo, introjeta a crença de que esconder as emoções é um sinal de força. Se alguém que você conhece morreu, você pode chorar. É para isso que essa função biológica básica foi projetada.

2. A aparência física é o foco constante de escrutínio das pessoas ao redor de uma menina enquanto ela cresce. Comentários como "Você engordou", "Seu corpo está ótimo" ou "Tem certeza de que quer comer isso?" são corriqueiros, juntamente com as introjeções sociais vistas na mídia e o enaltecimento de tipos físicos irrealistas. Ela introjeta que só terá valor se o corpo dela for considerado aceitável para todo mundo.

3. Um jovem cresce questionando o seu gênero e sua sexualidade, mas está rodeado de familiares e amigos que usam insultos homofóbicos e sexistas. Ele introjeta que não pode ser gay ou questionar o próprio gênero para que tenha mais chances de se adaptar aos colegas. Outra opção seria ele introjetar os mesmos preconceitos.

4. Um pai abandona a família e nunca mais volta. A criança introjeta que o pai deve ter ido embora por causa dela ou que ela não é boa o suficiente para merecer amor e atenção.

5. Um homem é elogiado pelos colegas por transar com várias mulheres. Ele introjeta que dormir com uma mulher é uma forma de conquista pessoal. Em contraste, uma mulher é tachada de libidinosa e sem-vergonha por transar com a mesma quantidade de pessoas.

6. Uma pessoa introjeta que é pecado fazer ou pensar certas coisas por causa dos dogmas da sua religião. Quando, e se, esses incidentes ocorrem, ela se sente mal consigo mesma.

Como adultos, somos um amálgama das nossas introjeções. Essas introjeções podem ser pessoais, religiosas, morais, lógicas ou apenas derivadas diretamente de experiências pessoais. Indivíduos que querem agradar todo mundo se tornam assim por causa de uma crença introjetada. Talvez porque eles tenham aprendido que precisam da validação externa para melhorar a própria autoestima ou talvez isso tenha sido introjetado como um comportamento seguro porque estiveram em relacionamentos abusivos: "Se eu mantiver essa pessoa volátil ou emocionalmente instável feliz, as chances de ela me magoar são menores."

É importante ressaltar que a maioria das introjeções é útil. Por exemplo, eu me lembro sempre que é importante olhar para os dois lados antes de atravessar a rua. E aprendi na escola a importância da bondade e do perdão. Não matarás, não roubarás. Comemorar vitórias e elogiar esforços. Sempre serei grato à minha mãe por elogiar minhas intenções, não os resultados. No entanto, não são as introjeções positivas que fazem soar meu alarme de terapeuta. O que eu procuro são as introjeções inúteis, que o paciente acredita serem verdades inquestionáveis porque ele adotou essas crenças há muito tempo. Muitos terapeutas, inclusive eu, aderem à crença junguiana de que, nas palavras dele, "até que você torne consciente o inconsciente, ele vai comandar sua vida, e você vai chamar isso de destino". Tornar-me consciente das minhas próprias introjeções foi uma parte fundamental do meu crescimento pessoal. Saber que as minhas reações e o meu comportamento eram influenciados pelas minhas crenças e experiências foi uma verdadeira revelação.

As introjeções podem começar antes mesmo do nascimento. As cores atribuídas ao gênero em chás de revelação, azul para meninos e cor-de-rosa para meninas, são uma repetição de crenças introjetadas, geralmente carregadas de tradição. Bonecas de pano para meninas, soldadinhos para meninos; carrinhos de bebê para meninas, bolas de futebol para meninos; meninas choram, meninos são durões. Essas são crenças introjetadas que podem ser transmitidas pelas gerações anteriores. Repetindo, muitas introjeções podem ser positivas, mas eu uso estas como exemplos que muitas vezes podem ser inquestionáveis tanto para o indivíduo quanto dentro de uma cultura.

Rogers acreditava que a ansiedade e a depressão aparecem quando nossos sistemas de crenças se baseiam *apenas* em crenças introjetadas inúteis, em vez de serem mitigados por crenças derivadas da nossa própria experiência. Se você estiver sofrendo de algum problema de saúde mental, sugiro refletir gentilmente sobre por que você pensa o que pensa de si mesmo e de onde esses pensamentos podem ter vindo. Todos nós somos o resultado de nossas crenças introjetadas, mas cabe a cada um questionar aquelas que atrapalham o caminho para o bem-estar.

Zahra

Faltavam dez minutos para Zahra chegar para sua segunda sessão.

> INTUITIVA: *Por algum motivo, acho que seria uma boa ideia encontrar Zahra na porta do prédio. Só para o caso de ela estar em pânico de novo.*
> REDENTORA: *É. Deixa eu pegar minha armadura de cavaleiro.*

Atravessei a porta do prédio e cheguei à rua, onde fui recebido por um raro sol em Manchester. Percebi que minha mão foi automaticamente até o bolso de trás para pegar um isqueiro, embora eu não fumasse havia cinco anos. Um velho hábito de quando me mudei para este consultório e usava a entrada como meu espaço para fumantes.

> DETETIVESCA: *Meu Deus, como eu sinto falta de fumar.*

Um SUV azul-claro dobrou a esquina e parou ao meu lado. A porta do carona se abriu imediatamente, e Zahra saiu cambaleando, inflando as bochechas como se o carro a estivesse privando de oxigênio. Ela olhou para mim, visivelmente ainda sem fôlego, mas significativamente menos em pânico do que da última vez que tinha estado no consultório.
Faiza: Você precisa que eu vá com você?
Zahra: Não. Estou bem. Obrigada, mãe.
Zahra fechou a porta do carro, respirou fundo e ajeitou o blazer. Foi meio cômico. Cativante.
Zahra: Bom dia, Joshua.

Josh: Bom dia.

Adentramos o saguão e paramos em frente ao elevador. Olhei para ela de forma performática, como se ela fosse uma exposição de museu que eu estivesse vendo pela primeira vez. A expressão de Zahra mudou completamente.

Zahra: Não.

Josh: Por que não?

Zahra: Não estou pronta.

Josh: Você nunca entrou em um elevador?

Zahra: Claro que entrei.

Josh: Ok. Esse não é diferente, eu juro.

Zahra: Mas e se o meu pânico piorar aí dentro?

ANALÍTICA: Lembre a ela o que vocês conversaram na última sessão.

Josh: Mais uma razão para entrar. Além disso, não me faça subir de escada. Tenho orgulho de nunca atingir a minha meta diária de passos.

Terapia de exposição

Terapia de exposição é um processo usado na terapia cognitivo-comportamental (TCC) para reduzir o medo e a evitação. O centro do medo do nosso cérebro é controlado por uma pequena região em forma de amêndoa chamada *amígdala*, que é a mais rápida mas também a mais burra do nosso cérebro. Se a nossa mente identifica uma ameaça, a amígdala libera hormônios do estresse, como adrenalina e cortisol, que inundam imediatamente o organismo. Você sabe que a amígdala desencadeou essa liberação quando sente o estômago revirar (ou um "frio na barriga"), o coração dispara, você se sente esquisito, tonto, ausente e apreensivo com algo terrível que está prestes a acontecer. Isso costuma ser acompanhado pela necessidade de avaliar imediatamente a situação para decidir se deve ficar, lutar ou fugir.

A amígdala é importante na codificação de lembranças, em especial aquelas que podem ser potencialmente perigosas. Isso é útil para nos alertar contra ameaças recorrentes, e era excelente para os nossos ancestrais. Por exemplo, digamos que um urso nos atacou na última vez que nos deparamos com um. A amígdala ajuda a codificar essa lembrança e armazená-la no arquivo de lembranças com o nome *perigo.zip*. Da próxima vez que virmos algo que se pareça remotamente com um urso, a amígdala vai associar isso à seção "perigo" do arquivo de lembranças e, em seguida, vai liberar adrenalina e cortisol. Você já deve ter tido essa sensação, talvez quando um amigo o assustou de brincadeira ou quando você teve um daqueles sonhos em que estava "caindo" enquanto pegava no sono. É exatamente o mesmo processo com as fobias. Se você tem medo de aranha, lembre-se de como se sentiu quando uma delas o assustou de repente. O que aconteceu é que a amígdala a viu primeiro e, só para o caso de você estar em perigo, liberou uma grande quantidade de hormônios do estresse, fazendo com que sua frequência cardíaca disparasse.

A expressão-chave a ser lembrada aqui é "só para o caso de". A amígdala provoca ansiedade a qualquer sinal de ameaça, *só para o caso de* aquilo ser nocivo. O lema da amígdala é sempre "Melhor estar errado e vivo do que indiferente e morto!". É por isso que é muito difícil ser racional quando estamos sob os efeitos de uma amígdala descontrolada. Zahra é médica e entende de biologia melhor do que a maioria das pessoas, mas ainda duvida de sua segurança no elevador por causa de sua amígdala excessivamente zelosa. Além disso, a amígdala pode decidir que certas coisas que não são perigosas agora podem se tornar um perigo. É aqui que entra a terapia de exposição.

Ao nos expormos à suposta ameaça, podemos *mostrar* à amígdala que determinadas situações *não* o são. Está cientificamente comprovado que, se você se expuser a um gatilho de ansiedade enquanto deixa de lado atitudes de segurança e compulsões ansiosas, o cérebro e a amígdala se reprogramam. Podemos desligar a amígdala quando não precisamos dela. No caso de Zahra, estou tentando usar a terapia de exposição em situações que desafiam seus medos – lugares onde ela deve enfrentar o pânico e o medo do próprio medo.

Josh: A escolha é sua. Não vou insistir.

Zahra: Você está brincando? Você literalmente acabou de chamar o elevador.

Josh: Eu já disse que não vou subir de escada. Junte-se a mim se quiser ou vá de escada.

Zahra: Acho que vou pela escada. Não estou preparada. Vai ser pânico demais.

Josh: O pânico nunca é demais. Você aguenta mais do que pensa, Zahra.

Entrei no elevador, mas fiquei com o braço sob o sensor para manter a porta aberta. Fiquei de lado, convidando-a a se juntar a mim.

Josh: Ah, esqueci de dizer que o meu consultório mudou pro oitavo andar. *É escada à beça.* Ir de elevador vai ser muito mais fácil.

ANALÍTICA: Mentiroso.
DETETIVESCA: Mentiroso.

Zahra: Mentiroso.

Josh: Vamos lá. Você consegue! Vamos praticar sentir ansiedade. Esse é o ponto principal. Vamos ensinar a essa amígdala que podemos tolerar o pânico e que ela não vai mais ditar os rumos da nossa vida.

Zahra: Ok, dane-se. Mas rápido. Por favor, aperta logo o seu andar.

Ela entrou correndo e ficou no canto, agarrada ao corrimão do elevador.

COMPASSIVA: Ela está indo bem. Muito bom.

Josh: Você está indo muito bem. Deve estar tendo muitos pensamentos do tipo "e se?" agora, como "E se eu ficar presa?" e "E se esse pânico se tornar insuportável?". Tudo bem sentir isso.

Zahra estava curvada para a frente, mas segurava a barra do elevador como se estivesse caminhando sobre um parapeito estreito no alto de um arranha-céu. A respiração estava ofegante e o cabelo escuro e comprido cobria o rosto. Ela assentiu, mas não levantou a cabeça. O elevador continuou subindo.

Zahra: Eu… eu estou com muito medo.

Josh: Eu sei. Seja sincera: até que ponto você está assustada, em uma escala de um a dez?

Zahra: Doze.

Josh: (*rindo*) Sério? Sei que você está com medo, mas parece muito mais calma do que na primeira vez em que veio me ver. Se aquilo foi um dez, agora é o quê?

Zahra: Tá. Um oito. Talvez um nove.

Josh: Muito bom.

> *ANALÍTICA: Você usou unidades subjetivas de desconforto [quando medimos a intensidade dos sentimentos de ansiedade] derivadas da TCC.*
> *COMPASSIVA: Belo timing.*
> *IRREVERENTE: No mundo acadêmico, TCC significa "trabalho de conclusão de curso".*
> *VOLITIVA: Cala a boca.*

As portas do elevador se abriram. Zahra foi a primeira a sair, de maneira semelhante à forma como saiu do carro da mãe – hiperventilando. Eu a segui e fomos até o meu consultório.

Josh: Muito bem! Foi muito corajoso da sua parte. A amígdala não vai se esquecer disso.

Zahra: Nem eu!

Ao entrar no consultório, Zahra tirou um tempo para pentear o cabelo e se recompor. Ela parecia segura, com as mãos cruzadas no colo. Ao vê-la assim, imaginei Zahra como uma médica sentada no próprio consultório. Ela revelava pouco, mas eu tinha esperança de que se sentisse orgulhosa da exposição ao medo no elevador.

Zahra: Eu fiquei pensando no que você falou da última vez. Sobre a recuperação.

Coloquei dois copos d'água sobre a mesa e me sentei de frente para ela.

Josh: Como assim?

Zahra: Você falou que a taxa de recuperação é alta quando o pânico é abordado do jeito certo. Qual seria a abordagem?

Josh: Ah, sim. Nos transtornos de ansiedade, o caminho para sair é sempre praticar a tolerância voluntária à incerteza. Foi isso que você fez quando decidiu entrar no elevador.

Ela pareceu um pouco constrangida, mas depois prosseguiu com o argumento.

> INTUITIVA: *Talvez você devesse parar com os exageros.*
> CRÍTICA: *Concordo. Quer alguns pompons para combinar com esses superlativos?*

Zahra: Eu tenho desejado que a ansiedade vá embora. Tentei de tudo para fazer com que ela e a sensação de pânico desaparecessem. Sinceramente, gastei dinheiro demais em coisas que fariam meus colegas rirem de mim.

> EMPÁTICA: *Quando estamos nas garras do pânico, tentamos de tudo.*

Zahra: É ridículo. Tenho litros de óleo de CBD na minha cozinha. Florais de Bach em todas as formas possíveis. Gastei dinheiro com um monte de técnicas estúpidas da internet. Eu simplesmente caí na besteira de tentar a solução rápida, porque queria acreditar que isso me faria melhorar.

Josh: Ei, existe uma indústria multimilionária em torno da ansiedade e da saúde mental. Parece que você estava só tentando aliviar seu sofrimento.

Zahra: Mas eu me sinto burra.

Apenas esperei e me mantive em silêncio.

Zahra: De qualquer forma, essa tolerância intencional de que você fala. Sua técnica realmente fez sentido para mim.

Josh: Não é invenção minha – é da literatura da psicologia e do aconselhamento. Me conta por que você acha que faz sentido pra você.

Zahra: Outro dia eu tinha uma reunião marcada pra discutir meu retorno ao trabalho. Isso desencadeou um ataque de pânico terrível. Assim como a culpa e todo o resto. Bem, quando isso acontece, costumo correr para o meu quarto e me trancar lá. Pra esperar passar, sabe? Mas, dessa vez, eu estava tão frustrada que decidi participar da reunião mesmo assim.

Josh: Você saiu de casa para ir a uma reunião?

Zahra: Não. Era pelo Zoom. Eu estava em pânico e a tela parecia embaçada, mas consegui achar o link da reunião. Decidi não esconder meu pânico e mostrar aos meus chefes pelo que eu estava passando.

Josh: Ok, isso é bom.

Zahra: Acontece que eles mal perceberam que eu estava em pânico. Só disseram que eu parecia impaciente!

Ela se inclinou um pouco para a frente.

Zahra: Toda a desgraça e o pavor iam aparecer de qualquer jeito, mas percebi que, conforme eu tentava me concentrar na reunião, minha ansiedade pareceu... diminuir? Ainda estava terrível, mas as arestas estavam ligeiramente aparadas.

> *BIOLÓGICA: Desviar o foco pode diminuir o efeito de sensações negativas, como a dor e o desconforto.*

Josh: É importante detectar onde o seu foco está. Parece que a sua estratégia anterior para lidar com isso, de se esconder e se hiperfixar nas sensações, não funcionou.

Zahra: Não. Eu percebi isso. É um pouco como estar prestes a tomar uma injeção. Você pode ficar olhando e focar no momento em que a agulha entra ou pode virar pro outro lado e conversar com alguém. Em geral, a segunda opção facilita o processo.

> *ANALÍTICA: Bela analogia.*

Josh: Essa é uma ótima analogia para se usar ao colocar a exposição em prática. É importante fazermos o máximo de exposições possível para interromper o hábito da evitação.

Zahra: Mas por que foi que eu fiquei assim? Eu nunca achei que fosse acabar tendo um transtorno de ansiedade. Eu achava que era forte.

Josh: Ter um transtorno de ansiedade não tem nada a ver com força. Ser ansioso não é sinal de fraqueza.

Zahra: Ah, me poupa desse altruísmo, Gandhi. Você sabe o que eu estou querendo dizer. Por que isso está acontecendo comigo?

Josh: Eu tenho uma teoria.

Zahra: Você vai ter que usar o quadro-branco de novo pra mostrar?

IRREVERENTE: Risos.

Josh: Não... mas eu posso, se você quiser.

Zahra: Como era que eles diziam na escola? Que eu era muito boa em aprendizagem auditiva e cinestésica. Estou bem.

Permaneci sentado.

Josh: Acredito na teoria do *jarro de estresse*. Também conhecido como *balde de estresse, balão de estresse* ou qualquer recipiente parecido. Esse jarro representa nossa capacidade de gerenciar o estresse. O tamanho do jarro depende da genética. Portanto, se ambos os pais são ansiosos, é muito provável herdarmos um sistema nervoso que funcione de forma semelhante. No entanto, isso não significa que herdamos o transtorno de ansiedade.

Zahra franziu a testa, concentrada. Ela estava prestando atenção.

Josh: Muitas vezes, as pessoas que sofrem ataques de pânico afirmam que eles "aconteceram do nada", mas isso raramente é verdade. Os ataques de pânico ocorrem quando nosso jarro de estresse transborda. O que está *dentro* dele muda de pessoa para pessoa.

Fiz o contorno de um jarro gigante no ar. Não sei por quê. Em seguida, comecei a despejar um líquido imaginário no jarro.

Josh: Diferentes fatores de estresse da vida vão enchendo o jarro. Podem ser preocupações financeiras, estresse na criação dos filhos, problemas profissionais, questões de saúde, luto, eventos traumáticos, problemas de autoestima, etc. O jarro de estresse se enche, e a nossa amiga amígdala – também conhecida como resposta a ameaças – percebe...

Eis que surgem os "fantoches". Meu polegar e meus outros dedos se uniram e se transformaram em bocas. Eu estava com a corda toda.

Josh: A amígdala nunca evoluiu de fato desde o tempo dos nossos ancestrais, por isso não entende o estresse subjetivo moderno. Ela fica confusa. Então, *só para o caso* de haver algum perigo, ela dispara um monte de ansiedade e adrenalina.

Zahra: Meu jarro enche, minha resposta à ameaça assume o controle, entendi.

Ela parecia imersa em pensamentos.

Zahra: Faz sentido. A resposta à ameaça libera os hormônios do estresse e provoca todos esses sintomas estranhos em mim. Nos últimos meses, parece que a resposta à ameaça... a amígdala... identificou a ansiedade como uma ameaça. Entendi... é isso. Parece que estou em um *looping* eterno porque assim que percebo qualquer sinal de ansiedade começo a me preocupar com isso, que depois se transforma em pânico. É como se a ansiedade fosse sinônimo de ameaça, por isso a minha cabeça e o meu corpo ficam doidos.

COMPASSIVA: Essa é uma ótima forma de descrever a questão.

Josh: Essa é uma boa forma de descrever o transtorno de pânico. Exceto pelo fato de que você não está ficando doida. Pode só ser desagradável.
Zahra: Como faço pra desligar a amígdala, então?
Josh: Nós *mostramos* à amígdala que situações "normais" não são perigosas. Até que ela se desligue ou se acalme significativamente. Depois, acredito que precisamos mantê-la desligada esvaziando o jarro de estresse. É aqui que a terapia ajuda de verdade, na minha opinião.

CRÍTICA: E você ama profundamente as suas opiniões.

Josh: A parte mais complicada é identificar o que está dentro do jarro de estresse.
Zahra: Isso tudo é um truque para tentar me fazer chorar por coisas tristes? Não vim aqui pra isso, só quero que os ataques de pânico parem.

DETETIVESCA: Ela te desmascarou.

Josh: Já identificamos a coisa mais óbvia que está enchendo o jarro de estresse e já estamos um passo à frente com isso.
Zahra: Minha ansiedade diminuiu significativamente quando você parou de mexer a mão como se fosse uma boca.
Ela sorriu.
Zahra: É o meu medo de entrar em pânico, não é? Isso me estressa demais. Aí fico preocupada de não poder voltar a trabalhar. Preocupada

de perder o emprego. Preocupada com o impacto que estou causando na minha mãe. Tem coisa à beça no meu jarro.

Subitamente, Zahra pareceu desanimar.

Zahra: Isso significa que tenho que rever tudo que está no meu jarro para me livrar dos ataques de pânico?

Josh: Não necessariamente. Depende de você e do que você se sente confortável em fazer. Quando o medo do pânico em si melhora, eu sempre recomendo adotar uma abordagem preventiva. Abrir mais espaço no jarro para conseguir tolerar os outros estresses da vida.

Houve uma longa pausa.

Zahra: Meu pai morreu há dez meses.

> *ENGATILHADA: Morte.*
> *BIOLÓGICA: Tum!*
> *ANSIOSA: Ah, não.*

Zahra: Eu... eu não quero falar sobre isso. Só precisava ser dito. Agora você sabe.

Josh: Ok.

Zahra lançou essa notícia bombástica como se estivesse fazendo uma apresentação no trabalho. Sua voz soou séria e desprovida de qualquer emoção. Fiquei em silêncio.

Zahra: Na verdade, ele não morreu, simplesmente. Ele foi assassinado. Ele...

> *EMPÁTICA: Isso é muito difícil pra ela.*

Zahra: Ele foi assassinado pelo meu irmão. Esfaqueado até a morte. Doze vezes.

Fiz o possível para permanecer calmo, sereno e dentro do quadro de referência de Zahra. Mantive contato visual e ouvi atentamente. Meu coração estava acelerado por causa do choque, mas de vez em quando isso acontece no consultório. Eu estudei para isso.

Zahra: Portanto, suponho que isso esteja no meu jarro. Além do medo dos ataques de pânico. E, sim, eu era muito próxima do meu pai. Meu irmão tem transtornos mentais e dificuldades de aprendizagem. Foi um... evento trágico.

Sua determinação e sua postura pouco se alteraram, mas eu senti um turbilhão de emoções borbulhando sob a superfície.

Zahra: Então, Joshua, como é que eu faço para tirar essa merda do meu jarro?

Josh: Você já começou.

Harry

Acordado até tarde, julho de 2008

Mãe: Cinco minutos e ele tem que ir pra cama.
　Josh: Ok, não se preocupa.
　Eu me virei para Harry.
　Josh: Cinco minutos, cara. Vamos chegar até o ponto onde salva e encerrar a noite.
　Nós sempre abusávamos da sorte. Ficamos jogando por mais uns quinze minutos até que a mamãe entrasse e nos repreendesse.
　Mãe: Ele precisa dormir. Acho que uma noite de sono também vai te fazer bem.
　Josh: Você me conhece, mãe. Eu sou um animal noturno.
　Ela franziu as sobrancelhas e saiu. Harry escovou os dentes e foi para a cama. A minha ficava do outro lado do quarto. Dividíamos o quarto quando eu era mais novo, e ainda dividíamos sempre que eu ia visitar.
　Josh: Boa noite, cara.
　Harry sorriu.
　Josh: Ah, esqueci uma coisa... Harry?
　Harry: Sim?
　Josh: Cheira só.
　Harry: Quanta maturidade.
　Ele se virou e pegou no sono. Atravessei o corredor e bati na porta do quarto da minha mãe.
　Josh: Você está indo dormir? Boa noite. Te amo.
　Mãe: Te amo. Não vá ficar acordado até tarde.

Levei o videogame para baixo e coloquei *Call of Duty*. Eu era a imagem perfeita de um jovem de vinte e poucos anos sem namorada. Mas quem precisava de namorada quando seu índice de assassinatos/mortes era charmoso como o meu? Ouvi um barulho atrás da porta, depois ela se abriu em silêncio. Harry entrou na ponta dos pés.

Josh: Você vai irritar a mamãe, cara.
Harry: Não consigo dormir. Posso jogar com você?
Josh: O que está havendo?
Harry: Só... umas coisas na escola.
Josh: Alguém está te chateando? Preciso ir lá dar uma surra nele?
Harry: Não é nada disso. Eu só... eu não quero falar sobre isso. Posso jogar um pouco de *Portal* com você?
Josh: Claro que pode. Mas faz silêncio. Não quero levar a culpa por isso.
Harry: Posso tomar um gole da sua cerveja?
Josh: Não.
Ele sorriu e se sentou ao meu lado no sofá.

Noah

Noah estava consideravelmente mais relaxado no início dessa sessão e parecia feliz em falar. Tínhamos passado o resto da sessão anterior conversando sobre sua vida de jovem contador e seus hobbies e interesses, depois ele pareceu confiar em mim. Não é papel do terapeuta tentar "gostar" de um paciente, pois todos devem ser tratados com uma postura de total aceitação e apoio, fora dos domínios do julgamento. Carl Rogers chamou isso de consideração positiva incondicional. No entanto, somos humanos, e eu estaria mentindo se dissesse que não achei Noah muito cativante.

Noah: ... e é maravilhoso me sentir parte da equipe. Mas levou um tempo até eles me aceitarem. Precisei criar coragem para falar mais e me afirmar. Nesse fim de semana vamos sair para beber.

BIOLÓGICA: A gente gosta de cerveja, não é, Josh? Imagine uma agora. Gelada e saborosa.

Josh: Isso é bem animador. Você acha que fazer parte da equipe tem melhorado o seu humor?

Noah: Sim. Acredito que sim. A cidade ainda é muito nova para mim, então é bom criar algumas raízes, por assim dizer.

Eu sorri e assenti.

Noah: Meu apartamento agora parece menos uma cadeia. Consegui a ajuda de dois faz-tudo para ajudar a transportar o sofá antigo da minha tia quatro lances de escada acima. Dei uma pintada nas paredes, e vão instalar a internet amanhã.

Josh: Excelente.

Noah: Também montei minha cama. Minhas mãos estão cheias de bolhas por ter passado a tarde inteira girando a chave Allen.

IRREVERENTE: Ferramentas hexagonais da morte.

Josh: IKEA, por acaso?
Noah: É. Eu nunca tinha ido lá! Foi minha primeira vez. Meus pais sempre torceram o nariz pra essa loja. Azar o deles, eu adorei. O mundo mágico dos móveis de montagem fácil.
Josh: "Mágico" é um ótimo adjetivo.

VOLITIVA: Volta pro quadro de referência do Noah. Ele não precisa ouvir o seu desdém.
BIOLÓGICA: Mas e as almôndegas e aquela geleia de frutas irada?
DETETIVESCA: Você está com fome. Para de pensar em comida.
CRÍTICA: Por que você não comeu na hora do almoço? Além disso, você é terapeuta – não pode ficar chamando as coisas de "iradas".
BIOLÓGICA: Pessoal, vocês PRECISAM ouvir essa música da Enya.

Noah: É o seu estômago que está roncando? Ou foi o meu?
Josh: Sinto muito. Foi o meu.
Noah: Ah, você precisa comer? Por favor, não fica aí passando fome por minha causa.

COMPASSIVA: Deus o abençoe.

Josh: Não, sério, estou bem. Ele só ronca de vez em quando. Mas agradeço a sua gentileza.
Tomei o resto da água para encher o estômago.
Josh: Então, sobre o que você gostaria de falar na sessão de hoje?
Ele deu de ombros.
Noah: Não sei, na verdade. Nesse momento, estou muito feliz. Não estou com vontade de falar de nada que me bote pra baixo.
Josh: Isso é compreensível. Às vezes, quando nos sentimos bem, conseguimos ver as coisas de uma perspectiva diferente. Não estou dizendo que

você deve vir aqui pra se sentir infeliz, mas situações difíceis podem ser mais fáceis de atravessar quando estamos de bom humor.
Noah: Humm. Tudo bem. Sobre o que você quer que eu fale?
Josh: O que vem à sua cabeça?

> DETETIVESCA: *E aquele segredinho interessante, Noah?*
> INTUITIVA: *Algo me diz que devemos deixar isso pra lá por enquanto.*

Ele fez uma pausa para se concentrar.
Noah: Eu... A única coisa que me vem à mente é essa noite com a equipe, no fim de semana. Estou empolgado. Espero poder construir um relacionamento mais profundo com eles.

Ansiedade social

Ansiedade social é o medo e a preocupação que surgem diante de interações com outras pessoas. No momento em que acontece, pode se manifestar como uma hiperconsciência de si mesmo através de lentes críticas: será que eu disse algo ofensivo? Será que eles me acham chato? Será que conseguem ver que estou ansioso? E se eles me acharem esquisito?

Curiosamente, a maior parte da ansiedade social acontece na *expectativa* pela socialização ou na reflexão sobre o que aconteceu muito *depois* do evento. As pessoas podem passar semanas ansiosas antes de um evento social – imaginando cenários e conversas antes mesmo de tudo acontecer. Também podem passar horas depois do evento pensando nas interações que ocorreram durante ele. Essa é a resposta à ameaça chamando nossa atenção para o nosso "desempenho" e descobrindo os defeitos nele. Podemos nos convencer de que a preocupação e a análise excessivas do nosso desempenho social podem nos fazer atuar melhor no futuro. É triste que algumas pessoas achem que precisam atuar, quando aposto que são excelentes sendo elas mesmas.

> A ansiedade social geralmente está ancorada no medo do julgamento ou da rejeição, ou na necessidade de apaziguar as pessoas para nos sentirmos seguros, porque talvez tenhamos sofrido *bullying* ou abusos no passado. Também podemos ser pessoas naturalmente tímidas (o que é inteiramente normal!). Eu costumava ter problemas de ansiedade social quando era mais novo, porque estava desesperado pela sensação de pertencimento. Qualquer que seja a razão pela qual a ansiedade social começa, uma hiperfixação crítica em si mesmo é o traço universal em todos os aspectos da ansiedade social. Quando trabalho com ansiedade social, muitas vezes procuro crenças introjetadas e inúteis (ver página 88) e trabalho com estratégias derivadas da terapia cognitivo-comportamental.

Josh: Parece que criar esses novos relacionamentos é importante para você.

Noah: É. Eu me sinto solitário a maior parte do tempo.

> *EMPÁTICA: Deve ser solitário morar em uma cidade nova.*

Josh: Desde que você se mudou pra cá?
Ele hesitou.
Noah: É. Bem... mais ou menos.
Ele adotou um semblante desolado.

> *CRÍTICA: Pronto, você conseguiu deixar ele triste!*
> *ANALÍTICA: Isso é terapia. Normalmente, é o lugar para falar sobre coisas difíceis.*

Noah: Eu sempre me senti solitário, para ser sincero.
Fiquei em silêncio. Noah enrolou as pontas das mangas nas palmas das mãos. Ele encarou um vaso de fícus na minha mesa como se estivesse se confessando para ele.
Noah: Eu tinha amigos e... me dou bem com alguns parentes... mas

nunca houve ninguém com quem eu tivesse uma conexão. Eu... nunca namorei. Imagino que eu esteja me sentindo pressionado a me sair bem no evento do trabalho porque estou desesperado por uma conexão. Também me inscrevi para ser voluntário em um centro de extensão para moradores de rua só para conhecer pessoas novas... e também para me sentir valorizado.

Josh: Entendi. Você sente a solidão e uma pressão para aliviar essa solidão?

Noah: Isso.

Eu me ajeitei na cadeira.

Josh: Você mencionou que "tinha" amigos e que se dava bem com alguns membros da sua família.

Noah: É. Eu cresci com meninos que moravam perto, e nós formamos uma espécie de grupo onde a amizade se baseava exclusivamente na localização geográfica. Mas desde a faculdade parece que cada um seguiu o seu caminho. Começou uma vida nova. Muitos em diferentes partes do país.

Josh: E foram naturalmente se afastando?

Noah: No começo, eu achei que sim. Mas, pensando bem, acho que foi por causa da minha orientação sexual.

Josh: Ok.

Noah: Durante a adolescência, eu sentia atração tanto por meninas quanto por meninos. Eu achava que era bissexual. Mas eu diria que estou mais para pansexual agora.

Ele parou de falar com o vaso de planta e olhou para mim.

Noah: Comecei a notar que eles se afastaram no final da escola. Comecei a desenvolver características que fugiam da norma. Eu me odiava por isso. O irônico é que eu não era a única pessoa *queer* naquele grupo, só que não disfarçava tão bem. Exceto quando eu estava em casa. Aí eu virava um ator excepcional.

ANALÍTICA: Ele está entrando em fluxo – seguindo os pensamentos e sentimentos por meio das lembranças.

Noah: Eu tremia quando atravessava o jardim. Aquela casa...

Eu o vi estremecer ligeiramente, e ele apertou as mãos com mais força ainda. As mangas estavam esticadas até o limite.

Noah: Aquela casa, Josh. Digamos apenas que ser homossexual não era a única ideologia proibida sob aquele teto.

Ele respirou fundo e deu um suspiro. Tomou um gole de água e depois se levantou e balançou a cabeça, como se estivesse acordando de um transe semiconsciente.

Noah: É estranho. Isso poderia explicar por que eu sou esquisito. Mas eu não sou esquisito, comparado ao que acontecia lá dentro.

COMPASSIVA: Você não é esquisito.

Josh: Não vou mentir, parte de mim quer muito saber o que acontecia naquela casa...

DETETIVESCA: Essa parte sou eu.

Josh: ... mas também consigo perceber que você está ficando angustiado ao se lembrar disso. Saiba apenas que, se quiser explorar isso, este é um espaço seguro.

Noah respirou fundo.

Noah: Tudo bem. Eu sabia que teria que falar sobre isso em algum momento da terapia.

Josh: Você falou sobre isso com sua última terapeuta?

Noah: Falei. Foi muito complicado fazer isso daquela vez, então me perdoa se eu estiver dando muitas voltar ao revisitar o passado mais uma vez.

Josh: Não tenha pressa. Eu não gosto mesmo de viagens muito rápidas.

Noah: Ok... Meu pai pode ser descrito como um homem abusivo. Às vezes ele era muito controlador. Ele me controlava o máximo possível. Também controlava a minha mãe. Às vezes ele era uma fera barulhenta, imprevisível e obstinada, que nos aterrorizava profundamente.

Josh: Às vezes?

Noah: O curioso é que os abusos dele eram completamente inconsistentes com a sua personalidade no dia a dia. Ele era, e é, capaz de ser uma pessoa perfeitamente agradável. É como se ele tivesse duas personalidades: uma, um sujeito calmo, comedido e, ouso dizer, empático; e a outra, um sujeito raivoso, possesso.

Ele ficou pálido.

Noah: Na verdade, a amabilidade dele era uma atuação. Ele nunca foi gentil de verdade. Só agia com gentileza quando estava totalmente no controle. Quando minha mãe e eu éramos submissos. Quando nos adequávamos ao modo de viver dele.

Josh: Como era esse controle?

Noah: Chantagem emocional, principalmente. Nos forçando a obedecer dizendo o quanto a gente estava machucando ele. Ele jogava coisas, quebrava coisas, e às vezes batia na gente. Dizia que nós éramos inúteis. Várias vezes. Era pior quando ele bebia, mas a raiva podia surgir a qualquer momento.

Josh: Parece apavorante. Você e sua mãe deviam estar sempre pisando em ovos.

Noah: Eu estava. Fazia o possível para não estar em casa ou, pelo menos, ficar no meu canto se tivesse que estar lá.

De repente, ele franziu a testa.

Noah: Não se iluda achando que eu e a minha mãe formávamos uma equipe nascida da opressão em comum. Ela passava a maior parte do tempo passando pano para o meu pai, o que muitas vezes significava me jogar aos leões. Meu Deus, como eu a odiava por isso, mas acho que ela só estava fazendo o que podia para sobreviver.

Josh: Houve algum momento em que você teve a sensação de que os seus pais estavam contra você?

Noah: Com muita frequência. Quando meu pai saía para trabalhar, eu via uma espécie de lado amoroso da minha mãe. Mas, quando ele estava por perto, era óbvio que ela priorizava apenas a necessidade de se sentir segura. Só duas vezes em toda a minha infância ela ameaçou ir embora, mas isso nunca aconteceu. Ela tinha muito medo.

> *EMPÁTICA: Situação complicada. Raiva e ao mesmo tempo empatia pela mãe. Deve ter sido muito difícil e confuso crescer nessa casa.*

Noah: Enfim, eu desenvolvi estratégias para sobreviver. Me concentrei nos estudos e tinha as minhas válvulas de escape. Eu só tinha que aceitar que os meus pais não iam me ajudar nem estariam do meu lado da forma que eu precisava que eles estivessem.

ANALÍTICA: *Lembra da primeira sessão, quando o Noah mostrou as cicatrizes?*

Josh: Uma dessas válvulas de escape era cortar o seu braço?
Noah: Sim, era uma delas.
Josh: Você ainda fala com seus pais?
Noah: Falo. Por telefone, algumas vezes por semana. Sei que não deveria, mas me sinto muito solitário. Também tenho medo de que eles parem de falar comigo. Acho que, no fundo, ainda quero o carinho deles. A aprovação deles. Ai, meu Deus… que patético. Eu me *sinto* patético.
Lágrimas começaram a escorrer pelo seu rosto.

VOLITIVA: *Dê a caixa de lenços pra ele.*

Noah: Obrigado.
Noah falou com mais detalhes sobre os abusos que sofreu do pai, incluindo ocasiões em que foi espancado na cabeça com uma caneca de porcelana, obrigado a urinar debaixo da chuva como castigo e forçado a ver o pai arrastar a mãe pelo cabelo escada acima. Muitas vezes ele teve que testemunhar o pai agredir sexualmente a mãe, bem como a "ficar de guarda" enquanto o pai dormia com outras mulheres no primeiro andar.

BIOLÓGICA: *Estou liberando hormônios do estresse para ajudar a processar a intensidade disso tudo.*
COMPASSIVA: *Não se esqueça de tirar um tempo depois dessa sessão para respirar e relaxar.*

Noah: Ele está muito mais calmo, hoje em dia. Mas ainda temo pela minha mãe. Estranhamente, meu pai ficou mais calmo quando o pai dele morreu.

ANALÍTICA: *Ciclo geracional de abuso, talvez?*

Noah: Acho que ele apanhava do pai. Minha mãe me contou. Também sei que o tio dele foi preso por abusar sexualmente de meninos. Eu só posso imaginar o impacto que isso teve na formação dele, mas a maneira como ele fica furioso e bebe até cair me diz que não foi nenhuma maravilha. Mesmo assim, ele é um covarde que apenas imita o próprio pai.

Josh: Que impacto você acha que tudo isso está causando em você agora?

Ele ficou contemplando a pergunta.

Noah: A coisa óbvia a dizer é que isso afetou minha confiança. Mas receio que também tenha me afetado de outras formas.

Assenti, sinalizando para ele que podia continuar.

Noah: Eu...

Ele começou a soluçar.

COMPASSIVA: Ah, cara. Deve ser muito difícil passar por tudo isso.

Noah: Eu tenho medo... eu tenho medo de ser igual ao meu pai.

Ele pegou outro lenço de papel.

Noah: Muitas vezes eu fico com raiva. Explodo. Tem momentos em que não me sinto no controle...

Ele estava soluçando de verdade, agora. Ele pegou uma almofada e a apertou com força, balançando o corpo para a frente e para trás para se acalmar.

REDENTORA: Tranquilize-o.
VOLITIVA: Tenha cuidado.
COMPASSIVA: Tranquilize-o.
ANALÍTICA: Tranquilizá-lo pra quê? Você não sabe quase nada.
DETETIVESCA: Concordo.

Josh: Você não é seu pai, Noah. Talvez você consiga identificar algumas características semelhantes em si mesmo, mas você é você. Só nesta sessão eu ouvi muita atenção e empatia da sua parte. Essas são características que você associaria ao seu pai?

Ele afrouxou ligeiramente o aperto na almofada.

Noah: Não.

Ficamos sentados em silêncio por alguns minutos.

Noah: Eu fico nervoso porque eu não vou ter nenhum controle sobre a situação. Na noite com os colegas, quero dizer. Não tenho controle sobre a possibilidade de ser rejeitado. Não tenho controle sobre a minha sexualidade. Eu só... preciso que corra tudo bem nessa noite.

Josh: Humm... Você já pensou no que *pode* controlar?

Noah: Hã... Eu posso controlar a minha aparência? A hora em que eu vou chegar? As coisas que eu falo?

Josh: Bom, então...

Ele deu um sorriso.

Noah: Você me perguntou que impacto eu acho que toda essa história do meu pai está tendo sobre mim agora...

Levantei as sobrancelhas para demonstrar minha alegria pela lembrança dele.

Noah: Isso me deixou com uma sensação de impotência. Sou impotente. Sou inútil. Um fardo, até.

Josh: Eu consigo ver como você pode ter chegado a essa conclusão pelo que me contou sobre a sua formação. Mas você acha que essas crenças ainda se aplicam hoje? Alguém que está começando com sucesso uma nova vida em uma nova cidade? Que conseguiu um emprego e conheceu pessoas novas? Que assumiu a responsabilidade pela própria saúde mental recorrendo à terapia? Nada disso parece ser característica de alguém impotente e inútil. Para mim, isso remete a afirmação e a responsabilidade individual.

Houve uma pausa. Eu sentia o baque surdo da minha pulsação no ouvido.

Noah: Existem coisas das quais a gente não tem como se recuperar, Josh.

DETETIVESCA: *Humm...*

Daphne

Liguei a TV da cozinha para ter um ruído de fundo enquanto cortava os legumes. Eu estava pedindo comida demais ultimamente, então um curry de legumes caseiro tinha sido a escolha para aquela noite. A vinheta desnecessariamente dramática do noticiário local explodiu nos alto-falantes enquanto eu espremia um tubo de extrato de tomate. A reportagem principal tratava da visita do primeiro-ministro, que tinha sido fotografado fingindo se divertir com crianças da escola local.

Josh: Idiota.

Os legumes deslizavam pela frigideira, emitindo um chiado satisfatório. Acrescentei os temperos e o leite de coco. A terceira reportagem do noticiário era um panorama do Festival Internacional de Manchester. Sunil Gupta, uma joia de Salford, comentava o evento popular:

Sunil: ... e já há um burburinho em torno da sessão esgotada de *Lyrebird* no Exchange Theatre. Os ingressos acabaram rapidamente, e os críticos já elogiam sua célebre estrela – que atua na peça e a dirige – por permanecer fiel à paixão pelos palcos.

Em seguida, ouvi o nome verdadeiro de Daphne. Olhei para a televisão e a vi radiante de entusiasmo.

Daphne: Todos estão muito felizes por estar aqui, e estamos muito animados para nos apresentar em Manchester nas próximas semanas. Esta região tem uma tradição e um amor muito ricos pelo teatro, e esperamos que *Lyrebird* proporcione tanto prazer ao público quanto tem proporcionado a nós que estamos atuando.

Sunil: Devo dizer que tive a sorte de assistir à peça, e sua atuação foi incrível.

Daphne: Muito obrigada. Minha atuação é fruto dos atores e da equipe de palco brilhantes ao meu redor. Tudo aconteceu lindamente. Eles têm sido maravilhosos.

Daphne estava muito elegante e convincente, mas, desde que a conheci, eu não tinha mais certeza se aquela entrevistada era ela mesma ou uma personagem. Até que ponto aquilo era a sua persona do showbiz e até que ponto era o seu verdadeiro eu? De repente, um cheiro de queimado atingiu minhas narinas. Olhei para baixo e vi que o curry tinha começado a engrossar e a queimar nas laterais da panela. Quando consegui salvá-lo, a entrevista já tinha acabado.

Josh: Você parece bem desanimada. Está tudo bem?
Daphne: Está. Só estou cansada. Estrear um espetáculo acaba com qualquer um.

Daphne estava sentada no sofá em sua habitual pose ereta. Ela estava espetacular em um vestido laranja. Em contraste, tive que usar uma camiseta desbotada do filme *De volta para o futuro* porque tinha encolhido acidentalmente todas as minhas camisas na minha nova lava e seca. Também tinha derramado chá no meu tênis branco. Felizmente, Daphne não pareceu reparar.

Josh: Como vai a peça?
Daphne: Excelente, de verdade. Uma forma eficaz de não sofrer na mão de diretores que têm sérios problemas de controle é simplesmente se tornar um.
Josh: Agora você é a diretora com problemas de controle?
Daphne: Totalmente.
Nós dois sorrimos.

> ANALÍTICA: *Uma boa forma de conduzir a sessão e lembrá-la de que este é um espaço seguro.*
> INTUITIVA: *Pergunte novamente.*

Josh: Tem certeza de que está tudo bem? Só perguntei porque você parece bem triste.

Daphne: Eu pareço bem triste? Por um momento, eu esqueci que você era um terapeuta treinado para detectar esse tipo de coisa.

Josh: É isso que paga as minhas contas.

Daphne respirou fundo.

Daphne: Minha mãe veio me visitar ontem à noite. Ela trouxe a família, é claro. Saímos para jantar.

Josh: Família?

Daphne: Minha filha mais velha, meu padrasto, meu irmão e minha cunhada, que por acaso é irmã do meu marido. Bem, ela era minha cunhada; não sei direito como funciona agora, que estou divorciada. Fomos a um restaurante italiano e aconteceram os absurdos de sempre. Minha mãe ditando o clima, a conversa; o juiz, o júri e o carrasco em todos os assuntos debatidos durante o jantar.

Ela suspirou.

Daphne: A culpa é minha. Eu deixei ela fazer o que bem entendia a vida inteira e transmiti essa covardia pras minhas filhas e pro meu irmão. Agora estamos todos sujeitos à maestra suprema, e nós no papel de orquestra débil.

ANALÍTICA: Quanta autocrítica.
EMPÁTICA: Parece um comportamento derivado do medo.

Josh: Quando as pessoas deixam as outras fazerem o que bem entendem, geralmente é por ansiedade.

Daphne: Eu tenho um pavor absurdo dela. É ridículo. Eu simplesmente me encolho e paraliso a qualquer sinal de desaprovação da minha mãe.

Lutar, fugir, paralisar ou bajular

A maioria de nós já ouviu falar em reação de *luta ou fuga*. Se você prestou atenção nas aulas de biologia no ensino fundamental, aprendeu que é uma resposta inata que todos nós temos, uma reação ao estresse ou a uma ameaça – que nos faz ou ficar e lutar contra ameaças potenciais ou fugir. Por exemplo, se um urso estivesse correndo em sua direção, a reação de lutar ou fugir, desencadeada pela amígdala, entraria em ação e você ficaria e lutaria contra o urso ou correria com todas as forças. Eu, pessoalmente, sou durão, então lutaria. O Ursinho Pooh ia ganhar uma passagem para o céu.

Desde então, a reação de luta ou fuga passou por uma atualização *hipster* do século XXI. Atualmente, muitas vezes é chamada de reação de *lutar, fugir, paralisar ou bajular*. A reação de *paralisar* descreve pessoas que parecem desligar quando confrontadas com uma ameaça. São pessoas que têm um ataque de pânico imperceptível, ficam sem palavras, congelam durante uma apresentação, se sentem imóveis em resposta ao choque ou completamente dissociadas pela lembrança de um evento traumático.

A reação de *bajular* ocorre quando nosso senso de ameaça nos convence a agradar os outros para evitar possíveis conflitos. Pessoas propensas a sempre agradar podem cair em uma reação de bajular geralmente por causa de crenças introjetadas durante a infância e a adolescência – talvez para ficar bem com uma figura de autoridade irracional por quem desejam ser aprovadas, ou podem bajular como uma atitude de segurança por causa de abusos emocionais e físicos vividos tanto durante o período de formação quanto em um relacionamento abusivo.

Daphne: Isso descreve muito bem meu relacionamento com a minha mãe. Sou propensa a paralisar e bajular. Fico desesperada pela aprovação dela.

> ANALÍTICA: *Talvez valha a pena explorar as origens dessa reação.*
> IRREVERENTE: *A mãe dela não tem uns 80 anos?*
> EMPÁTICA: *Precisamente. Uma vida inteira cultivando associações aterrorizantes e crenças introjetadas e condicionando uma reação à ameaça que já está no piloto automático.*
> COMPASSIVA: *Concordo.*

Josh: Por que você acha que faz tanta questão da aprovação da sua mãe?

Daphne: Não sei. Eu só... será que foi por isso que vim fazer terapia?
Josh: Talvez.

Ouvi um grito do meu cérebro me lembrando de uma coisa da última sessão.

Josh: Lembro de você ter dito, na nossa última sessão, que queria ser consertada. Você quer consertar os sentimentos negativos. Já pensou que os sentimentos podem ser apenas uma consequência natural daquilo pelo que você está passando?

Os olhos dela se fixaram em mim como os de uma cobra.

Daphne: Joshua, por favor, não tenha a ilusão de que minha mãe é o único problema na minha vida. Isso seria maravilhoso, não seria? Deixar a Daphne chorar por causa da mamãe e alcançar magicamente a cura?

Não falei nada.

Daphne: Admito que talvez pudesse trabalhar em toda a bagagem que acumulei por causa da minha mãe. Mas há muitas coisas que... como é que você diz...? Enchem o meu jarro de estresse?

Josh: Ok.
Daphne: Uma coisa de cada vez, quem sabe.

Daphne aplicou o brilho labial. A atriz famosa tomou instantaneamente o lugar da paciente, e tive que me lembrar de não reagir.

Daphne: Que bom ver que você fez um esforço hoje. Juro que da última vez você estava vestindo uma camisa social.

ANSIOSA: *Me pegou.*

Josh: Desculpa, minhas roupas bonitas encolheram na secadora.
Daphne: Ah, eu não disse que a camisa era bonita.

Ficamos ali sentados por um tempo, em silêncio.

Daphne: Tá bom.

Levantei as sobrancelhas.

Daphne: Durante o jantar, no restaurante, tive uma crise de ansiedade. De repente, fui dominada por uma sensação de angústia e fiquei tonta. Saí correndo pro banheiro e...

Ela mordeu o lábio de vergonha.

Daphne: Me escondi em um dos reservados.

Esperei que ela continuasse.

Daphne: Parecia que tinha um elefante sentado no meu peito. Eu não conseguia respirar direito. Minha cunhada, ou quem quer que ela seja agora, apareceu depois de dez minutos pra perguntar se eu estava bem. A seguir veio a minha mãe, que começou a me criticar do outro lado da porta do reservado. "Qualquer coisa pra escapar de estar com sua mãe" e "Você não consegue passar cinco minutos sem fazer uma cena, não é?!", seguido por "Eu vim até aqui te ver e você me fez entrar aqui mesmo com os meus joelhos ruins?" Depois, ela disse: "Cresça, Daphne. Você é uma mulher de 54 anos. Não pode esperar ganhar abracinhos em banheiros de restaurante só porque não é capaz de lidar com um simples jantar em família."

EMPÁTICA: Ai. Isso é doído.
CRÍTICA: Gostei dessa; vou anotar.

Daphne: O triste, Joshua, é que ela tinha razão. Eu queria um abraço naquele momento. Daquela mulher horrível. Eu… queria ser abraçada.

Seus olhos tremeram de emoção, e ela respondeu rapidamente cerrando as pálpebras para recuperar o controle de suas reações. Era como se ela fosse a única jogadora de seu próprio jogo Whac-a-Mole corporal, onde cada toupeira alegre e saltitante era uma emoção negativa, com Daphne empunhando o martelo de brinquedo para silenciá-las. Ela retomou a compostura.

Daphne: De qualquer forma, a crise passou, e eu voltei para a minha família à mesa de jantar. Acho que a minha filha mais velha adivinhou o que estava acontecendo. Ela é muito perceptiva. Eu assumi minha melhor forma muito rapidamente e recuperei meu charme, apesar de a minha mãe estar me fuzilando com os olhos entre um sorriso e outro. Acho que fui eu quem a colocou no táxi na hora de ir embora. Isso é suficiente para encher um jarro de estresse, Joshua? Ansiar pelo carinho de uma idosa?

Josh: Fico triste em saber que você se sentiu tão sozinha durante sua crise de ansiedade. Você me parece muito resistente, Daphne. Pelo que ouvi até agora, parece que sua mãe tem poder sobre você. Sobre o seu valor próprio.

Daphne: Não tenha pena de mim.

Josh: Eu não tenho.

Houve uma pausa, e Daphne olhou para uma das minhas plantas na estante. Reparei que o pescoço e o peito dela estavam vermelhos e manchados, mas o rosto estava impassível, como sempre.

Daphne: Me responde uma coisa, por favor. Por que algumas pessoas nunca estão satisfeitas? Por que... por que eu nunca fui boa o suficiente?

Josh: Quem disse que você nunca foi boa o suficiente?

Daphne: A aprovação da minha mãe significava tudo pra mim quando eu era nova. Era como uma droga. Meu pai era um homem dócil e servia apenas para agradar minha mãe. Era muito afetuoso comigo, mas eu dava muito menos valor a seu amor do que ao que ela era capaz de proporcionar. Ela tinha um dom muito poderoso, o amor dela, mas o compartilhava com moderação. Por quê? Por que eu nunca fui boa o suficiente para ela compartilhar todo o amor que tinha?

Josh: Não tenho como responder a isso. Só sua mãe tem e... e talvez nem ela saiba.

Daphne olhou para mim como se já esperasse essa resposta.

Daphne: Sinto muito. Vou parar com essa choradeira, é um absurdo. Sou uma atriz de sucesso e prestígio, com dinheiro suficiente para comprar uma mãe nova, se eu quiser. Sinto muito por desperdiçar o seu tempo; você deve ter pessoas com necessidades de verdade que precisam da sua ajuda, em vez do neuroticismo de primeiro mundo de uma atriz que ainda anseia por ficar pendurada nas tetas da mãe.

> CRÍTICA: "... pendurada nas tetas da mãe". Entendi. Qual foi a primeira parte do que você disse?

De repente, ela fingiu uma melhora positiva, e essa foi uma das poucas vezes em que pude perceber que ela estava simplesmente atuando.

Daphne: Ótima sessão! Obrigada. Não preciso ficar a hora inteira, preciso? Estou com a sensação de que já foi o suficiente por hoje.

> ESCAPISTA: *Ela quer ir embora.*
> ANALÍTICA: *Convença ela a ficar, se você puder. Mas, obviamente, não force se essa vontade de ir embora for sincera.*
> COMPASSIVA: *Vamos ajudá-la a sentir a validação que ela merece.*

Josh: Você disse que o amor da sua mãe era como uma droga. Posso deduzir a partir disso que ela é capaz de ser amorosa? Que ela te deu a aprovação dela no passado?

> *DETETIVESCA: Farejando introjeções, não é, meu caro Sherlock?*
> *ANALÍTICA: Estamos aprendendo mais e explorando com a Daphne.*

Daphne parou de arrumar a bolsa para ir embora. Alguma coisa aconteceu. Ela foi transportada para algum lugar esquecido havia muito tempo nos vales mais profundos de suas lembranças. Eu não sabia aonde ela tinha ido, mas parecia que era um lugar feliz. A máscara de ferro se partiu e permitiu que ela sorrisse. Era o sorriso de quem se sentia segura o suficiente para ser feliz, mesmo que por um instante. Eu realmente queria fazer parte daquilo, sentir aquilo, mas algo me dizia que eu não ia descobrir qual era a lembrança.

Daphne: Minha mãe me adorava quando eu era criança. Ela escovava meu cabelo, cantava pra mim, me levava ao teatro, me vestia e me exibia pra toda a família e os amigos dela. Acho que ela queria o melhor pra mim, mas isso foi ficando complicado e enredado nas esperanças e nos sonhos dela. A admiração virou... uma moeda... como se eu tivesse que conquistá-la à medida que crescia. A intimidade diminuiu, exceto nos dias de apresentação ou se eu agradasse o diretor de um espetáculo. Eu tinha que praticar o tempo todo – meu canto, minha atuação, minha postura...

Ao descrever seu passado, a linguagem corporal de Daphne relaxou. As cortinas de seu próprio palco se abriram um pouquinho, permitindo-me vislumbrar brevemente o que estava nos bastidores. Apreciei o momento. Ao mesmo tempo, não queria chamar atenção para aquilo, caso Daphne parasse.

Daphne: Eu me lembro de uma vez em que fazia semanas que ela não tinha dito nada de bom pra mim. Eu tinha 14 anos. Nenhum contato físico, nenhum elogio, nada. Eu não queria ser infantilizada, apenas reconhecida. Chegou o dia da bem-sucedida produção de *Ricardo III* pela minha companhia de teatro, e a muralha de frieza da minha mãe sumiu por um breve período. Meu papel como Lady Anne Neville teve uma recepção vibrante. O orgulho nos olhos dela enquanto o público se levantava e aplaudia. Fui exibida por ela nas noites de jantar durante semanas. Ela me abraçava, me ostentando como se eu fosse um troféu.

> EMPÁTICA: *Imagino que isso tenha sido incrível pra Daphne depois da sensação de estar sedenta por amor.*
> ANALÍTICA: *Afeto condicional, veja bem.*

Josh: Esse afeto me parece um tanto... condicional?
Ela olhou para mim.
Daphne: É o que eu estou percebendo.
Josh: O afeto é dado sob a *condição* de que você tenha um bom desempenho. Que você tenha sucesso e agrade aos outros ao redor. Que você – na falta de expressão melhor – *faça por merecer* a intimidade, os elogios e o amor, ou seja, eles só são dados a você quando você está sendo *extraordinária*.
Daphne: Isso.
Uma lágrima ameaçou cair. Ela a enxugou rapidamente.
Daphne: Acho que ela queria o melhor pra mim, mas de uma forma estranha e cruel. Se não fosse por ela, eu não estaria onde estou hoje. Eu não teria estudado teatro. Ela bancou tudo, me levou ao meu limite. Ela... ajudou a criar tudo que eu conquistei. Sou grata por isso. Não sou uma menininha mimada que acha que nasceu pronta – sou grata de verdade. Sou grata por ela...
Josh: Parece que era mais fácil pra sua mãe reconhecer o orgulho que ela sentia pelo que ajudou a construir – neste caso, sua personalidade pública. Uma versão sua que te proporcionou um sucesso incrível. Você também parece grata pela ajuda dela. Ela parece muito influente.
Daphne pegou outro lenço de papel da bolsa – ignorando a caixa que eu tinha colocado sobre a mesa.
Daphne: Ela passou por dificuldades na juventude. Eu sei que a minha avó era incrivelmente rígida. Segundo a minha prima, ela mandou minha mãe para um internato administrado por freiras abusivas. Também sei que, antes de conhecer meu pai, ela foi espancada durante anos por um namorado alcoólatra. Quando ela foi até a minha avó pra dizer que ia terminar com ele, minha avó ficou do lado do namorado abusivo.

EMPÁTICA: Ela está entrando no quadro de referência da mãe.
ANALÍTICA: Isso geralmente ajuda a contextualizar as coisas.

Daphne: Acho que duas coisas aconteceram.
Josh: Quais?
Daphne: Acho que ela está vivendo indiretamente através de mim. Acho que a minha mãe tem inveja do meu acesso às oportunidades, ao sucesso, mas ao mesmo tempo é extremamente apaixonada pela ideia de me proporcionar tudo isso. Ela sabe o que é não ter isso. Acho que ela também vê minhas conquistas como se fossem dela – me exibe com a intenção de mostrar às pessoas: "Ei, está vendo? Eu sei fazer coisas e ter sucesso – olha só a minha filha!" Acho que ela dedicou todo o seu amor para me proporcionar uma vida que nunca poderia ter, mas à custa de se tornar um monstro frio e matriarcal.
Josh: Então, quando você tem problemas, como sofrer uma crise de ansiedade, não está proporcionando a vida que sua mãe gostaria de viver indiretamente?
Daphne: Isso!

ANALÍTICA: Você sintetizou o quadro de referência.
COMPASSIVA: Muito bem.

Daphne: Sou eu que estou *fracassando*. Ser emotiva, ter problemas, basicamente qualquer coisa que não renda aplausos é, pra minha mãe, um desvio do roteiro.

Continuamos a falar sobre o impacto que a mãe de Daphne teve na vida dela. Quanto mais ela falava, mais a conversa se tornava uma análise equilibrada. Eu ainda tinha que me beliscar de vez em quando. Meu próprio *quadro de referência* ainda queria se deixar maravilhar por aquela atriz mundialmente famosa sentada no meu consultório, mas continuei redirecionando meu foco porque estava ali por causa de Daphne, a pessoa por detrás da persona.

Josh: Parece paradoxal. Você acha que teria conquistado o que conquistou se a sua mãe tivesse sido tão carinhosa e afetuosa quanto você gostaria que ela fosse?
Daphne: Quem sabe? É impossível imaginar uma linha do tempo paralela, mas tenho certeza de que não teria conquistado tudo que conquistei na

minha carreira no cinema e nos palcos, ou talvez nem tivesse conquistado nada, se não fosse por ela. Dito isso, eu sempre me pergunto como teria sido a minha vida...

> ANALÍTICA: *Que tal recorrer à abordagem da Cadeira Vazia da Gestalt?*
> COMPASSIVA: *Pode ser muito carregada emocionalmente, mas talvez ajude a Daphne com essas emoções difíceis.*
> DETETIVESCA: *Muitas vezes revela outras coisas no nosso jarro.*
> CRÍTICA: *Ela não vai fazer a Cadeira Vazia, Josh. Você está vendo TV demais.*
> VOLITIVA: *Tente.*

Daphne se perdeu em reflexões e parecia estar olhando para o meu lírio da paz.

Josh: Me acompanha nesse raciocínio. Se você quiser. Mas imagina, hipoteticamente, que você pudesse falar algo pra sua mãe, conversar cara a cara com ela, com a garantia de não sofrer nenhum julgamento, com empatia e cuidado. Nesse caso, o que você diria?

Ela começou a rir.

Daphne: Você vai se vestir como a minha mãe, Joshua? Me amamentar pra proporcionar um crescimento terapêutico?

> IRREVERENTE: *Risos. Ele tem peito para isso.*

Tentei transmitir sem dizer nada a sinceridade de tê-la convidado para aquele cenário. Ela olhou de volta para o lírio da paz.

Josh: Você não precisa olhar pra mim, se isso ajudar. Escolha qualquer coisa na sala e fale com ela. Se a sua mãe fosse do tipo aberta e acolhedora, o que você diria?

Fiquei à espera de uma recusa e uma crítica, mas, surpreendentemente, Daphne continuou olhando para o lírio. Acho que ela estava refletindo sobre o convite. O que aconteceu a seguir foi simplesmente incrível.

Daphne: Oi, mãe. Nossa, você está diferente da última vez que eu te vi. Sabia que ainda tem uma etiqueta de preço colada no seu vaso? Parece que você custou 4,99 no mercado. Fico me perguntando como é viver neste consultório o tempo todo. Imagino que poderia lhe proporcionar algum grau de empatia e compaixão. Você está sendo adubada e regada adequadamente?

Ela olhou para mim. Continuei ouvindo com atenção. Ela olhou de volta para o lírio.

Daphne: Ah, isso é *novidade*, mãe. Você normalmente já teria respondido alguma coisa abominável, a esta altura. Um julgamento, uma crítica, uma opinião infundada projetada como se Moisés a estivesse gravando na pedra sob suas ordens. Bem, obrigada por me dar espaço pra expor meus pensamentos.

Ela olhou para mim em busca de esclarecimentos.

Daphne: E você está me dizendo que essa versão da minha mãe escuta sem fazer julgamentos?

Josh: Ahã.

Ela deu um suspiro, respirou fundo e voltou a conversar com o sempre paciente lírio da paz.

Daphne: Tive problemas com a minha mente a vida inteira, mãe. Ela é diferente. Ela me atormenta. Sempre quis que você me livrasse dessa confusão toda, mas também agradeço por você querer me tornar forte. Tenho medo de que, se algum dia eu te contar o que tem dentro da minha mente, você vá embora. Me abandone. Isso ia acabar comigo. Lamento nunca ter sido boa o suficiente para você, mas você precisa admitir que também falhou comigo em alguns aspectos. Nenhuma de nós é perfeita, mas tenho a sensação de que você me manteve refém do seu amor. Isso... isso me fez enterrar partes de mim mesma das quais sinto vergonha.

As lágrimas finalmente começaram a cair.

Daphne: Eu nem sei quem eu sou quando não estou fazendo meu trabalho. A pessoa que eu sou fora dos palcos, fora das telas, é um caos completo, e eu me sinto muito, muito sozinha. Minto pra mim mesma, pras minhas filhas, pra minha família e, acima de tudo, minto pra você. Eu minto pra você pra me sentir segura. Mas não posso continuar mentindo, porque isso está me matando. É injusto com as minhas filhas e com as pessoas próximas. É... injusto comigo também.

A máscara profissional tinha caído totalmente. Aquela era Daphne em um estado puro, emotivo, belo. As lágrimas escorriam e seu nariz entupiu, mas ela continuou.

Daphne: Tem tanta coisa que eu queria poder te contar. Ou contar a alguém. Eu... eu não sou a mulher que você queria que eu fosse. Na verdade, eu sempre questionei se sou mulher. Lamento não ter me contentado com o homem encantador que você desejava pra si mesma. Eu tentei. Ele acabou se mostrando um babaca. Um abusador. Eu até me questiono se gosto de homens. Eu não sei se sou mulher e não sei se só sinto atração por homens. Não tenho como me ajustar à sua tradição, mãe. Não sou o troféu que você quer que eu seja. Sou uma pessoa de meia-idade, sem identidade, sem gênero e *queer*, ainda surfando na onda de um talento que você me ajudou a aperfeiçoar. Mas eu só queria que você pudesse me ver como eu sou. Queria que você pudesse me ver e me amar. Eu... eu queria poder *me* ver e me amar. Eu... queria que você pudesse me ajudar com isso. Lamento... lamento que você não possa.

COMPASSIVA: Uau.
ANALÍTICA: Que consistência.

Daphne olhou para mim, a respiração ofegante de alívio. De repente, ela pareceu ser atingida por uma pontada de ansiedade.

Daphne: Tudo isso é confidencial, certo? Quer dizer, você poderia vender essas coisas por muito dinheiro. Ai, meu Deus... o que foi que eu fiz? O que foi que eu fiz pra minha família?

EMPÁTICA: É compreensível ficar assustada e vulnerável depois disso.

Josh: Obrigado por compartilhar isso comigo, Daphne. Foi lindo ouvir você se abrir. Reitero que tudo que você diz aqui é estritamente confidencial. Fica nesta sala e pode ficar aqui pra sempre, se for a sua vontade.

Daphne: Obrigada.

Desta vez, ela pegou um dos lenços da caixa entre nós dois.

Conservadorismo emocional

Abrir-se pode ser muito difícil para muitas pessoas. Apresento a vocês uma escala: em um dos extremos temos alguém que é incrivelmente neurótico, busca atenção o tempo todo e sempre verbaliza suas emoções para qualquer pessoa que esteja por perto. Basicamente, eu todos os anos no meu aniversário, ou eu no *seu* aniversário contando para todo mundo sobre o meu trauma de infância quando você está prestes a soprar as velas. No outro extremo da escala, temos alguém que é extremamente conservador emocionalmente, que não dá um sorriso, que não chora vendo *Marley & eu*, que é frio, que nunca verteu uma lágrima em público na vida. Essa pessoa foge ou se fecha diante de qualquer oportunidade de falar sobre sentimentos e considera isso uma fraqueza. Para ela, a vulnerabilidade é nauseante. Seu lema é "Mantenha a calma e siga em frente".

Eu o convido a pensar sobre onde você pode estar nessa escala. Para contextualizar, você pode usar as pessoas que conhece para fins de comparação. Quem é a pessoa mais rígida e reservada que você conhece? Será que ela prefere demonstrar raiva em vez de vulnerabilidade? Que pessoa não derramaria uma única lágrima de alegria se um filhote de lontra fosse colocado em seus braços? Coloque-a em um dos extremos da escala. Agora pense em alguém que é muito aberto com as próprias emoções, seja de forma agradável ou de maneira irritante. Pode ser uma pessoa confiante ou desagradável, você decide. Coloque-a na outra extremidade. Agora, onde você se colocaria? De maneira ideal, e qualquer que seja o contexto, meu objetivo é convidar as pessoas emocionalmente conservadoras e as emocionalmente abertas a acharem um meio-termo. É nele que acredito que podemos conversar e trabalhar em coisas complicadas que nos sobrecarregam.

O objetivo, para mim, não é estimular todo mundo a ser um neurótico chorão, o tempo todo à mercê dos próprios sentimentos (embora você possa fazer isso no meu consultório; é mais do que bem-vindo), mas a ver a expressão de vulnerabilidade como uma mudança positiva para o nosso próprio bem-estar, não uma mudança fundamental na pessoa que somos. A força não deve ser definida pela sua capacidade de se conter, mas pela sua capacidade de se mover pela escala do conservadorismo emocional, quando necessário. Por exemplo, se estou sofrendo muito com sentimentos ansiosos e pensamentos depressivos e estou pensando em me machucar, preciso ir para um lugar onde a conversa vai me ajudar. Por outro lado, há momentos em que não há problema nenhum em se conter, como quando um amigo se abre sobre algo traumático. O que ele está dizendo pode evocar sentimentos negativos em mim, mas vou ficar em silêncio e escutar para priorizar os sentimentos dele.

Um dos principais problemas do conservadorismo emocional é que ele está ancorado pela ansiedade em si – o medo de sentir emoções negativas e muitas vezes desconhecidas ou de se sentir esquisito e desamparado em resposta a alguém que precisa de ajuda. Vejo isso com frequência nas pessoas próximas a mim.

Isto faz parte do medo emocionalmente conservador de que ouvir os problemas de alguém automaticamente nos torna responsáveis por aquela pessoa. Isso não é verdade. Você não precisa virar o cuidador eterno da pessoa se decidir tirar cinco minutos para ouvi-la. Em vez disso, as pessoas emocionalmente conservadoras evitam assuntos difíceis porque, lá no fundo, acham que simplesmente não vale a pena. O desconhecido é assustador demais. Aliviar nossa própria sensação de desamparo muitas vezes supera o desejo de ser compassivo com o outro. Muitas vezes, percebi que não queria que meus amigos e parentes sentissem esse desamparo; é por isso que várias vezes menti em resposta à pergunta: "Como você está?"

"Estou bem. E você?"

Harry

Sob os holofotes, outubro de 2009

Auxiliar: Rapazes, vocês parecem perdidos; precisam de uma mãozinha?
Mostrei os nossos ingressos.
Auxiliar: Vocês estão no lugar certo. É só passar por essa catraca e subir a escada. Espera, só um segundo...
Ele olhou Harry de cima a baixo.
Auxiliar: Aqui diz ingresso de criança. Você está tentando nos enganar aqui, meu jovem?
Harry: Eu tenho 13 anos!
Auxiliar: Treze uma ova. Você parece mais velho que ele!
Ele apontou para mim. Todos nós rimos.
Auxiliar: Primeira vez aqui?
Josh: É, estamos muito animados. Meu irmão é torcedor fanático.
Auxiliar: Ah, que bom ter vocês aqui. Aproveitem o jogo, rapazes!
Subimos o que pareciam ser cem lances de escada. Quando chegamos lá em cima, tirei um tempo para recuperar o fôlego. Meu irmão riu de mim.
Josh: A gente podia ter usado a nossa arma de portal.
Harry: Ou talvez apenas parar de fumar.
Josh: Cala a boca.
Finalmente chegou o momento em que atravessamos o pórtico e entramos no estádio. Fomos recebidos por enormes holofotes que iluminavam um perfeito mar verde lá embaixo. Foi inesquecível e ainda melhor do que eu esperava. O estádio era enorme, repleto das vozes de torcedores entusiasmados.

Josh: Nada mau para o nosso primeiro jogo, não?

Harry ficou radiante e apontou para os jogadores que estavam se aquecendo no gramado. O pontapé inicial logo se seguiu, e o time de Harry levou apenas seis minutos para chegar ao fundo da rede. Gritamos e pulamos com centenas de pessoas ao nosso redor. O time marcou mais dois gols e venceu com folga. Um burburinho maravilhoso se espalhou pelo estádio.

Harry: Foi incrível! Perdi até a voz!

Josh: Mal posso esperar pra te dedurar à mamãe por todos os gritos e palavrões.

Enquanto meu irmão mais novo aplaudia os jogadores que saíam do campo, observei a alegria estampada em seu rosto. Eu não vinha fazendo as melhores escolhas nos últimos tempos. Estava desperdiçando meu dinheiro em coisas que não deveria (quem diz que maconha não vicia está mentindo) e fiquei endividado. No entanto, usei meus últimos trocados para irmos a um jogo de futebol. A expressão no rosto de Harry me fez sentir que valeu cada centavo. Com o fim da partida, os detalhes do sorriso bobo de Harry, dos óculos tortos e dos olhos cheios de alegria ficaram mais nítidos enquanto eu observava seu olhar passar de jogador para jogador. Eu estava vivendo indiretamente a alegria dele e fiquei totalmente imerso em seu quadro de referência. Eu vinha me sentindo um fracassado, mas pelo menos naquela noite fingi ser um irmão mais velho mais ou menos decente.

Harry: Estou com fome. Vamos comprar umas batatas fritas.

Josh: Ah, você que vai comprar. Eu estou totalmente falido.

Harry pegou um dinheirinho que a nossa mãe tinha dado e brincou com as moedas na palma da mão.

Harry: Combinado.

Levi

Cinco minutos antes do horário marcado para a consulta, a porta do meu consultório se abriu como a porta de um bar que acabou de ser arrombada com um chute.

Levi: Você não é o único que acha que é TOC.

ANSIOSA: Meu Deus.

Eu estava na metade de um iogurte de mirtilo, e uma colherada dele respingou na minha calça jeans. Levi pareceu não perceber nem se importar e se sentou no sofá, pronto para começar.

ANALÍTICA: Lembre-se dos limites da sua prática. Isso inclui limites de tempo.

Josh: Bom dia, Levi. Faltam alguns minutos para começarmos, e estou terminando um lanche. Vou buscar uma bebida quente pra gente, pode ser? Chá? Café?

Levi: Claro, quero um chá, por favor.

Fui até a copa, onde encontrei o Dr. Patel mexendo um café. Ele me cumprimentou calorosamente antes de ver as manchas brancas na minha virilha e voltou imediatamente para o próprio consultório. Eu me limpei com papel toalha, fiz duas xícaras de chá e voltei com cuidado para o consultório. Entrei e vi Levi mexendo nas persianas da janela.

Josh: Aqui está.

Coloquei o chá em uma mesinha ao lado do sofá.

Levi: Saúde.

Nós dois nos sentamos. Fiquei feliz por ele ter vindo após sua saída atormentada no final da última sessão.

Josh: Então, que história é essa de TOC?

Levi: Depois da nossa última sessão, eu fui ao médico, como você sugeriu. Não aquela que a Safia conhece, mas o meu clínico geral em Oldham. Eu disse: "Doutor, meu terapeuta acha que eu tenho TOC", e mostrei a ele as minhas costas com todos os cortes, hematomas e outras coisas.

Levi soltou uma risada.

Levi: Você devia ter visto a cara dele! Eu nunca tinha sido levado a sério pelo médico, mas dessa vez ele prestou atenção.

> *EMPÁTICA: A gente sabe bem como é isso.*

Josh: O que aconteceu?

Levi: Fui encaminhado pra um especialista em caráter de "emergência". Eu disse ao médico que não tinha necessidade de tanto drama e que aquilo não era uma emergência. Já vi emergências, eu disse a ele. Homens e mulheres com sangue escorrendo da cabeça por causa de brigas de bêbados. Ele insistiu. No dia seguinte, falei com uma psicóloga e ela me fez um monte de perguntas estranhas, depois começou a divagar.

Ele tomou um gole barulhento de chá.

Levi: Comecei a me distrair um pouco quando ela começou a falar de coisas científicas e tal – ela podia estar falando japonês que não ia fazer diferença. Então ela mencionou esse transtorno obsessivo de que você tinha falado. TOC. Começou a me perguntar sobre os meus pensamentos intrusivos e meus comportamentos. Falei pra ela que era o que você tinha dito!

> *COMPASSIVA: Parabéns por ter percebido isso, Josh. Também é ótimo que ele tenha ido ao médico, como você sugeriu.*
> *CRÍTICA: Só deu certo por causa do seu próprio TOC, charlatão. Não tem empatia nenhuma aqui. "Ah, olha lá, alguém igual a mim." Você não merece medalha nenhuma.*

Levi: No fim, ela me receitou uns comprimidos estranhos e disse que eu devia começar a fazer uma terapia específica pra TOC. Uma coisa chamada... como é mesmo...? Prevenção de exposição, sei lá...?

Josh: Terapia de exposição com prevenção de resposta? EPR?

Levi: Isso! Ela se ofereceu pra me indicar umas pessoas que ela conhecia, mas eu disse que ia ver se conseguia fazer com você.

Terapia de exposição com prevenção de resposta

A terapia de exposição com prevenção de resposta (EPR) é um tipo de terapia que estimula os pacientes a enfrentarem seus medos e deixarem surgir pensamentos obsessivos e intrusivos sem tentar neutralizá-los nem eliminá-los. A EPR atiça de propósito a ira da amígdala, que pode se reprogramar quando nos expomos ao medo, mas sem as compulsões ansiosas. Ironicamente, a amígdala só pode ser reprogramada quando está ativa, por isso, para mim, faz sentido se aproximar de um medo específico como o primeiro passo para diminuir a intensidade da resposta à ameaça.

A terapia de exposição com prevenção de resposta é o tratamento preferido para o transtorno obsessivo-compulsivo (TOC), e é validada por evidências empíricas no mundo todo. O diagnóstico por um terapeuta é fundamental no tratamento do TOC, porque pesquisas também mostram que a terapia convencional pode, a longo prazo, piorar o quadro. Isso ocorre porque uma das compulsões mais comuns do TOC é procurar aprovação para o conteúdo dos pensamentos intrusivos. Outra compulsão comum é a ruminação, algo que a terapia convencional pode encorajar sem querer. As compulsões surgem da ansiedade e, como sabemos, se agirmos de acordo com o que a ansiedade nos diz para fazer, nós nos dobramos a ela (e à amígdala), e o ciclo continua. A recuperação do TOC, como de qualquer transtorno de ansiedade, depende da nossa disposição para nos render à incerteza. Digo isso no papel de alguém que passou muitos anos fazendo o contrário.

Josh: Por onde começamos, Levi?

Levi: Como assim?

Ele se remexeu na cadeira e evitou meu olhar.

Josh: Considere todos os pensamentos intrusivos que te incomodam; por qual deles você gostaria de começar?

Levi: Eu não...

Josh: Eu sei que é assustador, Levi. Enfrentar seus piores medos exige um tipo específico de coragem. Saiba que este é um espaço seguro e que eu vou estar do seu lado durante os primeiros passos.

Levi: Eu não consigo fazer isso. E se você estiver errado? E se o que existe é um demônio e você não percebeu? E se eu me transformar nas coisas horríveis que os pensamentos dizem que eu sou? Por que você está dizendo uma coisa e todo mundo diz outra?

> DETETIVESCA: *Talvez você devesse olhar para a origem dessa dúvida, cara.*

Josh: Todo mundo?

Levi: Minha esposa. Pessoas da nossa comunidade. Você sabe...

> INTUITIVA: *Parece que temos alguns alertas vermelhos aqui.*
> ANSIOSA: *Você pode estar errado.*

Josh: Sua comunidade?

Levi: (*levantando a voz*) Sim, minha comunidade! Você é um terapeuta ou um papagaio? Vai ficar só repetindo o que eu falo?

Não respondi.

Levi: Desculpa.

Josh: Tudo bem.

Levi: Faço parte de uma comunidade religiosa. Nós temos uma igreja. Fazemos cultos e coisas assim. Parece meio maluquice pra quem está de fora, mas somos apenas devotos. Nós... nós somos devotos da nossa fé.

> ANALÍTICA: *Não tem problema nenhum em conduzir se você estiver tentando explorar sinais de alerta.*

Josh: Você sempre fez parte dessa comunidade?

Levi: Não, nem sempre eu fui religioso. Eles me aceitaram em um momento difícil da minha vida. Tenho que agradecer à Safia por isso. Eles me salvaram. Ela me salvou. Ela é meu anjo da guarda. Me apresentou a eles alguns meses depois que a gente se conheceu. Desde então, tenho feito o melhor possível pra pagar penitência pelas minhas... escolhas de vida. Meus pecados. Nos casamos na capela, diante da comunidade. Um dos dias mais felizes da minha vida.

Sorri, porque parecia a coisa educada a fazer. Eu não sabia o que sentir naquele momento, então continuei tentando mergulhar no mundo de Levi.

Levi: Quando eu comecei a ter esses problemas sérios de cabeça, eles quiseram ajudar. O pastor Michael, a Safia e até alguns membros da comunidade queriam muito fazer alguma coisa, sabe? Eles acham que sou um homem bom. Eles acreditam que um demônio deve ter corrompido uma parte da minha mente. Eles são... uma comunidade muito atenciosa. Acho que não veem as coisas como alguns de vocês, cientistas, veem.

> *EMPÁTICA: Parece que existe um toque de dúvida na voz dele, por mais que ele claramente seja grato a essa rede de apoio.*

Josh: Parece que você está preso entre dois modos contraditórios de ajuda para os seus pensamentos intrusivos. Uma narrativa vinda de casa... da comunidade... e outra dos serviços de saúde.

Ele refletiu por um momento.

Levi: É. Acho que estou. Mas é estranho. Eu não contei pra Safia, nem pro pastor Michael, nada do que estamos fazendo. Não contei a eles que me consultei com a psicóloga e com você, nem que fui ao médico. Ao meu clínico geral, quero dizer.

Josh: Por que você sente necessidade de esconder o que está fazendo aqui, Levi?

Em dado instante, notei que um forte arrepio percorreu todo o corpo dele. Ele pareceu dissociar por um momento. Os braços gigantescos se abraçaram no que parecia uma tentativa de se acalmar.

Josh: Você está bem?

Levi: Estou. Acho...

Ele se levantou e girou uma das omoplatas, como se estivesse tentando desatar um nó, cerrando os dentes e expirando com um esforço intenso. Fiquei me perguntando se a dor no ombro não seria uma distração providencial da pergunta.

Levi: Eu só quero manter algumas coisas separadas.

> EMPÁTICA: *Ele está com medo. Está tenso.*
> COMPASSIVA: *Ok, não vamos insistir nisso agora.*

Josh: Ok.

Ele voltou a se sentar e, como tinha feito nas sessões anteriores, começou a estalar os dedos como se fosse um ritual. Conheço um traço de ansiedade quando vejo um.

Josh: Estou vendo que esse assunto te deixa desconfortável, Levi. Lembre-se de que este é um espaço seguro e, se você quiser falar sobre isso – ou sobre qualquer coisa – comigo, você pode. Tudo fica aqui. Já percebi que precisamos trabalhar temas delicados em um ritmo administrável. Da última vez, você deu a entender que talvez não voltasse às sessões, e, para ser sincero, eu ficaria triste se isso acontecesse.

> COMPASSIVA: *Muito bom, você foi sincero.*
> CRÍTICA: *Foi mesmo?*
> ANSIOSA: *Se ele não voltasse, seríamos poupados de algumas preocupações.*
> ESCAPISTA: *Bom argumento.*

Levi assentiu. Ele soltou as mãos e as colocou com calma sobre os joelhos.

Josh: Se você me permite a pergunta, quem é essa médica comunitária com quem você e a Safia se consultam?

Ele olhou pela janela por um momento, refletindo sobre o que eu tinha perguntado.

Levi: Uma médica de medicina alternativa...

> IRREVERENTE: *Não vai me dizer que é homeopatia.*
> CRÍTICA: *Não vai me dizer que é homeopatia.*

Levantei o queixo com delicadeza, fazendo um gesto para que ele explicasse melhor.

Levi: A comunidade tem uma médica espiritual alternativa. Ela migrou para cá há algumas décadas e entrou para a nossa igreja. Ela é o antídoto para a medicina moderna convencional, com a qual as farmácias obtêm enormes lucros.

ANALÍTICA: Acho que ele quis dizer a INDÚSTRIA farmacêutica.

Levi: Ela ajudou muitas pessoas na comunidade quando o tratamento convencional não funcionava. Ela usa feitiços sagrados e invoca o poder dos espíritos para limpar a mente, o corpo e a alma, essas coisas. Ela tem uma sabedoria antiga transmitida ao longo de milhares de anos. Geração após geração. É por isso que todos tinham esperança de que ela pudesse me ajudar.

DETETIVESCA: Ele usou o pretérito.
ANALÍTICA: Parece que ele perdeu a confiança na ajuda vinda da comunidade.
IRREVERENTE: Claro que perdeu! Você não pode ir a uma curandeira qualquer pra curar TOC. Em que planeta eles vivem?! Eu queria fazer uma visitinha a ela. Olha só quem chegou!
CRÍTICA: Absolutamente malucos – todos eles.
VOLITIVA: Volte para o quadro de referência do Levi e pare de ser tão crítico.

Levi: Mas ela não conseguiu. Quer dizer... ela me ajudou um pouco.
Josh: Como?
Levi: Com as penitências.
Josh: A autoflagelação? Quer dizer... você bater nas suas costas?
Levi: Isso. Eu disse penitências.
Josh: O que a Safia acha disso tudo?
Levi: Ela está totalmente de acordo. Ela apoia todas as ideias da médica e tudo que o pastor Michael diz.

> IRREVERENTE: *Isso é uma loucura completa, Josh.*
> VOLITIVA: *Quadro de referência!*

Josh: Tá. Tipo o quê? Só pra eu ter uma ideia do que você tentou até agora.

Levi: Fizemos muita coisa pra tentar me curar. Tipo… hã… eu fiz jejum pra matar o demônio de fome. Dei litros do meu próprio sangue como oferenda. Eu me chicoteei, como você lembrou de maneira tão gentil. Voto de silêncio. Ofereci até os meus ritos sexuais nessas… cerimônias, mas não vou falar com você sobre elas. A Safia estava sempre ao meu lado, me dando incentivo. Ela é a minha fortaleza.

> ENGATILHADA: *Difícil.*
> BIOLÓGICA: *Comovente.*
> COMPASSIVA: *Acho que eu vou chorar.*
> VOLITIVA: *Não vai nada.*

Josh: Espera… que… cerimônias?

Levi: Todo tipo de coisa estranha e espiritual, Josh. Se uma pessoa de fora aparecesse, acho que ia perder a cabeça se visse aquilo… como é que se diz…? "Fora de contexto"?

Josh: O que uma pessoa de fora veria?

> ANALÍTICA: *Você perdeu o Levi e agora está saciando a própria curiosidade. Suas próprias necessidades.*
> CRÍTICA: *Você virou o foco da sessão pra si mesmo.*
> ANSIOSA: *Você não quer saber a resposta.*

Levi: Não quero contar os detalhes. Digamos apenas que é tudo em nome da "purificação". Não que tenha funcionado. Rá-rá!

Percebi que meu coração estava disparado e meus músculos estavam formigando, inquietos. Eu estava segurando os braços da cadeira com tanta força que, quando soltei, havia marcas de suor onde meus dedos estavam. Estendi a mão para pegar a caneca de chá, tentando agir de forma calma e tranquilizadora, mas minha mão tremeu e eu derramei chá sobre a mesa, diante do olhar agora atento de Levi.

Levi: Você está bem?

VOLITIVA: Consistência. Autenticidade. Honestidade profissional.
ANALÍTICA: Concordo.

Josh: Estou. Só fiquei chocado de ouvir isso. Não estou chocado com você. De forma nenhuma. Agradeço por ter compartilhado comigo. Fiquei abalado ao ouvir tudo por que você passou. É muita coisa para processar, Levi. Fico muito triste em saber que você teve que passar por isso.

Ele inclinou um pouco a cabeça e analisou meu rosto por um momento, antes de parecer desligar de repente. Levi se recusou a dizer qualquer coisa a mais sobre o assunto. Os dedos começaram a estalar de novo...

Josh: Você gostaria de experimentar EPR?

Levi: Já me ofereceram muitas coisas enquanto eu trabalhava na porta das casas noturnas desta cidade, mas isso, nunca.

Ele sorriu. Eu também sorri. Aquela era a proposta dele para retomar a sessão em termos que ele podia aceitar. Talvez a natureza do que ele falou em relação à sua vida doméstica tenha dado uma perspectiva mais positiva à ideia de fazer EPR.

Levi: Ok. Vamos fazer.

Levi me confidenciou que lidava com duas formas de pensamentos intrusivos: violentos e sexuais. Ele tinha pensamentos intrusivos relacionados a atacar física e sexualmente os amigos e familiares, incluindo a filha e a neta pequena. Os pensamentos pareciam se concentrar na neta, o que é comum no TOC e nos pensamentos intrusivos, uma vez que a resposta à ameaça é mais intensa quando o que está em jogo é mais valioso. É por isso que tantas mães têm pensamentos intrusivos em relação aos seus bebês logo após o parto. Reitero veementemente que, após uma avaliação de risco, não acreditei que Levi representasse um risco para a família. Levi não era seus pensamentos intrusivos. Os pensamentos intrusivos muitas vezes prosperam porque são o oposto de quem somos. No entanto, eu estava preocupado com o bem-estar *dele*, ainda mais pela quantidade de possíveis alertas de abuso ritualístico que ele tinha mencionado.

Os exercícios de exposição com prevenção de resposta começaram com Levi me mostrando fotos da filha e da neta. Ele achou isso incrivelmente difícil, mas perseverou. Pedi a ele que avaliasse sua ansiedade de um a dez no início e durante toda a exposição. Quando ele me mostrou uma foto da neta em uma piscina infantil, desviou imediatamente o olhar e cerrou os dentes de angústia.

Josh: Não tem problema nenhum em olhar pra sua neta, Levi. Foi você que tirou essa foto?

Ele começou a soluçar e se virou, parecendo com nojo de si mesmo.

Levi: Fui eu, sim.

Josh: Você teve esses pensamentos quando tirou a foto?

Levi: Não! Claro que não.

Josh: Bem, isso não é um sinal animador?

Ele ficou em silêncio.

ANALÍTICA: Procure manter a atenção dele na exposição.

Josh: Quem mais está nessa foto?

Levi se forçou a encarar a imagem.

Levi: Essa aqui é a minha filha. Aqui é a minha ex-mulher. E essa... essa é a cerca que estraguei tentando construir.

Ele soltou uma risada abafada – esquecendo temporariamente o gatilho da imagem.

Josh: Me fala mais sobre esse dia, mas continua olhando pra foto. Tenta não desviar o olhar.

Levi começou a me contar sobre o dia. Era o aniversário da neta, e quase toda a família estava no jardim. Eles compraram uma piscina infantil e fizeram um churrasco. Ele explicou que ele e a ex-mulher tinham um bom relacionamento, e que ambos davam todo o apoio que podiam à filha. Disse que foi um dos seus dias preferidos naquele ano.

Josh: Que lindo! Levi, você disse que estava dez de dez na escala de ansiedade quando abriu a foto. Em quanto está agora?

COMPASSIVA: Vamos lá... Vamos lá...

Levi: É... é um seis... Ainda estou com medo e me sinto esquisito... mas é um seis...

COMPASSIVA: *OBA!*
EMPÁTICA: *OBA!*

Josh: Notou como a ansiedade diminuiu sem você fugir da imagem? Algum grau de ansiedade ainda vai existir, porque o cérebro ainda não decidiu totalmente que é seguro. Mas ele vai chegar lá à medida que a gente trabalhar mais nisso.

Levi ficou sentado, com a boca entreaberta. Ele estava tentando processar tudo aquilo. Senti um pouco de esperança em sua expressão facial.

Levi: Você realmente acha que eu não estou possuído por um demônio, não é?
Josh: Acho.
Ele assentiu.
Josh: Precisamos ensinar à resposta à ameaça que esses pensamentos, apesar do conteúdo hediondo, não são perigosos. São apenas pensamentos bizarros e estranhos que contrastam e antagonizam com a nossa moral. Desconforto não é sinônimo de perigo.
Levi: Você acha que eu posso me curar?

COMPASSIVA: *Eu não acho que você seja um caso perdido.*

Josh: Acho. Resumidamente, acho, sim. Mas vamos ter que nos esforçar mais pra cuidar de nós mesmos.

Autocuidado

Costumo perguntar aos pacientes: "O que você faz pra cuidar de si mesmo?", e com frequência me deparo com uma expressão confusa. Não surpreende, pois somos constantemente bombardeados, seja pelas notícias ou pelas redes sociais, com informações sobre o que "deveríamos" estar fazendo para o nosso bem-estar geral. Um clichê vago propagado por essa arena popular é o conceito de "autocuidado". Sou um grande defensor de cuidar de si – por que não seria? Sou terapeuta, me preocupo com as pessoas, e isso é importante. Infelizmente, porém, na minha opinião, esse termo foi sequestrado, mal utilizado e transformado em uma indústria multimilionária que muitas vezes explora as inseguranças, os medos e o perfeccionismo das pessoas. Se você digitar "autocuidado" nas redes sociais, será inundado por uma miríade de clichês contemporâneos, em geral envolvendo alguém se deleitando orgasticamente com um iogurte probiótico, praticando meditação no topo de uma montanha diante de uma câmera 4K meticulosamente posicionada, esfregando um abdominal bem esculpido na sua cara enquanto toma um suco de couve ou fazendo, de um jeito muito orgulhoso, uma trilha junto a uma frase mais ou menos relacionada ao Dalai Lama. Sem esquecer das citações ambíguas sobre limites e "abrir mão das coisas" escritas em um meme em tons pastel.

Pode ser útil saber que, em termos terapêuticos, autocuidado é tudo que você considera nutritivo e saudável para você. Cada pessoa é diferente. Não somos totalmente ignorantes no assunto; sabemos que ter uma alimentação saudável, não beber em excesso, praticar exercícios e dormir são importantes para o nosso dia a dia. Mas o autocuidado subjetivo ao indivíduo é o que realmente faz a diferença no nosso bem-estar geral.

Quando vejo pacientes que desejam ajuda para tratar suas ansiedades, descubro que muitas vezes eles vêm de uma posição *reativa*, não pessoal. Perdi a conta do número de vezes que ouvi "Já tentei atenção plena, ioga, tai chi, cortar o glúten, fazer um diário de gratidão, respiração, óleo de CBD, mantras, etc. e nada disso funcionou!" Todos esses métodos podem ser excelentes formas de praticar o autocuidado e uma excelente abordagem preventiva para a saúde mental, mas nenhum deles é um remédio instantâneo para um sentimento que estamos tentando "consertar". E eles também não funcionam para todo mundo. Se você estiver fazendo algo para *simular* autocuidado, em vez de vivê-lo, o autocuidado não vai ser eficaz. Esse é um autocuidado forçado, não é ser você mesmo. É tipo uma pessoa que se obriga a correr todo dia de manhã, mas odeia correr. Uma confissão: eu mesmo caí nessa armadilha por muitos anos.

Tenha em mente que o autocuidado não é uma habilidade a ser aperfeiçoada. Isso só leva a um paradoxo autodestrutivo, no qual aquilo que deveria restaurá-lo apenas faz com que você se sinta mal. Você pode assistir a todos os seminários e ouvir todos os podcasts sobre como cuidar de si mesmo, mas, no fim das contas, você é o termômetro do que funciona para você. Confie em si mesmo, e não em outras pessoas, quando se trata de saber o que faz você se sentir bem. Fico triste quando vejo pacientes que têm dificuldade para assimilar o sentido fundamental do que é autocuidado e depois usam seu suposto "fracasso" como um chicote para se punirem.

Meu autocuidado se apresenta de várias maneiras. Pode parecer convencional: gosto de passear na natureza, ler, relaxar na sauna, brincar com o cachorro, tomar um banho quente e ter momentos de atenção plena ao longo do dia. No entanto, meu autocuidado também pode não parecer nada convencional: dormir até tarde, jogar videogame, tomar uma cerveja com os amigos, ficar acordado a noite toda rindo, comer bobagem nas férias. Essas coisas também são estimulantes para mim. Aprendi a deixar de tentar emular um perfeccionismo quando se trata do autocuidado estereotipado e dedicar um tempo para ouvir minha mente e meu corpo e dar a eles o que querem. Somos humanos – às vezes precisamos de descanso, nutrição e silêncio. Em outros momentos, queremos estímulos, hedonismo, interação social e experiências memoráveis.

Não desanime se achar que não consegue se adequar a um modo convencional de autocuidado. Fico feliz por muitos dos meus amigos que conseguem encontrar paz por meio de atividades como praticar ioga ou ir à academia. Se isso vale para você, continue! Gosto de ioga para principiantes de vez em quando, mas, infelizmente, tenho a estrutura física de uma bola de pilates, então às vezes fico sentado, tomando um milk-shake, e passo a noite insultando as pessoas pelo fone de ouvido enquanto jogo alguma coisa on-line. O autocuidado é subjetivo e pode mudar de acordo com o que está acontecendo em sua vida em determinado momento. Você só precisa descobrir o que funciona para você no ponto em que está agora. Lembre-se: o autocuidado é menos eficaz quando se torna uma coisa que você *tem* que fazer, em oposição à autopermissão para romper os grilhões da rígida *ansiedade produtiva*.

Na minha prática, e pessoalmente, descobri que a culpa pode nos atrapalhar na hora de dedicar tempo ao autocuidado. É uma emoção bem irritante. Procure não deixar que a culpa ocupe um espaço que ela não merece. Não tem problema nenhum em parar regularmente e ter um tempo para si mesmo. Inclusive, quando você está descansado e recarregado, é mais provável que assuma uma versão melhor e mais renovada de si mesmo. Assim como com a ansiedade produtiva, quando você ouvir uma voz dizendo, dentro da sua cabeça, "Eu devia..." durante um momento que é dedicado a você, mande ela ir se catar.

O autocuidado é uma *habilidade*, e parte dessa habilidade é a capacidade de ser flexível e compassivo consigo mesmo. Isso não significa passar fome nem negligenciar seus filhos, não dar os remédios à pessoa de quem você cuida ou negar um colete salva-vidas à sua irmã porque o afogamento dela está atrapalhando a sua pausa relaxante para fumar. Significa, *sim*, implementar um limite pessoal sagrado, que, na maioria das vezes, é respeitado por você e pelos outros. Tudo bem fazer isso. É saudável e necessário. O autocuidado é uma habilidade indispensável para uma vida equilibrada, e não tem nada a ver com fazer abdominais diante de uma câmera enquanto come *kimchi* triplamente fermentado. Tem a ver com fazer o que você sabe que vai ser bom para você, mesmo que isso signifique tolerar o desconforto e ser corajoso quanto aos seus limites de vez em quando.

Zahra

Pela primeira vez em nossas sessões, Zahra entrou no consultório com um sorriso radiante.

Zahra: Josh, eu vim dirigindo até aqui! Ai, meu Deus, eu vim dirigindo até aqui!

Ela estava quase literalmente brilhando diante do triunfo que aquilo representava.

Zahra: Bem, não o trajeto inteiro. O Nasrin, meu amigo, trouxe o carro até o começo da sua rua e eu dirigi cerca de um quilômetro até aqui. Fazia muito tempo que eu não pegava o volante do meu próprio carro.

> *COMPASSIVA: Isso é incrível.*
> *EMPÁTICA: Ela está sentindo alguma compaixão por si mesma.*

Josh: Isso é incrível. Muito bem! Que ótima forma de enfrentar sua ansiedade. Uma grande exposição e um exercício de tolerância intencional.

Zahra: Não é?!

De repente, ela foi surpreendida por um pensamento, que se materializou como um sentimento e depois transformou sua expressão física. De uma hora para outra, ela parecia desanimada. Seus ombros caíram, e ela suspirou.

Zahra: Sejamos sinceros. Foi só uma rua. Pedi pro Nasrin voltar daqui a uma hora pra me levar pra casa. Dirigir ainda me apavora. Eu me senti aliviada só de sair do carro quando cheguei aqui. Não consigo me imaginar conseguindo dirigir em uma via expressa de novo. Eu só...

Josh: Por um momento, você estava orgulhosa de si mesma. Um passo de cada vez. Por que permitir que a crítica decida o valor do seu sucesso?

CRÍTICA: *Porque eu sou incrível, poderosa e soberana de todas as coisas objetivas.*
VOLITIVA: *E convencida.*

Zahra: Deixa pra lá. Em vez disso, vou reclamar das outras coisas no meu jarro de estresse.

INTUITIVA: *Faz alguma coisa antes de ela se sentar.*
ANALÍTICA: *Aproveita o trabalho de exposição que ela já começou.*
VOLITIVA: *Vai pegar o casaco.*

Zahra: Aonde você vai?
Fui até a porta e comecei a vestir minha jaqueta.
Josh: Não temos como fazer uma exposição de direção sentados aqui, não é?
Ela arregalou os olhos.

Ansiedade ao dirigir

A ansiedade ao dirigir é uma das manifestações mais comuns do transtorno de pânico e da agorafobia. A maior parte da ansiedade ao dirigir não tem nada a ver com medo de dirigir, mas com o medo de perder o controle de alguma forma e acabar causando um acidente trágico. A maioria das pessoas com ansiedade ao dirigir acredita que o pânico fará com que elas percam o controle de alguma forma – tendo que jogar o carro no canteiro central, causando um engavetamento de 32 veículos. Isso costuma ser acompanhado de pensamentos explícitos e intrusivos sobre uma batida ou uma queda repentina de uma ponte com a família gritando no banco de trás. Tudo isso porque sentimos uma descarga de adrenalina ao volante.

Em geral, a ansiedade e o pânico não fazem ninguém perder o controle. Na verdade, eles nos tornam hiperconscientes dos arredores e extremamente cautelosos. A maioria dos acidentes é causada por descuido e falta de atenção. A ansiedade muda nosso foco e nos faz analisar excessivamente as ameaças potenciais quando estamos dirigindo. No entanto, é esse "só para o caso de" que muitas vezes convence as pessoas a deixarem de dirigir. A resposta à ameaça as convenceu de que os riscos são altos demais para elas tentarem voltar a dirigir. E se você entrar em pânico e perder o controle? E se desmaiar? E se tiver um ataque cardíaco ao volante? Isso costuma ser acompanhado de um sentimento de culpa, como não pôr em risco a vida de familiares ou ser irresponsável e representar um perigo para outros motoristas.

Existem vários níveis de ansiedade ao dirigir. Algumas pessoas conseguem dirigir para onde quiserem sem pensar nisso. Essas pessoas têm uma amígdala silenciosa quando estão na faixa de alta velocidade da estrada. Depois temos pessoas que dirigem, mas apenas na faixa mais lenta. Há pessoas que evitam completamente as vias expressas e rodovias e preferem as estradas locais, mais "seguras". É comum que as pessoas com agorafobia dirijam apenas dentro de um limite geográfico específico – um raio de 10 quilômetros em torno de casa, por exemplo. No extremo da escala estão as pessoas que evitam por completo dirigir, para as quais a simples ideia de dirigir desencadeia uma descarga de adrenalina que as deixa sob o manto da evitação ansiosa.

Algumas pessoas que se envolveram em acidentes de trânsito podem ser afetadas pelo *transtorno de estresse pós-traumático* (TEPT). Isso requer uma intervenção mais cuidadosa no uso de exposições, e é provável que exija uma terapia mais específica para traumas.

Zahra: Você não tem medo de eu te matar? E se eu entrar em pânico e perder o controle?

ANSIOSA: Estou apavorado.
BIOLÓGICA: Vamos ver se você é durão mesmo.

Josh: Por quê? Você sabe dirigir, não sabe? Você tem carteira?

Zahra: Sim, mas...

Sentamos na frente do carro de Zahra, no estacionamento atrás do meu prédio comercial. Ela estava tremendo, mas se preparando para dirigir, encaixando a chave na ignição e colocando o cinto de segurança.

Zahra: Para onde a gente vai, afinal? Eu estou com muito medo.

Josh: Vamos começar indo até o fim da rua? Lembre-se: um passo de cada vez.

O carro se sacudiu em movimento e se arrastou em direção à via principal. Zahra começou a respirar mais rápido. Ela soprou para afastar uma mecha solta de cabelo que estava prendendo nos lábios. As mãos tremiam. Ela agarrava o volante com força.

Zahra: Eu não consigo... olha só pra mim, minhas mãos e minhas pernas estão tremendo. Eu não estou no controle.

Josh: Está, sim. Apesar disso, você consegue operar o veículo com segurança. Olha, aquele senhor ali está te dando passagem.

Apontei para um homem em um caminhão fazendo um gesto para Zahra para que ela entrasse na frente dele. O pé de Zahra escorregou e ela pisou no acelerador com força demais, provocando um rugido alto no motor. O carro continuou parado, porque ela não tinha engatado a marcha. Ela ficou nervosa e entrou em pânico.

Zahra: (*gritando*) Ai, meu Deus, viu? Eu não consigo!

Eu me virei para ela. Sorri. Em seguida, liguei o rádio.

Josh: Ah, que ótimo, Shania Twain. Que voz.

Furiosa, Zahra engatou a marcha e entrou na via principal.

Josh: Muito bem. Você conseguiu. Como você está na escala de ansiedade?

Zahra mordeu o lábio, concentrada, e fez uma careta.

Josh: Zahra, ansiedade de um a dez?

Zahra: Estou muito ocupada tentando não matar a gente nem as pessoas pra responder ao seu questionário.

Josh: Tá, foi mal.

Zahra: Oito. Estou com medo, mas concentrada. Pra onde a gente vai?

Josh: Humm... vamos pro hospital?

Ela arregalou os olhos, apavorada.

Zahra: Ai, meu Deus, por quê? O que tem de errado comigo? Tem mais alguma coisa além da minha ansiedade? Você acha que a gente vai morrer?!

Josh: Porque é onde você trabalha, não é?

Eu comecei a rir. Não pude evitar.

Zahra: É. Faz sentido. Praticar o que o meu eu não ansioso faria. Mas e se alguém me vir?

Josh: Qual o problema? Eles provavelmente vão ficar felizes em ver você se saindo tão bem.

Nós nos aproximamos de uma rotatória movimentada.

Zahra: Ah, não. Tenho pavor de rotatórias. E se eu empacar? Meu Deus, eu realmente não consigo lidar com isso.

> *ANSIOSA: Você tem certeza do que está fazendo, Josh?*
> *ANALÍTICA: Você tem que pôr em prática o que prega e ter disposição para acompanhar o paciente.*
> *COMPASSIVA: Você também está incutindo uma crença na Zahra. Isso pode ser poderoso.*

Josh: Sem pressa. Você consegue.

> *ANSIOSA: Tomara que sim!*

Zahra não se apressou e pegou cuidadosamente a rotatória no momento adequado. Com as mãos ainda trêmulas, ela contornou o círculo e deu a seta para pegar a saída. Fez isso com mais tranquilidade do que eu esperava.

Josh: Excelente. Vamos continuar.

Ela conseguiu sorrir, embora os olhos ainda estivessem arregalados de medo. De repente, ouvimos um guincho assustador vindo de trás. Um motorista agressivo em uma caminhonete estava costurando o trânsito e parou logo atrás do carro. A pista começou a estreitar, não deixando espaço para a caminhonete ultrapassar. Ele começou a buzinar e a piscar o farol. Olhei para o retrovisor.

> *CRÍTICA: Que babaca.*

Josh: Que babaca.

Zahra ficou assustada. Ela não tinha como dar passagem porque não havia espaço. Continuamos em ritmo lento pela rua estreita. Seus ombros estavam curvados para a frente, e ela tremia. O homem atrás de nós continuou a piscar e a buzinar.

Josh: Você está fazendo um ótimo trabalho. A única coisa que podemos fazer é ignorá-lo e nos concentrar no que estamos fazendo.

Os braços dela começaram a tremer ainda mais, e ela enxugou uma lágrima com a manga da camisa.

> *VOLITIVA: Talvez a gente tenha julgado mal dessa vez, Josh.*
> *ANSIOSA: Sentindo a pressão.*
> *BIOLÓGICA: Quer um pouco de suor na sua testa?*

A caminhonete se aproximou ainda mais, quase encostando os para-choques. O motorista pôs a cabeça carrancuda e irritada para fora da janela e começou a gritar palavrões. Os pedestres pararam e se viraram para ver que confusão era aquela. O tremor de Zahra ficou ainda mais intenso, e as lágrimas agora escorriam livremente. Ela estava preocupantemente calada. Agora eu estava preocupado com ela. Também queria dar um soco no cara atrás da gente.

> *COMPASSIVA: Ela está indo muito bem.*
> *EMPÁTICA: Isso deve estar sendo um inferno. A exposição em si já é bem difícil.*
> *CRÍTICA: O cara atrás da gente é um idiota.*
> *DETETIVESCA: Anota a placa e o nome da empresa na caminhonete.*
> *IRREVERENTE: Mais tarde a gente vai furar os pneus dele enquanto ele estiver dormindo sozinho e com frio nas sombras das lembranças da família que o abandonou.*
> *DETETIVESCA: Não.*
> *REDENTORA: Será que você não pode assumir o volante e voltar?*
> *CRÍTICA: O Cavaleiro Branco de Manchester.*

Nós nos aproximamos de uma faixa de pedestres, e Zahra parou para deixar uma família atravessar. Gritos de desdém não filtrados ecoaram do banco do motorista da caminhonete. Ele pisou fundo no acelerador. A caminhonete se aproximou e, bem de leve, tocou no carro de Zahra.

BIOLÓGICA: Bem, é isso. Reação de lutar ativada.

Soltei o cinto de segurança e abri a porta. Quando saí do carro e me virei para encarar o motorista da caminhonete, vi Zahra já correndo em direção à janela dele. Ela ergueu o celular – provavelmente para filmar a interação. Ela se aproximou do vidro aberto do lado do motorista com uma autoridade surpreendente.

Zahra: (*gritando*) Estou TENTANDO fazer meu trabalho de exposição! Não tem absolutamente NENHUM motivo pra você dirigir de forma imprudente e ficar tentando intimidar as pessoas!

O motorista pareceu chocado de início, mas depois começou a rir. Ela virou o celular para filmar os veículos com os para-choques encostados. Alguns transeuntes pararam para observar a cena. Um garoto pegou o celular para gravar.

Zahra: Você devia ter vergonha. Vou te denunciar pra...

Ela olhou para o nome da empresa estampado na lateral da caminhonete.

Zahra: ... Shane Donahue Construction e mandar esse vídeo. Você é uma pessoa horrível.

O motorista sorriu defensivamente.

Shane: Rá! Shane Donahue sou *eu*, então boa sorte, meu amor. Agora sai da minha frente e anda logo com esse seu carro de merda. Ou eu mesmo vou fazer ele andar, querida.

Inacreditavelmente, ele deu um tapa no celular de Zahra, que saiu voando na direção do carro dela. O aparelho caiu e bateu no asfalto. Vários espectadores prenderam a respiração. Meu sangue ferveu e eu vi tudo vermelho; estava pronto para confrontar o homem, mas Zahra se recompôs e me lançou um olhar que dizia "não". Fiquei ao lado da porta do passageiro. Ela olhou bem devagar para o Sr. Donahue.

Zahra: Por que você fez isso?

Shane: ANDA! Você... fala... a mesma... língua... que eu?!

Com reflexos ultrarrápidos e uma precisão impressionante, a mão direita de Zahra se enfiou pela janela aberta de Shane, alcançou atrás do volante, girou a chave na ignição e a pegou, tudo isso antes que ele conseguisse reagir. O motor parou na mesma hora. Zahra ficou com a chave do carro na mão, enquanto Shane olhava para a chave e para ela, completamente perplexo.

Zahra: Eu falo a mesma língua que você, sim. Agora, escuta bem. É assustador ter uma pessoa agressiva perto da sua traseira, buzinando e piscando o farol, sem falar nos palavrões.

Shane: Me dá a porra da minha chave...

Ele estendeu a mão, mas Zahra afastou o braço de forma provocativa.

Shane: Que audácia!

Ele se mexeu no assento, procurando a maçaneta da porta. Em seguida, abriu a porta com raiva.

> *ANSIOSA: Ah, não!*
> *VOLITIVA: Faça ele parar.*

Zahra recuou com calma e me lançou outro olhar. Ela estava tremendo, mas parecia no controle. Ela levantou a chave.

Zahra: Dê mais um passo na minha direção, Sr. Donahue, e eu te garanto, pelo juramento de Hipócrates, que essa chave, essa que você precisa pra ligar o seu carro, vai parar lá no canal.

Ela apontou para um curso d'água ali ao lado. Estava ao alcance de um arremesso fácil.

Zahra: Você me entendeu? Ou é você que não fala a minha língua, Sr. Donahue?

Ele deu um passo na direção dela. Zahra deu impulso para arremessar a chave.

Zahra: Ah, se eu fosse você...

Ele congelou.

Shane: Ok... Ok, deixa pra lá.

A fachada de machão desapareceu quando ele percebeu que aquilo poderia custar caro. Ele olhou para mim, depois para os espectadores ao redor, agora talvez percebendo a dimensão da situação.

Shane: É que... Desculpa, eu estou atrasado pra um trabalho. É... importante...

Zahra: Importante o suficiente pra colocar a vida das pessoas na rua em risco?!

Havia vários carros esperando atrás da caminhonete. Todos pareciam tão absortos no que estava acontecendo que não se importavam com o atraso. Shane continuou confuso. Ele estava ficando desesperado. Eu me apoiei no teto do carro e fiquei assistindo.

Shane: Eu... eu estava sendo egoísta. Por favor, não joga minha chave no canal. Isso vai me ferrar. Tenho família pra alimentar em casa, sabe?

Zahra: Família? Eu espero de verdade que os seus filhos não tenham aprendido esse tipo de comportamento com você. Mas, como sempre, é assim que funciona, não é? A gente absorve cegamente os ideais dos nossos pais, incluindo os defeitos deles.

IRREVERENTE: Eita.

Zahra escondeu a chave atrás das costas.

Shane: Escuta, senhora. Desculpa. Por favor, devolve a minha chave?

Zahra: Obrigada por pedir desculpas, Shane. Agora vamos seguir com os nossos dias igualmente importantes.

Ela jogou a chave para ele, que a pegou desajeitadamente. No momento em que a pegou, já mudou de postura.

Shane: Você é uma idiota, sabia? Eu achava que os médicos fossem mais inteligentes. Você é tão ingênua assim? Vou jogar a merda do seu carro pra fora da estrada se for preciso. Se você fosse homem, eu já teria te dado um soco. Agora tira o seu carro da frente, porra. Você tem três segundos antes de eu pisar até o fim no acelerador.

ANSIOSA: Ah, não.

Zahra sorriu com calma e não disse nada. Ela entrou no carro devagar, e eu a segui. Ela colocou o cinto de segurança, sorriu para si mesma e saímos. Havia agora uma confiança calma em seus gestos. Sua postura havia mudado, e ela pousou uma das mãos sobre o volante, completamente dona de si.

Zahra: Pro hospital!

Confuso, olhei para trás pelo vidro traseiro. Surpreendentemente, a caminhonete não se mexeu. Começou a encolher conforme nos afastávamos. Então, assim que começamos a virar uma esquina, vi Shane sair da caminhonete, agitando freneticamente os braços. Em seguida, ele chutou com força o para-choque dianteiro da caminhonete diante de todos os transeuntes. Quando viramos a curva, Shane e a caminhonete desapareceram. Olhei para Zahra em busca de uma explicação. Ela jogou a chave da caminhonete no meu colo.

>   *IRREVERENTE: Isso foi brilhante.*
>   *CRÍTICA: Ele mereceu.*

Josh: Espera, se essa é a chave do Shane, o que foi que você jogou pra ele?
Zahra sorriu, sem nenhum sinal de arrependimento no rosto.
Zahra: Tenho uma tranca poderosa de bicicleta e a chave dela é parecida com a chave de um carro. Apostei que seria parecida o suficiente para aquele idiota não perceber.
Fiquei pasmo, mas não pude deixar de rir. Que jogada.
Zahra: Tecnicamente, eu infringi a lei. Roubei a chave dele. Você é judicialmente obrigado a me denunciar à polícia?
Josh: Não. Acho que eles não vão se importar, ainda mais porque você vai devolvê-la pra Shane Donahue Construction hoje mesmo, não é?
Zahra: Vou, sim. Com uma cartinha pedindo desculpas?
Josh: Não.
Chegamos ao estacionamento do hospital. Zahra parecia ter dirigido até lá no piloto automático. Ela parou o carro, puxou o freio de mão e, depois de um suspiro profundo, começou a chorar. Foi estranho. Eu estava sentado ao lado dela, e não no conforto da minha cadeira no consultório. Os princípios de compaixão e empatia ainda se aplicavam, mas me senti um pouco esquisito. Então ela começou a soluçar. Um grito profundo, vindo de um aperto no peito – uma catarse compreensível, dados os acontecimentos anteriores.

>   *EMPÁTICA: Muitas emoções pra processar hoje.*
>   *COMPASSIVA: Ela se saiu muito bem.*

Ela se curvou sobre o volante e usou os braços para apoiar a cabeça. Ela soluçava, e o corpo se contorcia em ondas de emoção. Eu vi aquilo como um crescimento terapêutico e emocional, mas, no contexto de estar sentado no estacionamento de um hospital ao lado de alguém soluçando de tanto chorar, achei uma situação um pouco difícil.

> COMPASSIVA: *Se fosse um amigo, eu colocaria uma mão nas costas dele em solidariedade. Eu queria muito fazer isso. Ela está passando por um momento difícil.*
> ANALÍTICA: *Mas ela não é sua amiga, é? Ela é sua paciente.*
> VOLITIVA: *Não faz isso. Não é profissional. Não toca na paciente.*
> EMPÁTICA: *Imagine como uma mulher que se encontra vulnerável, que acabou de se envolver em um conflito verbal com um homem agressivo, se sentiria ao ter outro homem colocando a mão nela sem permissão.*
> COMPASSIVA: *Tenho umas colegas terapeutas que fizeram isso nas raras ocasiões em que acharam que era adequado. Certamente é adequado agora.*
> INTUITIVA: *Mas você não é mulher, Josh. Você está no mundo real.*
> ANALÍTICA: *Você é um homem de um metro e oitenta em um relacionamento terapêutico com uma clara dinâmica de poder que te coloca em vantagem em termos de influência. Leva isso em conta, por favor. Não vale a pena.*

Josh: Tudo bem.
Zahra: O quê?
Josh: Ah, desculpa, eu estava perdido em pensamentos. Você está bem?
Zahra: Estou bem. Obrigada por... me dar tempo e espaço. Foi muita coisa ao mesmo tempo. Mas você está certo em relação às exposições. Estou me sentindo muito mais confiante para dirigir.

Ela se recostou e se recompôs.

Zahra: (*sorrindo*) Você provavelmente armou tudo isso, não foi? O Shane é um amigo seu ou algo assim?
Josh: Ah, o Shane e eu nos conhecemos há muito tempo...

Ela sorriu.

Zahra: Você se importa se eu entrar sozinha no hospital? Acho que esse é um ótimo momento para encarar as coisas.

> *ANALÍTICA: Melhor ainda.*
> *COMPASSIVA: Sim!*

Josh: Claro. Vai lá. Eu espero. Vou estar aqui quando você terminar.

Zahra atravessou a entrada da Manchester Royal Infirmary. Eu estava orgulhoso dela. Ela foi sozinha e, enquanto isso, fui dar um passeio por uma rua que não visitava havia muitos anos. A mesma agitação familiar estava presente. Um misto do trânsito de Rusholme e das risadas dos universitários à porta dos bares. Caminhei pelo parque local e admirei a vista. O assobio do vento por entre os galhos das árvores. O leve cheiro de maconha vindo de um grupo de amigos se divertindo no gramado. Um passeador de cães estava chamando seu staffordshire terrier, que estava correndo atrás de uma bola. Um dia de sol como outro qualquer. Era bom estar ali.

Fechei o portão do parque ao sair e caminhei pela via adjacente ao hospital. Eu estava com sede e procurei uma banca de jornal para comprar uma Fanta. Entrei em uma rua muito familiar, lembrando que ali havia uma loja que eu costumava frequentar. De repente, fui tomado por um calafrio e uma sensação desagradável de nostalgia, como se um saca-rolhas tivesse sido espetado no meu intestino. Continuei andando. Meu estômago começou a revirar. De repente, parecia que o chão que eu estava pisando era feito de geleia.

> *ENGATILHADA: Manchester Children's Hospital.*
> *BIOLÓGICA: Não sei o que significam esses botões, mas vou apertar todos eles.*
> *ANSIOSA: Uau, de onde está vindo isso?*

Eu dissociei. Tudo parecia estar perto e longe ao mesmo tempo. A nova entrada do Manchester Children's Hospital surgiu como se uma cortina tivesse sido deslizada. Eu me senti desconfortável e tonto. Meu coração batia forte e minha língua ficou dormente. Cambaleei um pouco, mas me apoiei na vitrine de uma loja próxima. Respirei algumas vezes com atenção. Uma mulher de meia-idade passou e tirou o cigarro da boca.

Mulher: Você está bem, querido? Você não parece muito bem.

Seus olhos me examinaram com cautela em busca de sinais de que eu fosse um viciado em crack.

Josh: Estou bem. Você tem... você tem um cigarro? Um cigarro cairia bem, agora.

Harry

The Boathouse, março de 2010

Tomei meu sexto café com desconto, cortesia do meu grande amigo Michael, que trabalhava no balcão. Eu estava tentando trabalhar, mas tinha consumido cafeína suficiente para abrir minha própria rede elétrica. Quando meu celular tocou, eu o agarrei, grato pela desculpa para parar de escrever.

Josh: Oi, mãe. Espero que você saiba que está distraindo seu filho trabalhador. Estou escrevendo minha dissertação!

Mãe: Acabei de ver no seu Facebook que você saiu ontem à noite, não me vem com essa história.

Josh: Era o aniversário de um amigo!

Mãe: Sei... sei... Você está bem? Como tem andado?

Josh: Está tudo bem, sim. Você me conhece, estou deixando as coisas pro último minuto, como sempre. Como estão as coisas aí?

Mãe: Estou bem. Você pode dar uma palavrinha com o seu irmão? Ele anda chateado há mais ou menos uma semana. Ele está aqui, agora.

Josh: Claro! Me dá só um segundo. Vou lá pra fora; o sinal é melhor. E posso caminhar pela margem do rio para esticar as pernas.

Fiz um sinal para Michael ficar de olho nas minhas coisas enquanto minha mãe passava o telefone para Harry.

Josh: E aí, cara, tudo bem contigo?

Harry: Tudo.

Josh: Você parece pra baixo. O que houve?

Harry: Nada.

Josh: Vamos lá... não me vem com essa...

Houve um silêncio antes que ele falasse.

Harry: Eu odeio a minha aparência. Eu estou gordo.

Josh: Você está ótimo, cara. Sua aparência não importa – não deveria importar pra ninguém, cara. Sem contar que você é um varapau. De onde veio isso?

Harry: Tem coisas no meu corpo que me dão muita vergonha. Tenho medo de trocar de roupa na aula de educação física. Minha barriga fica inchada o tempo todo e eu estou sempre enjoado.

Harry vinha lutando recentemente contra um inchaço muito intenso, que às vezes o fazia vomitar. Minha mãe o levou várias vezes ao médico, que tinha receitado um remédio para refluxo.

Josh: Sua barriga ainda está fazendo essas gracinhas? O remédio não está funcionando?

Harry: O médico disse que demora um pouco. Só estou com medo de os outros garotos rirem de mim se virem o tamanho da minha barriga. Eu conto várias mentiras pra escapar das aulas de educação física.

Percebi a hesitação nas palavras dele, mesmo falando com o irmão. Harry era um menino tímido, e o tremor em sua voz me indicou que falar sobre aquilo era difícil. Fiquei com o coração partido ao perceber a tristeza dele, mas também me senti privilegiado por ele confiar em mim para compartilhar suas vulnerabilidades e inseguranças.

Josh: Nossa, eu me lembro dessa sensação de estar no vestiário. Eu ficava apavorado. Quando eu estava no colégio, tinha uma piada que fazíamos com o Sr. Scholes, o professor de educação física. "Vamos pro banho, rapazes!" "Mas, professor, a gente ainda nem fez exercício!"

Harry começou a rir.

Harry: Vocês não prestavam.

Josh: Eu sei. Nós éramos horríveis. De qualquer forma, você está ótimo, mano. Bonito à beça. Se tiver alguma dúvida, vai lá embaixo e pega minha foto do 11º ano. Pareço um personagem de *The Walking Dead* com uma falha na sobrancelha.

Harry: Eu sei, a mamãe odiava quando você raspava a cabeça. Você tem uma cabeça de ovo imensa.

Josh: Obrigado.

Nós dois rimos.

Josh: Quando é que você vem me visitar?

Harry: Vou com a mamãe no fim do primeiro semestre.

Josh: Não se esquece de trazer essa sua carinha linda. Tem umas pessoas bem gatas aqui na universidade; vou ter até que te proteger delas – são ladras de bebês.

Imaginei Harry revirando os olhos do outro lado da linha.

Josh: Ah, e traz um controle extra pra gente jogar. Meu colega de quarto, Michael, diz que nunca jogou *Portal*.

Harry: Ok. Tenho que ir, agora. Obrigado pelo papo.

Ele não gostava de falar ao telefone por muito tempo.

Josh: Tranquilo. Manda uma mensagem se precisar de mim! Seu estômago vai ficar bem logo, tenho certeza. Te amo, cara!

Harry: Também te amo.

Eu me senti mais feliz sabendo que *ele* parecia mais feliz. Por mais que eu duvidasse de mim mesmo em alguns aspectos, eu sempre sabia fazer Harry rir e transmitir meu amor incondicional por ele. Ajudá-lo a se sentir ouvido fazia eu me sentir bem. Eu não conseguia chegar a uma conclusão se esse sentimento era altruísta, egoísta ou as duas coisas, nem mesmo se isso importava, desde que o fizesse se sentir melhor.

Voltei para dentro do Boathouse, para o meu laptop aberto, e pedi mais um café ao Michael. Fiz um sinal de joinha para ele.

Josh: Obrigado, cara. Eu estava conversando com meu irmão.

Michael: Aquele bonitão? O que houve com ele?

Contei a Michael sobre os problemas de refluxo de Harry, e rimos, comentando que o inchaço era causado por seu amor pelo KFC e por doces. Quem dera se essa fosse a razão pela qual ele estava ficando inchado e vomitando. Eu teria dado qualquer coisa para que isso fosse verdade.

Noah

Terapeutas não estão imunes a se enredarem na teia do pavor existencial, nem à ansiedade e ao pânico que o acompanham. A consciência não nos livra de vivenciar toda a gama de emoções humanas; apenas faz com que o conhecimento seja uma ferramenta para compreendê-las. Esse conhecimento, no entanto, não foi capaz de me impedir de ficar dando voltas pelo consultório, pensando na futilidade da minha própria existência, até que um súbito barulho de revistas caindo me tirou do ciclo de pensamentos existenciais. Quatro anos de edições não lidas da *Therapy Today* desmoronaram sob o próprio peso e caíram no chão. Sempre acreditei que um dia ia me sentar e ler todas elas – uma ilusão otimista da projeção do meu eu ideal. Acho que simplesmente gosto de colecioná-las. Se eu tivesse dedicado metade do tempo que gastei no *Candy Crush*, no YouTube, no Reddit ou apenas ruminando sobre a ansiedade existencial para lê-las, já teria terminado todas as revistas há muito tempo. Mas não me arrependo de nada. Houve uma batida fraca na porta. Era hora da sessão de Noah.

Josh: Como você está, Noah?

Noah: Bem, obrigado, Josh. E você?

Josh: Tudo bem por aqui.

Ocupamos nossos lugares habituais. Servi um pouco de água para nós, e levamos um tempinho para nos acomodarmos. A chuva batia na janela e formava deltas espalhados pelo vento forte. Parecia que hoje Noah tinha trazido consigo uma tristeza.

Noah: Na verdade, não estou tão bem. Desculpa, os cumprimentos parecem meio automáticos, né? Como se eu estivesse falando com o dono da mercearia. Bem, eu menti.

Josh: Ok. Quer me contar mais sobre como está se sentindo?

Noah: É mais o oposto de "sentir", na verdade. Não tenho sentido quase absolutamente nada. É um torpor. Tenho crises de choro de vez em quando, só pra quebrar a monotonia da sensação de vazio, mas na maior parte do tempo... não sinto nada.

Ele olhou para mim como se esperasse ser tranquilizado.

ANALÍTICA: Depressão.

Josh: Sentir-se entorpecido, dissociado e choroso costuma estar associado à depressão. Eu sei que você já conviveu com a depressão no passado; esse sentimento, ou ausência de sentimento, é familiar?

Noah: É, sim, eu já tive isso.

Josh: Ok. Então você já passou por um episódio como esse? Você acha encorajador saber que já superou isso uma vez?

Noah: Racionalmente, sim. Mas é difícil.

Assenti.

EMPÁTICA: Não sentir nada em meio às garras da depressão é uma experiência muito solitária.

Noah: Tive pouquíssima motivação nos últimos quatro dias. Consegui trabalhar no automático e me arrastar até aqui hoje. Mas meus membros pareciam de chumbo. Meu cérebro não está funcionando como eu gostaria. É difícil me concentrar. É difícil lembrar e gravar as coisas.

ANALÍTICA: Névoa mental.
EMPÁTICA: Pode ser um fardo.

Josh: A névoa mental pode ser um fardo. Ainda mais se estiver associada a outros sintomas de depressão. Você quer explorar os possíveis motivos pra estar deprimido?

Noah: Ouvi dizer que a depressão pode ser só um desequilíbrio químico. Só falar nela vai ajudar?

Josh: Acredito que falar sobre você, suas experiências, o que está no jarro de estresse e suas crenças sobre si mesmo pode ser muito útil pra depressão. Quer haja um desequilíbrio químico ou não, acho que seria ótimo conversar aqui e também com o seu médico ou psiquiatra sobre a parte da medicação.

Noah: Como é que falar sobre isso ajuda?

Josh: Existem hipóteses, e em muitos aspectos comprovadas cientificamente, de que a terapia conversacional pode ser útil na depressão. Ela pode nos ajudar a contextualizar os pensamentos e as emoções, a perceber coisas que talvez estejam escondidas às margens da consciência, e acredito que é uma boa maneira de aliviar a carga e tirar as coisas do peito. Também podemos observar como nossas crenças influenciam o comportamento, pois acredito que ele é capaz de nos manter presos em ciclos recorrentes.

Noah: Você já teve depressão?

Josh: Já tive, sim.

> ANALÍTICA: *Cuidado.*
> INTUITIVA: *Acho que uma dose de intimidade pode ajudar.*
> DETETIVESCA: *Humm.*

Noah: Como foi que você lidou com ela?

Josh: Cada pessoa é diferente, Noah. O que me ajudou pode não ser aplicável a você. A depressão pode ter diferentes fatores.

Noah: Eu sei disso. Só queria ouvir uma história de esperança.

Josh: Resumindo, percebi que um dos principais componentes da minha depressão era minha compulsão em ruminar as coisas. Dar voltas e mais voltas com os mesmos pensamentos e preocupações, imaginando todos os cenários possíveis pra tentar ficar em paz com aquilo. Eu era o mestre da ruminação, e percebi que precisava trabalhar muito em relação a ela como comportamento, bem como questionar crenças autolimitantes sobre mim e o mundo. Isso também veio acompanhado de escolhas de vida mais positivas.

> VOLITIVA: *Volta pro quadro de referência do Noah.*

Josh: Você diria que tem problemas com ruminação?

Ele deu um sorriso inesperado.

Noah: Eu nunca fui bom em nenhum esporte, mas, se a ruminação fosse uma modalidade, eu iria para as Olimpíadas.

Ele se recostou na cadeira.

Noah: É interessante. Sim, quando estou deprimido, eu passo *muito* tempo pensando. Ontem, por exemplo, fiquei sentado no escritório olhando pro nada e pensando demais. Teria sido bem esquisito para qualquer desconhecido que me visse. Todo o meu foco estava na minha cabeça. O mesmo aconteceu no banho. Fiquei lá por quarenta minutos, completamente absorto pelo funcionamento interno da minha mente terrível. A mesma coisa quando estou deitado. É como se eu ficasse pensando por uma hora antes de me levantar. Quer dizer que a ruminação é um comportamento que faz parte da depressão? Não sou só eu resolvendo coisas? Ou processando coisas?

ANALÍTICA: Depende.

Josh: A ruminação é um comportamento, sim. Você sabe que é ruminação, e não pensamento crítico ou analítico, quando anda em círculos, repassando catástrofes na sua cabeça e imaginando os piores cenários. Isso se aplica tanto à depressão quanto à ansiedade. Com a depressão, muitas vezes somos atraídos pro pior cenário ou nos convencemos de que a nossa existência se apresenta na forma mais crua e sombria, quando, na verdade, a estamos vendo através das lentes da depressão.

Noah: Lentes?

Josh: Isso. A depressão e a ansiedade afetam a forma como vemos o mundo, aplicando suas próprias lentes. É um pouco como alguém que se apaixona depois de um primeiro encontro bem-sucedido...

CRÍTICA: Ninguém nunca se sentiu assim depois de um encontro com você, Josh.
IRREVERENTE: Risos.

Josh: ... a pessoa vê o mundo através de uma *lente cor-de-rosa*. Os passos ficam mais leves, e ela fica pulando de alegria. Como o Jim Carrey naquele filme *Os fantasmas de Scrooge*, quando ele percebe na manhã de Natal que está vivo, e não chorando no próprio túmulo. As lentes pelas quais vemos o mundo podem mudar de acordo com o estado da nossa mente. Se estivermos deprimidos…

Noah: … podemos ver o mundo através de lentes cor de merda.

DETETIVESCA: Uma vocabulário muito incomum pro Noah.

Josh: Isso… A depressão e a ansiedade podem nos fazer ver o mundo através de lentes cor de merda. Concordo.

Noah: Mas é só uma lente. Um medicamento errado, talvez? Acho que vale a pena eu me lembrar disso. Que o que vejo e sinto não é absoluto. Não é a verdade objetiva.

Josh: Ahã.

Noah: Mas a experiência é tão… forte. Tão convincente. Eu ia dizer que parece muito real. A tristeza é real, depois o entorpecimento é tão intenso que parece que estou num mundo fantasioso.

Uma forte rajada de vento sacudiu a vidraça, nos dando um susto.

Noah: Então, teve aquela noite com a equipe da qual eu falei.

Josh: Ok. Como foi?

Noah: Pra ser sincero, acho que foi isso que deu início a essa onda de depressão.

Tentei não demonstrar que fiquei imediatamente curioso.

Noah: Nós nos encontramos no restaurante e, antes mesmo de chegar, eu já estava sentindo a pressão de querer impressionar todo mundo. Eu me sentei numa das pontas da mesa com um grupo de colegas e todos eram ótimos… gentis e atenciosos. Mas foi a minha cabeça, Josh. Minha cabeça estava me causando tantos problemas. Eu estava tendo muitos pensamentos estranhos, e era como se estivesse apenas simulando ser sociável. Pura encenação. Meus pensamentos eram cruéis.

Josh: Tipo o quê?

Noah: Era como se uma voz me atacasse dizendo: "Quando eles te conhecerem melhor, vão te odiar; você é uma pessoa ruim; você é uma farsa." E isso continuou a noite toda. "Você não é digno; você não é digno de amor." Não parava. Foi interminável. Foi aí que eu me peguei recuando quando estava envolvido em uma conversa e só balançava a cabeça. Concordando. Claro, o crítico interno adorou isso. "Você não consegue nem se defender, você é um covarde."

Josh: É como se você fosse perseguido por um cara brigão e implicante tentando estragar a diversão. Deve ser terrível e exaustivo.

Noah começou a chorar. Ele enxugou os olhos rapidamente.

Noah: Eu mereço.

Josh: Por que você acha isso?

Ele olhou para um canto do escritório e pareceu ignorar a pergunta.

Noah: O que eu posso fazer pra desligar isso? A crítica, a depressão, os pensamentos. Como é que eu faço pra eles pararem? Eu me sinto impotente. Além disso, tem a ansiedade – a ansiedade social. Desde aquela noite com a equipe, eu fui sugado pela depressão. Tudo parece uma nuvem assustadora e sombria.

Josh: Eu não acho que você mereça ter uma voz crítica interior te perseguindo, Noah; ninguém merece. Por que você acha que ela está aí? Ela se parece com alguém?

Noah: É um resumo da minha infância inteirinha. O crítico se parece um pouco com meu pai. Mas isso seria fácil de identificar, não é? Além disso, eu tenho medo de *ser* o meu pai. A voz é a minha voz, mas parece influenciada por ele. Também parece desprovida de qualquer compaixão. O que... seria a minha mãe. Ausência de proteção, de alguém do meu lado. Parece que mesclei o temperamento dos dois. Covardes, cada um à sua maneira. Mas minha mãe também é uma vítima. Preciso me lembrar disso de vez em quando.

Ele continuou com sua linha de raciocínio.

Noah: Depois podemos acrescentar amizades que terminaram e minha jornada na escola. Minha falta de intimidade nos relacionamentos. Todos os meus erros. Muitos... erros.

COMPASSIVA: Ele não tem muita compaixão por si mesmo.

Noah: É como se essa voz tivesse sido cultivada desde o meu nascimento. Como se eu estivesse fadado a passar por isso de uma forma distorcida e fatalista. O que seria do belo se não fosse o feio, né? *Yin* e *yang*? Eu sou o feio. A erva-daninha que faz uma glicínia parecer tão bonita, em comparação. Não dá pra ter a beleza como conceito sem conhecer seu oposto contrastante. Eu sou esse oposto. Eu faço os outros parecerem bons.

CRÍTICA: Nossa, ele é bom.

Ele coçou o braço.

ANALÍTICA: Automutilação? É melhor conferir.
VOLITIVA: Pergunta.

Josh: É doloroso ouvir você se descrever assim, Noah. Percebi que você está tocando muito no seu braço. Tenho que perguntar: você está se machucando de novo?

Ele olhou para mim como se tivesse sido pego em flagrante.

ANSIOSA: Espero que ele esteja bem. Estamos preocupados com ele.

Noah: Não se preocupa. Eu não estou me cortando. Mas... estou cutucando muito a minha pele.

ANALÍTICA: Dermatotilexomania (transtorno de escoriação).

Noah: Só ao redor das feridas antigas.
Josh: Ok.

Após uma conversa sobre a medicação e sobre a importância de manter contato frequente com o médico e o psiquiatra, continuamos a falar sobre algumas das crenças que Noah tinha sobre si mesmo, principalmente aquelas relacionadas ao valor e ao mérito. Eu me pautei no modelo centrado na pessoa, de dar espaço para Noah dirigir a exploração, e anotei algumas das crenças introjetadas, bem como autoesquemas negativos (estruturas através das quais interpretamos informações sobre nós mesmos) que ele desenvolveu desde a infância. Depois, utilizei parte do modelo da TCC para nos ajudar a elaborar uma avaliação informal do que estava acontecendo.

Começamos a anotar as *crenças centrais*. Obviamente, usei o quadro-branco. Uma crença central é algo que em algum momento aceitamos ser verdadeiro – uma crença profunda sobre nós mesmos ou sobre o mundo ao redor que muitas vezes não é questionada. Alguns exemplos das crenças fundamentais de Noah são: "Não sou digno de ser amado"; "Sou uma pessoa ruim"; "Sou uma farsa"; "Não mereço coisas boas". Convidei Noah a participar de uma técnica de revisitação de sua infância turbulenta e a explorar por que essas crenças fundamentais podem ter sido criadas. Também questionei a inflexibilidade dele, sugerindo que nenhum comportamento isolado é um indicador de quem ele é como pessoa. O comportamento abusivo de um dos pais não é um sinal de que você não é digno de amor; em vez disso, é mais provável que seus pais não tenham cumprido o papel de protetores. Podemos entender *por que* o abuso parental faz com que cheguemos à conclusão de que não somos dignos de amor, mas não significa que isso seja verdade.

Olhando para essas crenças centrais no presente, começamos a explorar como o comportamento dele pode estar reforçando essas crenças centrais inúteis. Noah acredita ter provas de que não merece ser amado: ele nunca teve um relacionamento sério. Mas, quando olhamos para essa crença, vimos que muitas vezes ele evita a intimidade, num comportamento ansioso por segurança. O que é completamente compreensível, dada sua formação traumática e o modo como um relacionamento estável e seguro provavelmente parece estranho para ele. Ele também disse que não é surpresa que não tenha tido nenhum relacionamento íntimo e autêntico, porque quase nunca experimentou nem mesmo testemunhou um com que se identificasse. Ele identificou mais comportamentos de segurança, como querer sempre agradar as pessoas e botar panos quentes. Mais uma vez, identificamos as semelhanças entre comportamentos de agora e do passado, e como essas crenças centrais estavam sendo reforçadas por tais comportamentos.

Noah: Entendi. Estou vendo como meu raciocínio é falho e distorcido pelas lentes do meu passado e das minhas crenças centrais. Mas eu sou *mesmo* uma pessoa ruim.

Ele parecia desamparado, cansado e vazio.

> *DETETIVESCA: É aquele segredo de novo.*
> *ANSIOSA: Estou com uma sensação estranha em relação a isso.*
> *BIOLÓGICA: Um friozinho na barriga pra aumentar a expectativa.*

Josh: Eu me lembro da nossa primeira sessão, quando você disse que queria ter a confiança necessária pra compartilhar o segredo que você guardava. Você acha que seria útil compartilhar o que parece estar te sobrecarregando? Poderíamos olhar para esse segredo em relação às suas crenças centrais, desafiá-lo, e talvez seja bom tirar algo pesado assim do seu jarro.

Os braços dele começaram a tremer. Seguidos pelas pernas.

Noah: Eu sou uma pessoa ruim...

> *COMPASSIVA: Não é, não.*
> *REDENTORA: Está tudo bem.*

Josh: Está tudo bem, Noah...

> *CRÍTICA: Você não pode dizer isso.*
> *ANALÍTICA: Não dê garantias vazias.*
> *REDENTORA: Mas ele está sofrendo.*

Noah: Não está tudo bem, Josh. Tem algumas coisas que não estão bem.

> *DETETIVESCA: Lembre-se de que, se ele confessar algo sério, você vai ter que pegar o telefone e avisar as autoridades.*
> *ANSIOSA: Eu sei. É assustador.*

Fiz o melhor possível para permanecer calmo e tranquilizador, mas eu estava ansioso, e não de um jeito bom. A chuva batendo na janela era o único barulho que preenchia o silêncio. Fiquei sentado ali, esperando.

Noah: Eu...

Os tremores ficaram mais intensos. Ele balançava para a frente e para trás para se acalmar. A mandíbula estava cerrada e o pescoço pulsava de tensão.

Noah: Eu... não posso, agora. Eu não mereço a sua compaixão. Eu não mereço amor. Eu não mereço estar aqui.

Ele se levantou imediatamente e foi até a porta, abriu e saiu.

Josh: Noah!

Levantei de um pulo e segurei a porta antes que ela se fechasse. Olhei para o corredor e vi a porta da escada se fechando. Chamei o elevador e desci até o térreo, na esperança de encontrá-lo a tempo na recepção. As portas se abriram e, frustrantemente, o saguão estava muito movimentado – havia um evento de networking no auditório, e ele tinha se espalhado pela área de recepção. Fiquei na ponta dos pés e girei no mesmo lugar como um periscópio, espiando por cima da cabeça das pessoas conversando e atacando o coffee break, mas Noah tinha desaparecido.

ANSIOSA: Espero que ele esteja bem e que não faça nada precipitado.
INTUITIVA: Isso não é bom.
ANALÍTICA: Os riscos envolvidos são altos.

Voltei ao consultório e peguei o telefone para ligar para o médico dele. É meu dever informar se acredito que um paciente corre risco de automutilação ou de suicídio.

Depressão

A depressão é um transtorno mental comum, mas debilitante, que afeta negativamente a forma como nos sentimos. Sentir-se deprimido difere ligeiramente da depressão clínica; todos nós podemos nos sentir para baixo e desanimados de vez em quando, ainda mais em resposta a notícias tristes ou eventos traumáticos, ao passo que a depressão clínica pode ser descrita como um humor deprimido que dura mais tempo. A depressão, assim como a ansiedade, muitas vezes pode ser vista como uma escala: em um extremo você pode experimentar uma forma leve de depressão, o que significa se sentir para baixo, desanimado ou um pouco vazio. No outro extremo, você pode se sentir infinitamente apático, entorpecido tanto física quanto emocionalmente, ter uma imagem incontornavelmente negativa de si e do mundo e experimentar uma voz crítica interna raivosa e insensível. A depressão grave pode fazer você ter pensamentos suicidas. Você pode ter a impressão de que estamos vivendo em um submundo terrível e inescapável, repleto de um turbilhão de sintomas psicológicos e físicos.

Os sintomas psicológicos da depressão podem surgir na forma de pensamentos autocríticos, como uma voz impiedosa dentro da sua cabeça. Os pacientes costumam me dizer que essas vozes dizem coisas como: "Pra que você existe?"; "Você deixa as pessoas tristes"; "Você é um fardo"; "Você não é digno de ser amado". A percepção da nossa própria existência também é alterada pela depressão e pode parecer muito convincente na hora. Alguns exemplos de pensamentos depressivos são: "Nada faz sentido"; "O mundo é um lugar triste"; "Estou fadado a ficar sozinho pra sempre". Esses pensamentos muitas vezes são acompanhados por um forte desejo de isolamento, o que nos afasta do contexto reconfortante de outras opiniões que poderiam contrabalançar toda essa negatividade.

Além disso, podemos viver a depressão na forma de sintomas físicos. Os mais comuns são cansaço e exaustão, dores no peito e nos ombros, postura arqueada, sensação geral de peso, náuseas e dores de cabeça. Nosso sono também pode ser afetado, seja por não dormirmos nada ou por dormirmos demais. A depressão muitas vezes afeta o nosso apetite, fazendo com que muitos pacientes não comam nada ou comam em excesso o tempo todo. Se você estiver enfrentando algum desses sintomas físicos, tente não se culpar por ser "preguiçoso", "desmotivado" ou "guloso". Em vez disso, avalie se pode ser depressão e procure ajuda de amigos, parentes ou de um profissional. Julgar a si mesmo em um momento em que você está triste nunca ajuda.

Existem muitas razões pelas quais podemos nos sentir deprimidos. A depressão pode acontecer por questões pessoais, como decepção amorosa ou luto, pode ser consequência do nosso ambiente ou até genética. Como terapeuta, sinto que o meu trabalho é ajudar os pacientes a navegar pelas possíveis origens da própria depressão, bem como capacitá-los a desafiar crenças incapacitantes sobre si mesmos e o mundo ao redor.

A depressão tentará isolá-lo, e acredito que trabalhar com um bom terapeuta pode ajudar a trazê-lo de volta ao mundo.

Supermercado

Setembro de 2015

Fui até o supermercado depois de descobrir que a minha despensa estava vazia. Eu estava quase falido. Sete pacientes tinham faltado à sessão naquela semana, e eu estava me questionando se o aconselhamento era mesmo para mim. Parecia que eu não estava fazendo progresso com nenhum dos meus pacientes nos últimos tempos, e fiquei irritado comigo mesmo por ter pedido um empréstimo tão grande ao governo para financiar essa carreira. Altruísmo e empatia são coisa de perdedores. Eu tinha a sensação de estar fracassando com os meus pacientes, e esse desespero era exacerbado pelos gritos das crianças descontroladas que bloqueavam o corredor e me impediam de alcançar as latas de sopa de legumes na oferta.

Enchi o carrinho com alimentos básicos e fáceis de cozinhar, como massas, sopas, legumes, pão e uma quantidade absurda de queijo. Parecia que quase tudo que eu tinha comido nos últimos meses era bege ou amarelo, e a visão do carrinho me deprimiu. Os Four Tops começaram a tocar nos alto-falantes: "Loco in Acapulco". É uma música que eu adoro, mas naquele momento ela fez eu me sentir triste, solitário e desconectado. Joguei rapidamente umas caixas de leite semidesnatado no carrinho e fui até a caixa antes de acabar chorando no meio do supermercado.

O caixa começou a passar os itens a uma velocidade capaz de provocar ansiedade. Tentei arrumar tudo acompanhando esse ritmo, mas algumas coisas caíam das sacolas, outras caíam no chão, e ele ficou me encarando, irritado. Eu me recompus e guardei o resto das compras. Sob o olhar severo e inabalável do atendente, peguei o cartão do banco para pagar as compras.

Cartão recusado.

O rosto impassível do caixa não se alterou. A fila atrás de mim parecia resmungar de irritação. Tentei de novo.

Cartão recusado.

Enfiei a mão no bolso para pegar outro cartão. Ao fazer isso, esbarrei na sacola de compras e o conteúdo caiu e se espalhou pelo chão. Tive a impressão de ouvir um rosnado na fila, mas acho que o coro de vozes estava na minha cabeça. A sensação de chumbo no peito piorou, os canais lacrimais tremeram, e agora meus braços estavam pesados, assim como as minhas pernas. Eu estava prestes a chorar na frente de todo mundo. Não sou partidário do conservadorismo emocional, mas não estou imune ao constrangimento.

Também não acredito em intervenção divina, porque não considero o solipsismo realista nem saudável. Não sou mais especial nem digno da atenção pessoal de Deus do que qualquer outra pessoa. Mas, naquele dia, naquela tarde nublada em Salford, um anjo da guarda decidiu me visitar em um momento de necessidade. Um sujeito atarracado, com piercings no rosto, tinha acabado de fazer compras na caixa ao lado e reparou que eu estava hesitando diante do queijo caído no chão.

Declan: Oi! Ei... você... seu nome é Joshua?

Eu estava ajoelhado ao lado das compras caídas, enxugando rapidamente uma lágrima que escorria pelo rosto.

Josh: É. Sou eu.

Eu não o reconheci.

Declan: Tudo bem aí? O cartão não está passando? É uma merda quando isso acontece.

Ele veio na minha direção com uma confiança admirável. Piscou para o caixa, sacou o cartão de crédito e o aproximou do leitor. A seguir veio um bipe enquanto a transação era concluída.

Declan: Essa coisa de cartão por aproximação é perigosa. A gente faz todo tipo de compras por impulso.

Eu estava atordoado.

Josh: Eu... eu... obrigado. Acho que tem um caixa eletrônico aqui na esquina. Eu te pago em dinheiro. Desculpa, o meu cartão não está funcionando. Por que você fez isso?

Declan: Não se preocupa com isso, cara. Guarda o seu queijo.

Ele guardou a carteira de volta na bermuda.

Declan: Você é o Joshua. O cara que ajudou a minha irmã. Ela estava muito confusa, cara. Não conseguia sair de casa e tal. Estava com medo de perder a guarda dos meus sobrinhos. Você ajudou ela de verdade, cara. Nós, como família, somos muito gratos. Ela está bem, agora. Não exatamente onde ela quer estar, mas tudo bem. Muito melhor do que estava antes.

Josh: Eu...

Ele sorriu.

Declan: É por minha conta. Não é nada demais. Pode encarar como uma gorjeta e um agradecimento. De todos nós.

Ele foi embora sem olhar para trás.

Por fim, juntei as compras e fui para casa. Havia lágrimas escorrendo pelo meu rosto quando saí do supermercado, mas não eram lágrimas de tristeza. O meu amor pelo meu trabalho não é superficial – ele quase me define –, mas, em um período difícil da vida, aquele homem me lembrou que eu amo meu trabalho, mesmo quando estou preso nas garras da dúvida.

Daphne

Fiz um esforço em relação à minha aparência hoje: coloquei roupas novas e parecia que tinha acabado de sair de uma loja direto para o consultório. As roupas eram tão novas que uma das etiquetas do suéter ainda estava colada; tive que tirá-la quando a senti pinicar minhas costas, pouco antes de Daphne chegar.

Daphne: Bom dia, Joshua. Você se importa se tomarmos um café? Estou exausta.

Josh: Claro, vou pegar pra nós. Como é que você gosta? Tem uma cafeteira mais ou menos decente na área comum, se você não se importar que eu dê uma saidinha.

Daphne: Vou com você. Deixa que eu faço o café. Sem querer ofender, mas o que você fez no outro dia estava... abaixo da média. Horrível, na verdade.

CRÍTICA: *Risos.*
REDENTORA: *A área comum costuma ser movimentada. Tem certeza de que é uma boa ideia entrar lá com uma atriz de Hollywood?! Pode atrair atenção indesejada.*
ANALÍTICA: *A confidencialidade é importante.*

Josh: Tem certeza? As nossas sessões são protegidas pela confidencialidade. Normalmente, a área comum é movimentada. Cheia de ogros mal-educados. Eu não gostaria que você atraísse atenção indesejada nem que arriscasse a confidencialidade. Todo mundo aqui sabe que eu sou terapeuta.

Ela ergueu uma sobrancelha, crítica.

Daphne: Você acha que eu entrei neste prédio disfarçada, Joshua? Vestida de sua correspondência? As pessoas me viram entrar e sair deste prédio em diversas ocasiões. Chamei a atenção do público durante toda a vida e não creio que a cozinha do seu prédio comercial seja o cenário mais desafiador.

Josh: Faz sentido. Você primeiro...

Daphne entrou despreocupada na área comum e foi até a cafeteira. Havia cerca de vinte pessoas espalhadas pelo espaço em diferentes pontos: algumas lendo, olhando para o celular, tomando café ou almoçando cedo. Tudo aquilo parecia muito surreal. Meu cérebro tinha ficado insensível a Daphne dentro das paredes do consultório, mas estar ali, misturado ao público, pôs toda a situação em outra perspectiva.

> *ANSIOSA: Espero que ninguém repare nela.*
> *REDENTORA: Não quero que ela se sinta desconfortável.*
> *CRÍTICA: Ela é uma mulher adulta e inteligente. Deixa ela fazer o café.*
> *ANSIOSA: Só não quero me sentir esquisito.*

Daphne: Filtrado, não é?

Ela olhou para mim. Algumas pessoas levantaram a cabeça para ver quem estava falando. Vi várias expressões de surpresa na minha visão periférica.

Josh: Isso. Obrigado.

A moagem dos grãos de café foi seguida por um forte vapor enquanto o ruído da máquina enchia a sala. Olhei ao redor, e algumas pessoas notaram quem estava ali. Um homem deixou a revista cair sobre a mesa. Uma jovem estava sentada boquiaberta enquanto o polegar pairava preguiçosamente sobre a tela do celular. Outra digitava freneticamente enquanto olhava para Daphne, como se estivesse enviando uma mensagem urgente ao mesmo tempo em que dirigia. Daphne não deu atenção. Ela se aproximou de mim com duas canecas de café e me entregou uma. Fiz um gesto para voltarmos ao consultório. De repente, fomos interrompidos por uma voz. Nós nos viramos e vi Jemima, da construtora no fim do corredor. Merda.

Jemima: Hum... hã... com licença... Eu... Você é...?

Eu arregalei os olhos e, em silêncio, sinalizei um "Não! Sai daqui!" com a minha expressão facial. Mas claro que Jemima não prestou atenção em nada do que eu tinha feito. Ela estava paralisada diante de Daphne. Não a culpo. Uma celebridade estava passeando na área comum do nosso modesto prédio comercial. Não é algo que acontece todo dia. Daphne olhou para ela. A jovem corou ao ter a atenção retribuída.

Jemima: Sinto muito te incomodar. Só queria dizer que sou uma grande fã do seu trabalho. Meu nome é Jemima.

> *IRREVERENTE: Cala a boca, Jemima. O grande fã aqui sou eu. Cai fora.*
> *VOLITIVA: Não, você é o terapeuta.*
> *CRÍTICA: Cresça, Josh.*

Daphne: Olá, Jemima. É um prazer te conhecer. Agradeço pela consideração e por suas calorosas palavras. Imagino que você trabalhe aqui.

Jemima: É... é, eu trabalho no fim do corredor como recepcionista pra uma empresa de manutenção predial. Não é fascinante, mas...

Daphne: Paga as contas?

Jemima: Isso. Além disso, trabalho com pessoas ótimas. É um bom emprego.

Daphne sorriu para ela.

Daphne: Você não sabe o que eu daria pra trabalhar todos os dias com pessoas ótimas e apaixonadas. Tenho inveja de verdade.

Jemima de repente olhou para mim. Parecia que ela havia finalmente ligado os pontos; tinha descoberto o motivo pelo qual Daphne estava ali. Ela começou a se agitar, meio constrangida.

Jemima: Obrigada pela simpatia. Mais uma vez, sinto muito por te incomodar. O Josh é muito bom no que faz. Minha amiga Tasha diz que ele é excelente no trabalho com ansiedade. Quer dizer, não estou presumindo... Eu... desculpa... eu já estou indo...

Daphne: Obrigada, Jemima. Meu nome é Daphne. Você me conhece pelo meu nome artístico, mas hoje sou Daphne, e você tem toda a razão. O Josh parece ser um profissional muito competente.

Ela olhou para mim e sorriu.

COMPASSIVA: *Ah. Que fofura.*
BIOLÓGICA: *Vamos disparar esse coração e liberar o friozinho na barriga? Que tal uma corzinha nesse rosto?*

Sorri sem jeito para o vazio entre elas, sem saber para onde olhar.

CRÍTICA: *Mentira. Você está sendo uma caixa de ressonância. Nada além disso. Qualquer terapeuta teria feito o mesmo. A Daphne estava pronta pra botar tudo pra fora em qualquer ambiente terapêutico. Você é um vigarista que se faz passar por alguém especial, quando tudo que faz é ignorar seus próprios problemas e deficiências de controle, vivendo indiretamente por meio das conquistas dos outros.*
COMPASSIVA: *Chega. Você está falando besteira.*
VOLITIVA: *Concordo, cala a boca.*
BIOLÓGICA: *Essa cafeína está me dando tremedeira.*

Daphne: Temos que ir, Jemima. Obrigada por suas amáveis palavras, e tenha um ótimo dia.

De volta ao consultório, nos sentamos nos lugares de sempre. Daphne estava com uma postura descontraída e um ar de confiança.

Daphne: Tenho pensado e refletido muito esta semana.

Assenti.

Daphne: Sempre sobre identidade. Refleti sobre quem eu sou. Me perguntei: o que é autenticidade? O que é coerência? E refleti sobre o que é viver uma vida plena. Tudo isso no intervalo entre as apresentações. Foi uma semana cheia! Também ajudou o fato de eu ter colocado alguns limites em relação à minha mãe. Peço desculpas pela choradeira neurótica relacionada a ela na semana passada.

Seus olhos estavam fixos nos meus hoje, e parecia que eu via respeito e confiança ali. Isso fez eu me sentir contente, e me permiti admitir que fiz Daphne se sentir segura para ser ela mesma. O sentimento foi um antídoto para a eterna insegurança que muitos terapeutas sentem, por mais experientes que sejam.

Josh: Você estabeleceu limites saudáveis?

Daphne: Isso. Minha mãe geralmente me manda mensagem de texto ou me liga todos os dias, mas pedi que ela só mandasse mensagens à noite. Ela reclamou e começou a me dar um sermão, então comprei um celular e um chip novos e deixo meu aparelho antigo guardado até o fim do dia. Todos os meus amigos próximos e a família têm meu número novo. É cruel, mas eu não quero cortar minha mãe da minha vida. Dessa forma, consigo ter uma interação saudável com ela que não estrague os meus dias.

> EMPÁTICA: *Compreensível.*

Josh: Compreensível.

Daphne: O que eu realmente queria te contar é que tive um encontro outro dia.

Ela sorriu, encabulada. Os trejeitos daquela mulher de 54 anos de repente emularam o que eu imaginava que seria a versão dela mesma aos 19, ainda que por alguns instantes.

Josh: Ah, uau. Em primeiro lugar, estou com inveja por você conseguir encaixar tudo isso na sua agenda...

> CRÍTICA: *Você passou uma hora inteira no banheiro hoje de manhã porque estava jogando aquele joguinho idiota de tênis no celular. Seu preguiçoso de merda.*

Josh: Como foi?

Daphne: Correu tudo bem, obrigada. Não creio que vá evoluir pra algo sério, mas foi... maravilhoso... Libertador, até...

> ANALÍTICA: *Daphne falou rapidamente sobre a própria sexualidade e questionou a própria identidade na sessão anterior, durante a técnica da Cadeira Vazia.*
> INTUITIVA: *Eu deixaria que a Daphne preenchesse essas lacunas. Se ela quiser.*

Josh: Ah, é? De que forma?

Daphne se inclinou sobre a perna dobrada e mexeu no cotovelo. Um sorriso bobo se espalhou por seu rosto, e ela passou a língua pelo lado interno da bochecha.

Daphne: Acho que foi um dos primeiros encontros da minha vida em que me senti eu mesma. Éramos só eu e a outra pessoa. Eu estava ali, presente. Sem pensar no que as influências externas pensavam de mim – meu trabalho, o público, minha família. Houve uma conexão imediata.

Ela se recostou na cadeira.

Daphne: Aparentemente, Manchester tem uns bares maravilhosos e vazios. Marcamos em um adorável barzinho secreto no centro. Ficamos em um canto escuro e quase ninguém percebeu que a gente estava ali. Foi uma forma maravilhosa de fugir da minha agenda lotada.

> *EMPÁTICA: Imagino que isso seja um luxo quando se é famoso como a Daphne.*

Daphne: Você não está curioso em saber com quem foi?

> *DETETIVESCA: Deveria ser intuitivamente óbvio que eu quero saber!*
> *ANALÍTICA: Vamos continuar no seu quadro de referência.*

Josh: Eu estaria mentindo se dissesse que não estou nem um pouco curioso, mas os detalhes só são necessários se você quiser compartilhá-los.

Estava claro que ela queria.

Daphne: Foi com uma pessoa do nosso grupo de teatro. Que eu conheço há anos. É significativamente mais jovem do que eu, mas em muitos aspectos tem mais... maturidade. Inteligência. Confiança. Acho isso escandalosamente atraente. Fez eu me sentir humana.

Daphne se lembrou de algo da última sessão.

Daphne: Lembro que a gente falou sobre a noção de amor condicional e incondicional. Como era mesmo?

Josh: Consideração positiva incondicional é um termo que o Carl Rogers cunhou pra descrever a incondicionalidade que os terapeutas, ou as pessoas, podem usar ao ajudar outras pessoas que estejam com necessidades emocionais. É ouvir sem pré-julgamento, usar a empatia em vez da rejeição, e se preocupar com a pessoa de forma holística, mesmo se as opiniões dela divergirem das nossas. Acho que o Rogers percebeu que é muito chato quando as pessoas fazem tudo girar em torno delas e transformam conversas difíceis em conversas sobre as próprias emoções.

Daphne: Bem, Jordan era tudo isso. Sempre prestando atenção. Mesmo na forma de discordar de mim também havia essa consideração positiva. Sem querer atacar nem virar o centro das atenções. Eu também me perdi em suas palavras e em seu universo.

Josh: Parece ter sido um ótimo encontro. Tem certeza de que vai fechar a porta pra possibilidade de algo mais sério?

Ela refletiu sobre a pergunta, inclinando-se para a frente e apoiando o queixo na palma da mão. A perna quicava, agitada.

Daphne: Acho que vou. Por várias razões. Como eu disse, tenho refletido muito ultimamente, e acho que tenho muito a descobrir pra me sentir confortável comigo mesma. Existem vários obstáculos emocionais que eu acho que conseguiria superar melhor sozinha. Como você diz em um de seus vídeos no Instagram, quando você enfrenta suas ansiedades sozinho, é você quem leva todo o crédito por superá-las. Elas ficam pra trás. O crédito não é compartilhado de modo a alimentar nenhuma manifestação nociva de codependência.

BIOLÓGICA: Mais frio na barriga.

Josh: Mas isso não significa que você deva tomar decisões difíceis e passar a vida sozinha. Acho saudável ter alguém ao seu lado ou te orientando em certas transições na vida. Principalmente se for com amor e cuidado incondicionais.

Daphne: Entendo. Parece uma intuição profunda, sabe?

INTUITIVA: Sei, sim.

Daphne: Meu crítico interior me diz tudo isso... explorar a identidade na minha idade é desnecessário e dramático. Como se eu devesse sacar o que restou e minimizar os prejuízos. Mas grande parte dessa voz não sou eu. É... é um acúmulo de tudo que me influenciou, que me moldou parcialmente. E não estou me referindo só à minha mãe – sei que vocês, terapeutas, têm tesão nessas coisas de matriarca. Ela é só uma das peças do quebra-cabeça. E eu também não a culpo. Ela nunca foi maravilhosa, admito, mas sou eu quem deveria assumir a responsabilidade pela forma como eu me avalio e me julgo.

Ela olhou pela janela e continuou.

Daphne: É uma mistura de tudo, não é? As condições que tentamos respeitar quando estamos crescendo. Elas têm um impacto colossal. Condicionamento de gênero, normas do patriarcado, ideais sobre o que deveria ser a feminilidade ou a masculinidade. É esse... esse construcionismo que deixa as pessoas malucas. Eu nunca entendi a soma das minhas partes, Joshua. Então, tudo que fiz foi tentar apresentar essas partes da melhor forma possível. Felizmente pra mim, fiz isso muito bem. Imagino que outros não tenham tido a mesma sorte.

Fiz que sim com a cabeça.

Daphne: Quando a minha filha era pequena, compramos para ela um conjunto de LEGO.

> *IRREVERENTE: Essas coisas são caras hoje em dia. Muito bem, milionária.*

Daphne: Ela tentava construir casas e bonequinhos de LEGO e os batizava com nosso nome. Ela mesma, a mãe e o pai. Eles eram... diferentes. Lindamente expressivos. Na época, eu achava horrorosos, mas tentei não transmitir isso a ela. Ela não precisava ser humilhada – o pai dela já fazia isso o suficiente. Admito, contudo, que meu julgamento derivou da soma da minha própria construção imperfeita. Se é que isso faz algum sentido.

Josh: Faz. Você está vendo o simbolismo da sua própria vida. O LEGO representando um reflexo da construção da sua própria identidade.

Daphne: Acho que é isso.

Houve uma longa pausa.

Daphne: Acho que fazer mais coisas com as quais eu me sinta mais autêntica, sem ficar paralisada nem bajular, é o melhor caminho pra mim. É como se a minha cabeça e o meu corpo estivessem me dizendo que fazer o contrário torna minha vida insustentável. É... pesado...

EMPÁTICA: *Viver em um pedestal durante toda a vida deve ser solitário e cansativo.*

Josh: Pedestais geralmente são pesados.
Ela olhou para mim e sorriu, concordando.
Daphne: Parece mesmo que estou vivendo em um pedestal. Me equilibrando sobre ele o tempo todo.
Ela olhou para o colo e eu vi que, em vez de atuar, ela estava se permitindo sentir a tristeza.
Josh: Não tem problema nenhum em descer do pedestal, sabia? É bom aqui embaixo. Além disso, a parte de cima da cabeça das pessoas pode não ser uma vista muito agradável.
Daphne forçou um sorriso. Ela levantou a cabeça e olhou para mim com total autenticidade.
Daphne: Quem me dera eu pudesse, Joshua. Mas eu tenho medo...
Olhei nos olhos dela. Foi um momento terapêutico maravilhosamente intenso.

REDENTORA: *Está tudo bem.*
COMPASSIVA: *Está tudo bem.*
EMPÁTICA: *Está tudo bem.*
IRREVERENTE: *Você não é telepata, Josh.*

Daphne: Tenho medo de ser vista como eu sou de verdade. Tenho medo das críticas a mim como pessoa, da rejeição. Tenho medo de perder tudo pelo que trabalhei. Tenho medo de perder minha filha, minha carreira. O... o pedestal é... muito alto, Joshua. Entendo o raciocínio, mas, para algumas pessoas, descer simplesmente não é uma opção.
Duas lágrimas escorreram pelo seu rosto.

ANALÍTICA: *Uma forma binária de pensar na questão.*
VOLITIVA: *Que tal questionar ou chamar a atenção pra isso?*

Josh: Humm... você não acha que isso soa muito "uma coisa ou outra"? Como se descer do pedestal significasse jogar tudo pro alto? Ninguém está sugerindo que você faça isso. Você disse que sua persona pública é uma pessoa excepcional, que foi condicionada por muitas coisas na sua vida; posso perguntar, antes de tudo, se você gosta de ser essa pessoa?

Daphne: Claro que gosto. Não o tempo todo, mas, sim, eu adoro ser artista. Adoro atuar, dirigir e estar imersa em admiração e adoração. É um negócio de outro mundo, e tenho muita sorte de ter acesso a ele. Devo admitir que adoro a ideia de que as pessoas acham que eu sou "forte", que a minha independência como mulher é inspiradora.

Ela secou o rosto com um lenço de papel.

Daphne: No entanto, o mundo da fama pode ser um lugar deserto. Isolado. As pessoas adoram usar fantasia no Halloween ou em um baile de máscaras, cientes de que é algo diferente, temporário e fora do comum. Quando o dia termina, elas podem tirar a máscara... e, na próxima vez, podem comprar uma fantasia diferente e a diversão recomeça. Tenho muito medo de tirar minha máscara ou descer do pedestal porque sou muito, muito diferente da pessoa que está em cima dele, Joshua.

Um silêncio compartilhado nos cercou enquanto eu avaliava como responder.

Josh: Você já pensou que... pode fazer as duas coisas? Descer e subir no pedestal quando necessário? Talvez encarar sua persona pública como apenas uma das suas facetas? Todos nós temos muitas facetas – não há nada de rígido na nossa personalidade, identidade ou humanidade.

> *IRREVERENTE: É por isso que aquelas pessoas que dizem "Eu sou quem eu sou..." são tão irritantes.*

Josh: Mas tenho muito interesse em falar mais com a pessoa que está aqui, me olhando nos olhos à mesma altura que eu. É seguro aqui.

Mais lágrimas silenciosas escorreram pelo seu rosto. Senti que ela estava quase pronta para agarrar uma oportunidade que talvez estivesse aberta por um tempo limitado antes de subir novamente no pedestal e chutar a escada. Daphne estava vulnerável.

> *INTUITIVA: Se apresenta.*
> *CRÍTICA: Não infantiliza ela!*

INTUITIVA: Algo me diz que deveríamos, sim.

Josh: Oi, meu nome é Josh. Como você se chama?

Ela olhou para mim e percebeu a sinceridade da minha pergunta. Eu tinha perguntado com toda a seriedade.

Daphne: Oi, Josh. Meu nome é... eu... não sei... Daphne parece tão distante de mim. Acho que... acho que eu não sei quem eu sou...

Conversamos sobre temas delicados, como identidade, gênero, pedestais, sexualidade e o impacto que isso poderia ter na vida pessoal de Daphne caso ela escolhesse viver uma vida mais harmoniosa e autêntica. Uma parte de mim achava inadequado se referir a Daphne como "ela" agora, mas essa era uma dificuldade que eu tinha que superar respeitando os desejos explícitos de Daphne. Perguntei se ela gostaria de ser chamada por um pronome diferente, mas ela disse que ainda não estava preparada para isso. Até que ela me dissesse o contrário ou anunciasse seu pronome preferido, eu continuaria me referindo a Daphne como "ela". Fiquei com medo de ser presunçoso. Aquela escolha não cabia a mim.

Daphne falou sobre o desconforto de viver com seu gênero definido como mulher, mas nunca tinha se sentido segura o suficiente para questioná-lo, principalmente diante das pressões e dos preconceitos superficiais que vêm com a fama. O mote, em linhas gerais, era que Daphne estava cansada de ser o que tinha sido condicionada a ser, mas ainda apreciava e queria manter a versão de si mesma que tinha se transformado em uma profissional de sucesso. Acho que ela desejava poder subir e descer do pedestal quando necessário – não ficar confinada a expectativas rígidas em relação ao que uma mulher deveria ser. Sugeri que subir e descer do pedestal era sempre uma opção, e isso pareceu tirar uma enorme pressão de cima dela.

Quanto mais a sessão avançava, mais eu entrava em contato com aquela forma profundamente pura de um ser humano maravilhoso. Eu me esqueci completamente da estrela de cinema e fiquei maravilhado ao conhecer aquela pessoa rara, que duvido que muita gente já tivesse visto.

Daphne decidiu, por vontade própria, retomar seu eu famoso. Ela tinha o hábito de mudar delicadamente de faceta, portanto era algo que fluía com naturalidade. Uma habilidade para subir e descer do pedestal – algo que acredito ser muito benéfico para ela. Algo no qual ela se tornaria muito boa.

Daphne: Qual é o seu filme favorito comigo?

A pergunta me surpreendeu.

Daphne: Não vai me dizer que é o da detetive. Eu tenho tanta vergonha dele. Os anos noventa foram uma época peculiar. Ah, sim, eu me lembro da sua imitação com o isqueiro.

Josh: Eu adoro esse filme. Também adoro o isqueiro. Quando eu fumava, meus amigos resmungavam toda vez que eu perguntava "Você tem algo pra fazer companhia ao meu fogo?" Basicamente, era minha forma de filar cigarro dos outros quando eu era pobre. Você ainda tem o isqueiro? Tentei comprar um, mas as imitações são bem ruins.

Nós dois rimos.

ANALÍTICA: Toma cuidado – você entrou demais no seu quadro de referência.

Daphne: Não tenho o hábito de guardar isqueiros, muito menos aqueles de mais de vinte anos. Agradeço pelas suas palavras.

Ela fechou a bolsa.

Daphne: Eu quero te agradecer, Joshua. Sei que nossa sessão está terminando, mas queria expressar minha sincera gratidão. Você me escuta sem julgamentos, como um ser humano, e me ajudou a me sentir mais próxima de mim mesma, seja lá o que isso signifique. Muito obrigada. Tenho muita coisa sobre as quais refletir, mas é algo positivo, como um quebra-cabeça divertido de montar enquanto relaxo à noite. Tenho um caminho a percorrer...

Ela deu um sorriso, e todo o meu corpo tremeu de gratidão. Eu quase chorei, mas mantive a compostura e retribuí o sorriso.

Daphne: Eu adoraria se você pudesse assistir a uma das nossas apresentações. *Lyrebird* está na última semana em cartaz e significaria muito pra mim se você fosse.

ANSIOSA: Meu Deus.

Josh: Eu... hã...

Daphne: Eu entendo. Confidencialidade e tal. Limites terapêuticos, profissionalismo e tudo mais. Bem, eu gostaria de informar que sou eu quem está tomando a decisão consciente de te convidar para assistir a uma peça. Não precisamos nos falar, e garanto que a sua integridade profissional não será questionada.

Josh: É uma gentileza muito grande da sua parte. Infelizmente, acho que não seria certo. Os limites profissionais são rígidos por um motivo – às vezes às custas dos meus próprios desejos! Mas agradeço imensamente o convite. Obrigado. Vou passar anos sem acreditar que a estrela da peça me fez um convite pessoal!

Um belo sorriso surgiu em seu rosto. De orelha a orelha, revelando os dentes brancos perolados de alguém que parecia, pelo menos naquele momento, estar muito feliz.

Harry

Programa de perguntas e respostas, abril de 2012

Harry estava assistindo a um programa de perguntas e respostas na enfermaria 84 do Manchester Children's Hospital enquanto estávamos sentados com a oncologista de que ninguém sabia que meu irmão precisava até duas semanas antes. A médica olhou para minha mãe com um olhar ensaiado. Imagino que ela deva ter dado aquela notícia muitas vezes, mas não parecia que ficava mais fácil. Apenas mais ensaiado.

Dra. Finnan: Durante a biópsia exploratória, infelizmente encontramos múltiplos tumores em metástase no fígado e no períneo, o que causou um grande acúmulo de ascite. Isso explica o inchaço recente e a incapacidade de Harry de manter a comida no estômago.

Minha mãe ficou imóvel. Petrificada. Ver a expressão no rosto dela foi de partir o coração, ainda pior do que a pontada de pavor que eu senti. Eu teria que dar apoio à minha mãe, assim como ao meu irmão, durante o que seria um período difícil pela frente.

Dra. Finnan: Recomendamos dar início a um ciclo de quimioterapia imediatamente. Decidimos que uma mistura de cisplatina e oxaliplatina deverá ser administrada por seis rodadas, a começar hoje. Tenho certeza de que vocês têm muitas perguntas, então...

Sua voz se transformou em um ruído incompreensível enquanto o zumbido no meu ouvido gritava. Minha mãe estava boquiaberta, se esforçando para processar tudo. A médica continuou a falar sobre as complexidades do tratamento, os efeitos colaterais e o que precisaríamos fazer em termos práticos durante a semana seguinte, mais ou menos.

Mãe: Desculpa, não consigo ouvir tudo isso agora, é demais.

Ela saiu da sala, e o som de seus soluços ecoou pelo corredor. Aquilo me assombraria por muito tempo.

Josh: Tenho certeza de que a senhora entende... é tudo tão... chocante e terrível pra nós.

Dra. Finnan: Eu entendo. Sinto muito por sua mãe e por você. Você tem alguma pergunta? Posso respondê-las agora ou quando você se sentir pronto. Você pode perguntar o que precisar agora e compartilhar com sua mãe mais tarde.

Meu cérebro rodopiava em uma mistura de pânico e confusão. Eu só queria garantias. Qualquer coisa.

Josh: Tem... tem... cura?

Acho que eu já sabia a resposta para aquilo, mas parte de mim esperava ter entendido mal.

Dra. Finnan: As pessoas reagem de maneira diferente à quimioterapia, por isso é difícil dizer. Vai ser muito complicado, dado o número de tumores metastáticos, mas vamos tentar. Se conseguirmos reduzir os tumores menores ou até eliminá-los, podemos pensar em uma cirurgia no fígado. É um tiro no escuro, mas, como eu disse, vamos fazer o melhor possível e tentar de tudo.

Josh: Qual é o prognóstico?

Dra. Finnan: Acho que não ajuda nada fazer previsões de tempo por enquanto. Um passo de cada vez.

Josh: Seja sincera comigo: quantas pessoas se curaram diante de um quadro como esse?

A Dra. Finnan olhou para o enfermeiro que estava fazendo anotações. O enfermeiro assentiu para ela, como se quisesse dizer que não havia problema nenhum em verbalizar aquilo. A Dra. Finnan voltou seu olhar para mim.

Dra. Finnan: Não muitas, infelizmente. As chances são... mínimas.

Não consegui mais segurar. Chorei com a cabeça entre as mãos, profunda e irreversivelmente desolado. Parecia que algo tinha se quebrado dentro de mim – física e mentalmente. Era como se eles estivessem tentando disfarçar uma sentença de morte com um papo sobre probabilidades.

O enfermeiro se aproximou e pôs a mão nas minhas costas. Ele não disse nada, mas transmitiu uma calorosa compaixão com o toque.

Dra. Finnan: Uma coisa de cada vez, Joshua. A gente vai chegar lá. Um passo de cada vez. Pensa apenas no que precisamos fazer a partir de agora.

Enxuguei as lágrimas e assoei o nariz com um lenço que o enfermeiro me deu.

Josh: Mas como é que eu vou contar pra ele?! Como é que eu vou dizer a um adolescente que ele está tomado pelo câncer? Como é que eu vou contar isso pro meu próprio irmão? Ai, meu Deus, eu amo tanto ele... sou mais velho que ele... abusei do meu corpo... por que foi ele que ficou doente?!

O choro voltou. Minhas costelas doíam. Minha boca estava seca. Eu me sentia enjoado.

Dra. Finnan: Eu sinto muito. Posso contar ao Harry, se for mais fácil. Às vezes, a própria família gosta de dar a notícia à pessoa, mas entendo perfeitamente se você e sua mãe acharem difícil fazer isso hoje. Mas aconselho começarmos o tratamento ainda hoje. Basta vocês me dizerem o que preferem.

Saí do consultório da oncologista me apoiando na parede algumas vezes para não cair. O que eu ia fazer? Pobre Harry. Meu pobre Harry. Meu irmãozinho. Eu não podia falar com ele ainda. Eu não tinha plano nenhum. Não podia falar com ele sem um plano! Não podia falar com ele porque eu era covarde. Seria sofrido demais. Ah, e a minha mãe! Onde ela estava? Tomara que ela esteja bem, pensei. Cara, eu sou tão egoísta.

CRÍTICA: *Você é.*

Saí cambaleando em direção ao jardim do hospital. Meus olhos estavam vermelhos e minhas mãos tremiam. Peguei um cigarro, acendi e apoiei as costas na pedra fria do pedestal de uma estátua. Algumas pessoas se afastaram de mim, com medo de serem sugadas pelo horizonte de eventos do que quer que estivesse acontecendo. Apaguei o cigarro quando chegou ao fim e acendi outro na mesma hora. Eu precisava de um plano.

Josh: Pensa, Josh. Pensa.

Saí do elevador rumo à enfermaria 84 – a enfermaria da oncologia pediátrica do Manchester Children's Hospital. Eu estava um pouco mais recomposto, mas ainda tremia. O mal-estar no meu peito tinha vindo para ficar. Toquei a campainha e a recepcionista veio até a porta me receber. Era óbvio que ela tinha experiência em receber famílias em estado de choque naquele setor. Ela segurou meu braço com delicadeza e me guiou pelo corredor.

Shaneya: Você está aqui pra ver o Harry? Ele é seu irmão?

Josh: Isso. Sou o irmão mais velho dele. Estou aqui pra implicar com ele, porque esse é o meu trabalho. Eu... eu... preciso dar uma má notícia pra ele. Ele ainda não sabe, né? A médica contou pra ele? Precisamos contar pra ele! Você viu a minha mãe?

Shaneya: Tudo bem. Ele está aqui no quarto 8. Sua mãe também está aqui. Entra quando você se sentir pronto.

Através da longa janela vertical do quarto 8, vi uma pequena TV passando um programa de perguntas e respostas. Minha mãe estava sentada ao lado do leito, segurando a mão de Harry. Ela estava com um semblante calmo de encorajamento – algo que acredito que os pais mais fortes são capazes de evocar quando sabem que os filhos precisam deles nas piores situações. Ela tinha contado a ele. Dava para ver. Eu conhecia bem a minha mãe e o Harry. Os dois estavam sorrindo. Eles são incríveis. Eles eram mais fortes do que eu jamais conseguiria ser.

Eu me aproximei lentamente da janela e vi uma enfermeira pendurando um líquido estranho e colorido em um suporte para soro. Não conseguia ouvir o que ela estava dizendo, mas percebi que a minha mãe estava tentando normalizar tudo para o Harry. Fiquei olhando, com muito medo de entrar. Paralisado, olhando para minha linda família. Um espectador infeliz preso como uma mosca em uma teia de choque e tristeza. Cerrei os punhos e estava tremendo. Harry estava conversando com a enfermeira – sendo amável e educado como sempre.

> **REDENTORA:** *A gente vai salvar ele. Vamos até os confins da terra pra salvar ele. Vamos falar com os melhores especialistas do mundo em carcinoma hepatocelular fibrolamelar. Vamos fazer todos eles trabalharem em equipe e encontrarem a cura. Minha mãe e eu vamos garantir que Harry esteja na melhor forma física pra que a quimioterapia dê certo. Vamos eliminar os tumores pequenos e depois operar o tumor maior do fígado. Se essa*

quimioterapia não funcionar, vamos achar uma que funcione. Vou arrumar o dinheiro. Encontrar um hospital ou um médico que saiba fazer isso. Vou trabalhar em três empregos. Talvez haja algum estudo. Estudos experimentais pra uma nova droga milagrosa. Ouvimos falar disso todos os dias! Vai dar certo de uma forma ou de outra. Toda vez que eu me dedico a alguma coisa, o resultado é maravilhoso. Não vai ser diferente dessa vez. Nós vamos salvá-lo. Eu prometo. Eu sei.

Girei a maçaneta e abri a porta.
Josh: Oi…

Levi

Não pela primeira vez, a porta do meu escritório foi aberta com violência pelo chefe da segurança da boate Seneka. A tigela de sopa de tomate que eu estava tomando voou pelos ares e espalhou um líquido vermelho no meu queixo e na minha camisa. O rosto de Levi estava iluminado de alegria, como o de uma criança chegando à própria festa surpresa de aniversário.

> ANSIOSA: *Meu Deus.*
> BIOLÓGICA: *Vamos aumentar a frequência cardíaca e soltar o intestino, querido Josh.*
> VOLITIVA: *Quem sabe trancar a porta, no futuro.*
> CRÍTICA: *O Capitão Retrospectiva tem razão.*

Levi: Josh! Você não vai acreditar... Eu...
Ele reparou no meu queixo e na minha camisa.
Levi: Uau, o que aconteceu? Alguém te deu um soco no queixo? Está tudo bem? O paciente anterior era esquentadinho?

> IRREVERENTE: *Você está me matando, cara.*

Josh: É sopa.
Levi: Ah... rá! Vou trazer um canudo pra você, na próxima vez. A sopa tem que entrar pela boca, cara.

> CRÍTICA: *Vai se catar, Levi.*
> COMPASSIVA: *Mas é ótimo vê-lo tão radiante.*

Josh: Fico feliz em te ver sorrindo, Levi. Embora não seja assim que medimos o progresso aqui. Estou ansioso pra ouvir o que você tem pra me dizer hoje.

Levi: Falando assim, parece que eu sou uma forma de diversão.

Eu sorri. Ele se sentou, dando uma bufada de leve.

Josh: Você mencionou que tinha alguma coisa na qual eu não ia acreditar?

Levi: É! Você vai adorar. Então, eu...

Fomos interrompidos pelo celular Nokia dele tocando "The Boys of Summer", de Don Henley. Não pude deixar de achar aquilo divertido, apesar da interrupção.

Levi: Desculpa, Josh. Você se importa se eu atender? Houve um incidente ontem à noite na boate, e eu preciso dar um breve depoimento.

Josh: Claro. Vá em frente.

Levi se levantou e foi até a janela para continuar a conversa. Sua percepção do volume da própria voz era nula, e eu ouvi cada palavra. Fiquei esperando e brincando com os dedos.

> *BIOLÓGICA: Você achou que estava sendo saudável comendo todas aquelas frutas no jantar? Vou te recompensar com litros de suco gástrico. Disponha.*

Fui até minha escrivaninha para pegar um antiácido. Engoli com um pouco de chá frio e mexi em alguns papéis sobre a mesa, porque, para ser sincero, eu estava um pouco constrangido e queria ter a sensação de que estava fazendo alguma coisa. Eu estava ciente de que havia uma dinâmica particular entre mim e Levi, e geralmente estava em paz com isso, porque existem situações em que uma dinâmica inusitada mantida dentro dos limites profissionais é o melhor que podemos esperar. Minha intuição me dizia que a presença de Levi na terapia, bem como sua disposição em se envolver no relacionamento terapêutico, era algo que eu precisava tratar com delicadeza. Respeitando os limites da razão.

> *ANALÍTICA: Talvez deixar os limites mais claros. Lembre-se da sua formação.*

> COMPASSIVA: *Você é bom no que faz. Consegue fazer isso funcionar sem ameaçar o relacionamento.*

Levi se sentou de novo. O sofá rangeu sob o peso, e as fibras da calça jeans mudaram de cor à medida que se esticavam sobre as coxas musculosas.

Levi: Certo, desculpa por isso. O que eu estava dizendo...?

Eu voltei a me sentar, um pouco irritado diante da percepção de que Levi estava ditando o ritmo da sessão, mas lembrei a mim mesmo que ele queria compartilhar seu entusiasmo pelo progresso, algo que todo terapeuta adora ouvir.

> CRÍTICA: *Você não tem colhões pra dizer a ele que está irritado por ele ter assumido os rumos da sessão.*
> VOLITIVA: *Colhões? É isso mesmo? Um pouco idiota falar nesses termos hoje em dia.*

Josh: Por favor, continua. Você parecia animado pra compartilhar alguma coisa.

Levi: Ah, sim! Desculpa pelo telefonema. Tive que ajudar uma amiga com um depoimento. Minha colega Sandra se envolveu em uma briga ontem à noite tentando tirar um cabeça-oca da pista de dança. O sujeito estava tão desorientado depois de cheirar que dava pra ver o rastro de pó do rosto até a camisa dele. Os olhos estavam arregalados que nem duas bolas de gude... ele começou a esbarrar nas pessoas como um bola de *pinball*, derrubando as bebidas, arrumando briga. Estava causando uma bela confusão. De qualquer forma, um grupo de jovens foi até a Sandra e nos alertou.

Levi deu um espirro. Barulhento. Depois tirou um lenço de papel da caixa, assoou o nariz, ainda mais alto, e continuou.

Levi: A Sandra se aproximou do cara. Ela pediu educadamente que ele a acompanhasse até a saída, por causa do comportamento desordeiro. Claro, o cara já tinha cheirado tanto a ponto de achar que era o He-Man e, com aqueles olhos cegos, viu a Sandra como se fosse o Esqueleto. Então ele deu um soco no Esqueleto...

Levi berrou alto ao entrar no personagem da história.

Levi: Vou te falar uma coisa. A Sandra esmagaria o Esqueleto só de olhar, ainda mais com um soco. Ela é uma mulher assustadora que não leva desaforo pra casa, ainda mais se você passar do limite. Ela deu um soco de leve na cabeça do cheirador, tipo uma lutadora de boxe, depois acertou um direto no nariz dele. A cara dele explodiu. Normalmente, as testemunhas olhariam horrorizadas, mas todo mundo aplaudiu! Ele era um completo idiota. Em seguida, largamos ele na rua.

Ele deu um suspiro pós-risada.

Levi: Enfim, o telefonema foi pra falar com alguém da equipe pra confirmar que a versão de legítima defesa da Sandra é verdade. A polícia está fazendo as investigações de rotina.

Josh: Parece que foi uma noite agitada.

Levi: Quem dera eu pudesse dizer que foi fora do comum.

Ele pôs o celular de volta no bolso.

Levi: Então... aquela coisa de *É Pê Erre* que você me ensinou, aquela coisa que foi meu dever de casa... eu fiz. Terapia de exposição com prevenção de resposta. Isso aí.

De repente, Don Henley começou a gritar de novo no bolso de Levi. Ele se recostou e pegou o celular.

CRÍTICA: *Pqp.*

Levi: Ah, é o Gary querendo entender tudo; ninguém falou nada pra ele...

Josh: Se você quiser remarcar a sessão de hoje por causa de assuntos mais urgentes, podemos fazer isso. Não tem problema.

CRÍTICA: *Mentiroso.*

Ele deve ter notado uma ligeira frustração involuntária no meu tom de voz, porque me lançou um olhar intimidador. Don Henley parou e depois tocou de novo.

ANSIOSA: *Seja mais claro.*
ANALÍTICA: *Limites.*
COMPASSIVA: *Você consegue.*

Don Henley finalmente parou de cantar e nos deixou olhando um para o outro.

Josh: A terapia é um compromisso entre nós dois, Levi. Estou só preocupado que esses telefonemas possam atrapalhar o que pode ser alcançado hoje. Seja lá o que for. Inclusive, acredito que *já estão* atrapalhando. Também me sinto um pouco idiota de ficar sentado aqui esperando a gente começar. Se agora não for a melhor hora, terei prazer em remarcar pra um momento menos agitado e mais adequado.

> *ANSIOSA: Tum... tum... tum...*
> *COMPASSIVA: Você foi muito bem.*
> *ANSIOSA: Ele vai lançar a frase "Eu estou pagando pra você fazer o que eu quero" e te fazer de otário.*

Ele semicerrou os olhos. Eu esperava que ele visse a minha sinceridade.

Levi: Tem razão. Desculpa. Eu... eu não estou acostumado com isso. Foi desrespeitoso.

Ele pôs o celular no modo silencioso e o guardou.

Josh: Muito obrigado. Agora você me deixou curioso. Como foi seu dever de casa de EPR?

O rosto dele se iluminou mais uma vez.

Levi: Então, eu estava tendo pensamentos terríveis com a minha filha e a minha neta, e combinamos alguns trabalhos de casa em relação a isso, não foi? Esses desafios eram muito contrários ao meu instinto, mas você mandou bem, meu amigo. A Safia e os mais fanáticos da comunidade acham que é obra do divino, mas, cara... eu quero o crédito por isso...

> *COMPASSIVA: Você merece todo o crédito por tentar.*
> *EMPÁTICA: EPR é difícil.*

Levi: O dever de casa número um era sair sozinho com a minha neta. Foi muito difícil! Já fiz isso tantas vezes desde que ela nasceu, mas, depois que os pensamentos começaram, parei por muito tempo. A Chantale, minha filha, ia nos visitar e ficava costurando alguma coisa com a Safia no quarto dos fundos. Normalmente, eu inventava uma desculpa e ia dar uma volta, com medo dos pensamentos e sentimentos. Aquela resposta à ameaça que você comentou. Dessa vez... porém... eu disse: "Costurar é chato. A Bimpe pode ficar com o vovô." Foi aí que o meu coração disparou. Os pensamentos passaram pela minha cabeça...

EMPÁTICA: E você é tomado por dúvidas, medo e culpa. Seu instinto lhe diz pra fazer de tudo pra correr e evitar aquilo.

Levi: Eu estava tendo pensamentos de culpa e coisas do tipo "só para o caso de..." sobre as quais a gente conversou. Então pensei: "Não, Levi. Essa é a resposta à ameaça. Foi como aquela vez em que aqueles caras pularam daquele carro com um canivete. Mas desta vez é seguro!"

BIOLÓGICA: O senhor deseja uma secreção ocular lacrimejante?
VOLITIVA: Não. Agora não.
COMPASSIVA: Que orgulho desse cara.
CRÍTICA: Por passear com uma criança?

Levi: Peguei ela no colo. A gente brincou. Ouviu música. Riu...
Eu nunca tinha visto Levi tão feliz quanto naquele momento. Revivendo aquela memória. Ele fingiu brincar com uma Bimpe invisível no consultório.
Levi: Eu ainda estava com medo. Mas, quanto mais eu me empenhava em brincar com a Bimpe, quanto mais eu... menor ficava o medo, entendeu?
Josh: Isso é incrível, Levi. E exigiu uma coragem extraordinária.

COMPASSIVA: Estou orgulhoso de você.

Levi: Obrigado, cara! De qualquer forma, não para por aí. Os pensamentos terríveis continuavam a vir, mas meus sentimentos ficavam menos intensos à medida que eu brincava com ela. Fiquei me lembrando do que você disse sobre a resposta à ameaça e outras coisas. E você nunca vai adivinhar o que...
Ele começou a falar alto de novo. Não pude deixar de espelhar sua alegria contagiante.

Levi: Um cheiro horrível tomou conta do quarto. A princípio, achei que eu tivesse me cagado, mas depois lembrei que eu estava segurando uma criança.

DETETIVESCA: Esse sujeito merece um prêmio!
IRREVERENTE: Risos.

Levi: Quem imaginaria que uma coisinha tão pequena conseguiria produzir um fedor tão mortal? Eu a peguei, pronto pra levá-la até a Chantale pra ela fazer o trabalho sujo, mas aí... aí eu pensei que aquela seria uma boa exposição. Uma exposição sem a minha resposta à ameaça ditando o que eu ia fazer... "Não, eu quero trocar a fralda da minha neta", falei em voz alta.

Eu sorri. Acho fascinante ouvir exemplos de coragem.

Levi: Então, eu troquei ela. Os pensamentos vieram... os pensamentos demoníacos... o próprio demônio... mas eu insisti. Tinha tanto cocô que era como se a Bimpe tivesse jogado uma granada no esgoto. Eu consegui. Eu consegui, Josh. Eu...

Ele quase chorou, mas se conteve.

Levi: Eu consegui! Fiz que nem a minha cara – a Safia e a Chantale apareceram e recolocaram a fralda, porque eu tinha posto ao contrário. Mas elas pareciam felizes. Mas vou continuar praticando. Não vou ser um daqueles caras que nunca troca uma fralda. Eu me arrependo de não ter feito muito isso com a Chantale. Eu me senti bem...

Josh: Excelente. Como ficou a ansiedade, no final?

Levi: Eu mal sentia. Os pensamentos também se acalmaram. Consegui me concentrar na minha família.

COMPASSIVA: Muito bem!
ANALÍTICA: Uma exposição de sucesso.
IRREVERENTE: Um verdadeiro caçador de demônios.

Josh: Não foi preciso matar nenhum demônio?

Levi: Dessa vez, não. Obrigado. Tenho um longo caminho a percorrer, mas obrigado. Eu entendo as suas... teorias, agora. Teve mais! Escuta só...

Levi falou sobre as outras exposições que envolviam pensamentos intrusivos sexuais e violentos com a família. Ele enfrentava pensamentos explícitos com Safia e Chantale, principalmente envolvendo facas, então, como exposição, escolheu destrinchar um frango assado com a família presente. A resposta à ameaça mais uma vez o deixou alarmado e o fez se sentir muito ansioso e hesitante, mas, assim como na exposição com Bimpe, a ansiedade diminuiu no final, e ele pôde desfrutar do almoço de domingo. Também lançamos o desafio de ele ir ao spa com a filha. Ela o convidou várias vezes, e, apesar de querer ir, Levi sempre recusava porque temia que seus pensamentos sexuais intrusivos em relação a ela pudessem surgir ao vê-la em roupa de banho. Mesmo assim, ele foi e tomou coragem para fazer um trabalho de exposição. Ele estava, compreensivelmente, muito orgulhoso de si mesmo.

Josh: Sua disposição de tolerar o desconforto sem evitá-lo e sem se machucar ritualmente foi incrível, Levi. Como anda a autoflagelação?

Ele me olhou com uma expressão repentinamente preocupada. Então, esboçou um sorriso falso.

Levi: Bem, posso te garantir que nunca mais fiz isso.

> *ANALÍTICA: Impressionante. Pode levar muito tempo para uma pessoa superar as compulsões ritualísticas.*
> *DETETIVESCA: Tem alguma coisa errada.*
> *INTUITIVA: Concordo.*

Levi: Mas, bem...

O celular de Levi tocou de novo. Dessa vez, não era Don Henley, mas um toque padrão.

> *DETETIVESCA: Hum. Não tenho a menor dúvida de que ele tinha colocado o celular no modo silencioso.*

A expressão preocupada no rosto de Levi ficou mais evidente. Ele congelou de medo por um instante. Depois, tirou um celular diferente do bolso do peito.

Levi: Desculpa. Preciso atender. Esse é o meu telefone de emergência.
Josh: Claro, eu entendo.
Levi: Eu gostaria que você...

Ele atendeu a ligação tremendo. Estava reagindo fisicamente, como se estivesse explicando seus pensamentos intrusivos ou revivendo lembranças difíceis.

Levi: Oi, querida, como você está?... Eu estou... estou no trabalho agora... Sim?... Não... Eu parei de ir ao terapeuta... É uma reunião de trabalho... Bem, claro que o Gary não tinha como te falar, ele não está nessa reunião de trabalho... É, desculpa... Eu já pedi desculpas... Eu vou... Ok... Tchau, querida...

> DETETIVESCA: *(acendendo um charuto imaginário) O que está acontecendo aqui?*
> COMPASSIVA: *Isso foi preocupante. Espero que ele esteja bem.*

Levi guardou o telefone de volta no bolso do peito. Não o pôs no silencioso. Ele tinha sido arrancado da recente sensação de otimismo, optando por passar para uma versão desamparada e preocupada de si mesmo.

Josh: Você está bem, Levi? Esse telefonema parece ter te deixado abalado.
Levi: Era a Safia. Você tem razão... a minha... resposta à ameaça disparou quando o celular tocou. Tem sido assim quase sempre, nos últimos tempos.
Josh: O que está acontecendo, Levi?
Levi: Eu não devia estar aqui...
Josh: Por quê?
Levi: Em primeiro lugar, ela disse que eu não tinha permissão para vir. Disse que era uma blasfêmia e que ia atrapalhar a minha cura.
Josh: O quê? Terapia? A Safia disse que você não devia fazer terapia?

Ele continuou parecendo assustado.

Levi: Josh, tem muita coisa que eu não te contei sobre o meu casamento. É complicado. Estou confuso. É a terapia que está ajudando ou é o que estamos fazendo em casa?

> ANSIOSA: *Estou com um mau pressentimento em relação a isso.*
> DETETIVESCA: *Precisamos de mais detalhes.*

Josh: O que você está fazendo em casa? Me explica.
Levi: Josh, a Safia é uma pessoa especial. Ela não existe. Ela tem uma

habilidade única de canalizar as vozes dos espíritos e das divindades. Nem sempre é ela quem fala as verdades. Ela é como um mensageiro que transmite os julgamentos lá de cima. Eu sei que isso parece maluquice...

> ANSIOSA: *Ah, não...*
> IRREVERENTE: *De volta à terra dos malucos...*
> COMPASSIVA: *O que está acontecendo com ele?*
> INTUITIVA: *Há muitos sinais de alerta aqui, Josh.*

Levi: Desde que ela foi ungida, nosso casamento mudou. Ela mudou. Nós mudamos. A nossa vida passou a ser a comunidade.

Ele olhou para mim com olhos tristes e infantis.

Levi: A penitência precisa ser paga. Eu devo muito pelos meus pecados.

> ANSIOSA: *Estou muito preocupado, agora.*
> DETETIVESCA: *Descobre o que é!*

Josh: Ok. Levi, você pode me dizer como a penitência é paga na comunidade? O que eles estão te obrigando a fazer? O que a Safia está fazendo com você?

Levi: Não posso, Josh. Eu não devia estar aqui.

Josh: Levi, você está em perigo?

Levi: Não... eu preciso ir embora. Te vejo na próxima sessão. Vou continuar fazendo as coisas da EPR. Obrigado.

Ele saiu correndo, me deixando preocupado com seu bem-estar. Fiquei torcendo para que ele voltasse.

Violência doméstica

Um quarto dos crimes de violência doméstica relatados é contra homens. No entanto, a maioria dos sobreviventes do sexo masculino não procura ajuda. Com certeza existem razões para isso que são subjetivas e relacionadas a cada indivíduo, mas não podemos ignorar a vergonha social associada a ser uma vítima masculina da violência doméstica. Isso vai contra o condicionamento histórico de que homens devem ser vistos como "fortes" ou "machões".

Quando um terapeuta suspeita de violência doméstica, nem sempre reportamos imediatamente o incidente às autoridades (a menos que haja uma ameaça iminente à vida). Temos que trabalhar com o paciente no nível em que ele está, em vez de obedecer a regras rígidas, e resultados mais positivos podem surgir quando dedicamos um tempo para compreender a situação do ponto de vista do paciente. Uma insistência imediata em denunciar o abuso muitas vezes pode servir para piorar situações domésticas complexas. Como terapeuta no Reino Unido, preciso respeitar o código de ética do meu órgão de aconselhamento, que diz que devo refletir com cuidado sobre a forma como gerencio as situações ao proteger pacientes ou outras pessoas de riscos graves. Isso se aplica especialmente a casos complexos. Se eu quebrasse a confidencialidade de Levi, perderia sua confiança. Minha intuição me dizia que, se fosse confrontado pelas autoridades, Levi negaria que havia alguma coisa errada e voltaria a viver sem a segurança do consultório.

Um paciente precisa de muita coragem para se abrir sobre relacionamentos potencialmente abusivos. Levi foi corajoso ao compartilhar isso comigo. Com frequência, os terapeutas são a primeira pessoa com quem os sobreviventes de abuso se abrem. Tenho a sensação de que surgiria um precedente de desconfiança se todos os terapeutas adotassem como regra quebrar a confidencialidade e denunciar os casos de violência doméstica às autoridades. No caso de Levi, eu estava na fase de compreensão e formulação de todo o cenário. Eu achava que a minha ligação com ele era forte, mas equilibrada sobre uma base frágil – eu achava que a qualquer momento poderia perdê-lo e, em consequência disso, desconfiava que ele poderia perder completamente a confiança na terapia. Minha intuição me disse que denunciar os fragmentos de informações que ele tinha compartilhado comigo até aquele momento não o ajudaria no longo prazo. Era um risco que eu estava disposto a correr, e com o qual alguns podem não concordar. No entanto, como terapeuta, eu também tenho que cumprir a lei, por isso, se eu sentisse ou descobrisse que a ameaça à vida dele era explícita, não hesitaria em denunciar a violência doméstica à polícia.

Existem diferentes tipos de violência: a mais comum é a *emocional*. De acordo com o National Centre for Domestic Violence e a instituição de caridade ManKind Initiative, a violência emocional é responsável por 95% das ligações que eles recebem de homens; 68% dos homens que telefonaram também relataram violência física; 41%, psicológica; 23%, financeira; 13%, de controle coercitivo; e 3% de abuso sexual. A ManKind Initiative cita uma pesquisa sobre a razão pela qual os homens permanecem em relações abusivas: 89% dos homens que participaram do estudo afirmaram que a principal razão era a preocupação com os filhos; 81% acreditavam fortemente no casamento para a vida inteira; e 71% permaneciam por amor. Outros motivos incluíam a crença de que o parceiro mudaria, o medo de perder os filhos, a falta de dinheiro, não ter para onde ir, vergonha e medo pela saúde do parceiro. O mais impressionante é que 24% permaneceram por medo de serem assassinados.

No controle coercitivo, o perpetrador usa formas de abuso emocional para manipular a outra pessoa. Pode incluir punições, exigências, xingamentos, chantagem emocional, tentativa de questionar a sanidade do outro (*gaslighting*), invasão de privacidade e agressão. O sobrevivente muitas vezes é condicionado a se comportar "bem" por medo de sofrer uma reprimenda do parceiro, em vez de fazer o que preferiria.

O que quer que estivesse acontecendo no relacionamento de Levi, e em todos os casos semelhantes, como terapeuta, é meu trabalho encontrar o delicado equilíbrio entre o que é ético, o que é de interesse do paciente e quais salvaguardas podem ser necessárias.

Bar secreto

Descemos do Uber em uma rua lateral de aparência suspeita, já bem alegres depois de uma visita vespertina aos bares de Manchester.

Josh: Tem certeza de que esse é o lugar certo?

Amos: É aqui, sim.

Amos bateu no que parecia ser uma porta de incêndio enferrujada. Ela se abriu e um porteiro austero olhou para nós.

Porteiro: Amos! Como vai? Não te vejo há séculos!

Amos: Estou bem, Stevie. Você me conhece, estou sempre ótimo. Você parece bem! Mas não deixa *esse aqui* entrar; ele é um idiota.

Ele apontou para Sean, que respondeu com uma expressão envergonhada e suplicante.

Porteiro: Isso explica por que ele é seu amigo.

Eles deram um aperto de mão convicto e depois abriram caminho para nos deixar entrar.

Mergulhamos em um bar mal iluminado, repleto de grupinhos de pessoas sentadas em torno de mesas à luz de velas. Havia sons de jazz sincopado e propulsivo vindos de um trio no pequeno palco. Uma conversa respeitosa e calma tomava conta do ambiente. O lugar exalava classe e exclusividade. Dois mixologistas estavam ocupados atrás do bar espelhado, um usando a coqueteleira e outro acrescentando ingredientes a uma bebida espumosa.

Amos: Vamos pegar essa mesa.

Nós nos sentamos, e uma jovem de avental verde veio anotar nossos pedidos. Pedi um bourbon Old Fashioned. Não ouvi os pedidos dos meus amigos depois que me concentrei na música. As bebidas chegaram, brindamos em silêncio e ficamos maravilhados enquanto ouvíamos as distorções deliberadas do timbre e a improvisação de tirar o fôlego.

> *BIOLÓGICA: Bexiga cheia. Vai esvaziar.*

Josh: Vou dar um pulo no banheiro.
Sean: Eu também.
Kyla: Ihhh.

Sean e eu nos levantamos e navegamos pelo labirinto de mesas até um canto escuro onde ficavam os banheiros. Fui me aproximando de duas mesas por onde parecia mais apertado de passar, mas a falsa confiança induzida pelo álcool me convenceu que eu conseguiria. Estava me espremendo entre duas cadeiras e prestes a pedir desculpa quando alguma coisa chamou minha atenção.

> *BIOLÓGICA: Tum... tum... tum...*
> *DETETIVESCA: O que é isso aqui?!*

Levantei o olhar e vi uma mulher de cabelo preto comprido sentada a uma mesa perto do palco. Ela estava com um grupo de amigos.

> *ANSIOSA: Bem, isso é uma surpresa.*
> *DETETIVESCA: Aquela é... a Zahra?*
> *ANALÍTICA: Hummm... Uma pessoa com agorafobia incapacitante sentada bem na frente de um palco? Quais são as chances de isso acontecer?*
> *CRÍTICA: Você está bêbado, Josh. Se acalma.*

Voltei do banheiro e tentei olhar para a mesa dela. Todos os integrantes do grupinho estavam de costas para nós. Eu me sentei e virei o restante do meu drinque.

Amos: Você está bem, Josh?
Josh: O quê?
Amos: Perguntei se você está bem.
Josh: Estou. Acho que reconheci uma pessoa que está lá na frente.

Kyla: Nossa presença se tornou sem graça demais pra você?
Josh: Sempre.

O trio terminou uma passagem da música sob aplausos calorosos. A silhueta da mulher de cabelo preto batia palmas contra o fundo da luz das velas. As lembranças da última sessão com Zahra voltaram à tona. A extravagante sessão de exposição dirigindo por Manchester. A briga com o motorista da caminhonete, a coragem dela em continuar apesar da ansiedade, sua insistência para voltar ao hospital onde trabalhava, o espanto que ela me causou. Eu tinha esquecido muita coisa por causa do pânico que senti depois, quando percebi que estava perto do Children's Hospital.

>*DETETIVESCA: Ela é uma paciente bacana, Josh.*
>*BIOLÓGICA: Vamos distorcer a perspectiva por um momento. Obrigado, bourbon.*
>*ESCAPISTA: Luz de velas, pessoal. Que fantasia fantástica.*
>*VOLITIVA: Cala a boca. Cala a boca.*

O contrabaixista do trio deu um passo à frente e anunciou um intervalo. O zumbido de vozes ficou mais alto e houve um arrastar de cadeiras. Semicerrei os olhos na direção do grupo lá na frente e continuei sem conseguir descobrir se era mesmo Zahra.

>*ANSIOSA: É, sim.*
>*INTUITIVA: Não é, não. Você que quer que seja.*

A mulher se levantou e foi até outro bar nos fundos. Dois integrantes do grupo se sentaram nas banquetas e se viraram para ficar de frente para os demais. Estavam todos dando risada.

>*DETETIVESCA: Preciso descobrir.*
>*ANALÍTICA: Não precisa, não.*
>*BIOLÓGICA: Se quiser se livrar desse sentimento, você vai ter que descobrir.*

Josh: Alguém quer que eu busque mais uma bebida?

Sean: Aqui tem garçom, sabia?

Josh: Preciso saber se aquela pessoa ali é alguém que eu conheço. Estou pirando com isso.

Kyla: Quem você acha que é?

> *ANSIOSA: Minta.*
> *VOLITIVA: Não minta pros seus amigos.*
> *ANALÍTICA: Confidencialidade.*
> *CRÍTICA: Por que você está se esforçando propositalmente para se aproximar de uma paciente fora dos limites da hora terapêutica? Para saciar seus próprios desejos egoístas?*
> *ANALÍTICA: Elas têm razão.*

Josh: Não é ninguém que você conheça.

Comecei a caminhar em direção ao bar quando um braço estendido obstruiu meu avanço.

Amos: Eu te conheço. É uma paciente, não é?

Eu me senti como uma criança que tinha acabado de ser pega roubando. Eu não era capaz de mentir para os meus amigos.

Josh: É. Eu só... só preciso saber... se é ela...

Amos: Mas e se ela te vir? Isso certamente tem implicações, não tem?

Ele não mencionou aquela vez que tínhamos ido à rave e depois eu vomitei em cima de um antigo paciente. Ele não era desse tipo. Amos tinha consideração, era sincero e – o que acredito ser uma de suas características mais subestimadas – tinha bom gosto. Ele sabia que naquela noite havia mais coisas em jogo do que o simples fato de eu estar muito bêbado. Eu não estava bem, naquela época.

Josh: Eu não vou falar com ela; só quero ver se é quem eu acho que é.

Amos: A curiosidade matou o gato cheio de bourbon, meu amigo.

Ele ficou me analisando.

Amos: Espera... você *quer* ser visto. Olha só pra você. Você penteou o cabelo e ajeitou a camisa. Está com aquela expressão que faz quando tenta parecer... impassível. Como se você fosse muito descolado.

Ele começou a sorrir.

> BIOLÓGICA: *Seu rosto precisa de sangue agora. Muito sangue nas bochechas e na cabeça.*

Josh: Eu…
Amos: Vamos lá, então… vamos descobrir.

Amos foi comigo até o bar. Passamos pelo grupo que incluía a mulher de cabelo preto comprido. Frustrantemente, era como se ela estivesse travada em relação à nossa posição; não importava para onde nos movêssemos, nosso ângulo de visão nunca parecia mudar. Ela estava o tempo todo de costas. Amos pôs as mãos sobre o balcão. Fiquei à direita, tentando agir com indiferença.

> CRÍTICA: *O que você está fazendo, cara?*

Mixologista: Ei, Amos. O que eu posso fazer por você?
Amos: Um Hemingway Daiquiri pra mim e…

Ele recuou, se endireitou, me deu um tapa nas costas e gritou para que todos pudessem ouvir.

Amos: … um bourbon Old Fashioned pro meu amigo extremamente lindo e famoso, aqui!

> ANSIOSA: *Eu quero morrer.*
> IRREVERENTE: *Adorei. Baldes de constrangimento.*
> BIOLÓGICA: *Frio na barriga é pouco. Eu quero uma nevasca!*

Várias pessoas ao nosso redor pareceram ficar intrigadas. Fiquei sem jeito, mudando o apoio de um pé para o outro. O grupo à nossa esquerda olhou, e eu não consegui deixar de olhar também. O fascínio e a necessidade de saber eram fortes demais. A mulher de cabelo preto comprido fixou os olhos em mim, analisando meu rosto. Meu coração disparou.

> DETETIVESCA: *Não é ela, Sherlock.*
> ANSIOSA: *Ufa.*

Uma onda de alívio tomou conta de mim. Amos e eu voltamos para nossa mesa depois de pedirmos as bebidas de Kyla e Sean. A cortina de veludo vermelho no fundo se abriu, e o trio de jazz voltou ao palco sob aplausos retumbantes. A silhueta da falsa Zahra voltou a se sentar lá na frente.

Amos: Então... era quem você achava que era?

Josh: Não. Felizmente.

O trio explodiu em uma progressão de *fusion*, e aquele sentimento familiar e aconchegante deleitou a plateia mais uma vez. Amos chegou mais perto.

Amos: Então por que continua olhando pra ela?

Ele tinha razão. Eu estava olhando. Eu não sabia por quê. Eu devia estar feliz por não ter que passar pela situação de estar no mesmo ambiente que uma paciente, em uma coincidência potencialmente constrangedora envolvendo nossa vida particular. Mas admiti que havia uma parte de mim, a que estava controlando temporariamente as cordinhas, que desejava que fosse Zahra.

Zahra

Zahra ia chegar em alguns minutos. Nesse meio-tempo, eu estava treinando intensamente para o campeonato de hiper-racionalização e fazendo um trabalho incrível. Penteei o cabelo e depois baguncei tudo de novo, porque qual seria o motivo para eu pentear o cabelo antes de uma consulta com uma paciente? Para impressionar Zahra? Pelo meu profissionalismo? Estava usando uma camisa bonita e me perguntei se aquilo era algo que eu faria normalmente. Cheguei à conclusão de que não era algo que eu faria normalmente, então troquei por uma camiseta. Tudo aquilo estava ficando meio bobo; era uma reação ansiosa à situação atípica que tinha acontecido na outra noite. Não havia necessidade de torná-la maior do que tinha sido. Respirei longa e profundamente e depois me acalmei, lembrando a mim mesmo do propósito do meu papel como terapeuta. Respirei fundo mais algumas vezes e minha mente ficou mais clara.

Alguém bateu na porta, e fiquei aliviado ao perceber que não reagi como um adolescente excitado. Minha cabeça profissional estava no lugar. Eu tinha voltado ao consultório.

Josh: Oi, Zahra, pode entrar!

Zahra: Tenho data marcada pra voltar ao trabalho! Estou tão feliz. Eu achava que isso não ia acontecer nunca.

COMPASSIVA: Oba!
EMPÁTICA: Quando a desesperança diminui, é uma sensação incrível.

Zahra: Obrigada por fazer o trabalho de exposição comigo. Ajudou muito, principalmente ao dirigir.

Josh: Você foi muito corajosa e pôs em prática as coisas sobre as quais a gente falou. Bom trabalho.

Zahra: Sinceramente, não consigo me imaginar trabalhando no hospital. Ainda tenho aquela crítica interna mesquinha dizendo que eu sou patética, mas percebi que dar ouvidos a ela não me ajudou com toda essa ansiedade.

ANALÍTICA: A crítica interna é sempre um bom ponto de discussão.

Josh: Você quer falar sobre a crítica interna hoje?

Zahra refletiu por um momento.

Zahra: Acho que quero, sim. Humm... "quero" é exagero. Acho que eu *devo*. Acho que sei de onde ela vem.

Josh: Sabe?

Zahra: Lembra quando você disse que o transtorno de ansiedade pode vir de um jarro de estresse transbordando? Acho que meu medo do pânico e das consequências sociais era uma grande parte do que enchia esse jarro. Tenho a sensação de que estou no caminho pra lidar com isso, agora. O que é... um grande avanço, não é?

COMPASSIVA: É, sim.

Eu sorri.

Zahra: Não vai ser surpresa nenhuma pra você ouvir que grande parte do meu jarro de estresse é o luto. Meu pai. A forma como ele morreu.

DETETIVESCA: Esfaqueado várias vezes pelo filho com transtornos mentais.

Zahra: Eu acho... acho que devia falar sobre isso... talvez...

REDENTORA: Estaremos aqui pra te ajudar caso você decida falar.

Foi um daqueles momentos como terapeuta em que você anseia que o paciente mergulhe na situação difícil – para poder mergulhar com ele. Sem dúvida esse anseio resultava, até certo ponto, da minha própria curiosidade, que é uma parte humana minha que não tem como ser desligada, mas vinha principalmente da compaixão e da crença de que explorar questões difíceis abre espaço para o crescimento terapêutico. O simples ato de falar sobre questões difíceis em um ambiente seguro onde nos sentimos ouvidos e cuidados nos ajuda a começar a esvaziar o jarro de estresse.

Josh: Saiba que estou pronto pra ouvir qualquer coisa que você tenha a dizer. Não precisa estar em ordem. Basta ir aonde sua mente te levar; ela geralmente mostra as coisas relevantes.

Zahra cruzou a perna. Estava claro que ela achava que precisava falar sobre coisas difíceis em algum momento. Parecia que havia chegado à conclusão de que esse seria o dia em que ela ia recorrer aos sentimentos difíceis para dar ao seu futuro eu uma chance de ser feliz. Foi uma decisão pensada após alguma reflexão entre as sessões de terapia.

Zahra: Como é que a pessoa começa a destrinchar o fato de seu pai ter sido assassinado?

Assenti, encorajando-a a continuar.

Josh: Eu me lembro de você dizer que era próxima do seu pai.

Zahra: Era. De muitas formas. Ele era um homem muito talentoso. Ele foi a principal razão pela qual me tornei médica.

> *IRREVERENTE: E, além disso, Operando era um ótimo jogo para crianças a partir dos 6 anos.*

Zahra: E não, não era um daqueles relacionamentos em que ele me negava amor se eu não tirasse só nota dez. Não fui coagida a virar médica. Meu pai me inspirou por meio de seu próprio trabalho árduo e dedicação. Ele é... era extraordinário na área dele. O trabalho dele na neurologia ainda é muito citado na medicina moderna. O que é uma ironia, claro...

Josh: Como assim?

Zahra: Porque ele era frustrado por não conseguir se conectar com o meu irmão. Meu pai passou a vida inteira estudando e tentando entender o cérebro, mas, quanto mais ele se esforçava, mais aumentava o abismo entre ele e o meu irmão. Meu irmão tem muitas questões. Ele sofreu a maior parte da vida com delírios paranoicos, acessos de raiva e confusão, bem como ansiedade e uma depressão paralisante. Todos nós sofremos com o comportamento dele, apesar de o amarmos de todo o coração. Mas meu pai tentou ir além.

Assenti de leve mais uma vez.

Zahra: Ele tentou consertá-lo. Eu sei que você acredita nessa ideia fantástica de que ninguém está quebrado, que é tudo uma questão de perspectiva, mas meu irmão tem problemas graves, Josh.

Josh: Eu entendo.

> *EMPÁTICA: Vamos tentar compreender como foi testemunhar tudo isso pela perspectiva da Zahra.*

Josh: Eu queria entender como foi testemunhar tudo isso do seu ponto de vista.

Zahra: Não é uma questão de atenção. Eu sempre fui madura pra minha idade. Eu não estava tentando chamar a atenção do meu pai porque ele estava ocupado demais bancando o Dr. House com o meu irmão. Ele sempre tinha tempo pra mim, e isso era maravilhoso. Ele só estava sofrendo. Eu o entendo e o amo por isso.

Ela parecia totalmente comprometida em contar a história. A tampa tinha sido retirada, a caixa de Pandora estava aberta. Não havia como voltar atrás.

Josh: Estou percebendo muita admiração por ele.

Zahra: Eu beijava o chão em que ele pisava. Consigo entender todas as dificuldades e todos os defeitos dele.

> *ANALÍTICA: Idealização? Pedestal?*

Josh: Defeitos?

Zahra: É. Defeitos, Joshua. Todo mundo tem. Tenho certeza de que um dia você vai admitir os seus.

> *ANSIOSA: Eita.*

Zahra: Desculpa. Não queria reagir assim.

Josh: Tudo bem. Estou vendo que você é muito protetora com o seu pai.
Zahra: Obviamente não o suficiente. Ele morreu esfaqueado.

Ela proferiu essa frase com uma apatia quase total. Esse tipo de reação inerte pode acontecer quando as pessoas tentam reprimir acontecimentos dolorosos da vida delas.

> EMPÁTICA: *Os sentimentos em relação ao irmão devem ser complicados.*

Josh: Imagino que seus sentimentos em relação ao seu irmão devam ser complicados. Percebo que existe empatia e compreensão em relação ao estado de saúde mental dele. Mas não ouvi nenhum sentimento em relação às ações.

Sua postura ficou tensa.

Zahra: Porque ele é um psicopata, Josh! Porra! Um merda que matou o nosso pai! Que partiu o nosso coração. Partiu o coração da nossa mãe. Nenhum de nós vai voltar a ser o que era!

Ela se permitiu soltar um grito que queria ter soltado dez minutos antes.

> ANALÍTICA: *Expressar raiva nessas circunstâncias é saudável e necessário.*

Zahra: Eu odeio ele... odeio ele... odeio ele...

Ela abaixou a cabeça e começou a chorar. Fiquei em silêncio para que ela pudesse processar suas emoções. Depois de um minuto, ela levantou a cabeça de novo.

Zahra: Na noite em que meu pai morreu, meu irmão se trancou na garagem e tapou as janelas com tábuas. Eu tinha saído para jantar com os meus pais – um dos raros momentos em que estávamos todos livres. Meu irmão não quis ir junto com a gente, e isso não foi nenhuma surpresa. Minha mãe ficou preocupada em deixá-lo sozinho, mas meu pai insistiu para que a gente demonstrasse que confiava nele. A gente tinha que confiar na capacidade dele de ser independente e autônomo. Entendo que superficialmente parece saudável e admirável, mas acabou não sendo a decisão mais sábia.

Zahra semicerrou os olhos, completamente envolvida pela lembrança.

Zahra: Meu pai recebeu uma ligação dos nossos vizinhos, Frank e Shirley, quando estávamos no restaurante. Eles disseram estavam ouvindo batidas e gritos vindos da garagem. Eles ficaram preocupados porque sabiam dos problemas do meu irmão. Disseram que ele estava gritando "Eles estão vindo me pegar!" ou algo assim. Então meu pai imediatamente se apresentou pra salvar o dia... mais uma vez... Dr. Hosseini ao resgate...

Seu rosto agora estava cheio de lágrimas. Ela gaguejou um pouco enquanto se esforçava para continuar.

Zahra: Minha mãe também ficou preocupada e queria voltar. Fiquei chateada, porque o meu irmão tinha estragado mais um momento em família. Então, você sabe o que eu disse? A última coisa que eu disse pro meu pai?

ANALÍTICA: Isso vai ser a chave pra uma culpa grave.

Zahra: Eu gritei com ele, o constrangi na frente de um restaurante inteiro. "Lá vai ele de novo, com seu complexo de super-homem. Pai, você precisa mesmo bancar o herói em vez de continuar aqui com a sua filha?"

Ela pegou vários lenços de papel e enxugou o rosto.

Zahra: Eu fui tão patética. Parecia uma criança chorando pra receber atenção. É claro que o meu irmão precisava do meu pai; ele estava muito mal. Eu só... eu...

Josh: Você ficou frustrada por não poder saborear o que parecia ser uma rara oportunidade de passar um tempo sozinha com seus pais?

Ela assentiu enquanto assoava o nariz em um lenço de papel.

Zahra: Eles... voltaram pra casa. Eu fiquei no restaurante, de mau humor. Aparentemente, o meu pai tentou entrar na garagem pra falar com o meu irmão. Acho que meus pais estavam preocupados que ele se matasse ou algo assim. Meu irmão não quis abrir a porta nem falar com o meu pai; em vez disso, estava vivendo aquelas ilusões paranoicas, tentando se isolar de um mundo do qual tinha pavor. Minha mãe implorou para que o meu pai ligasse para a polícia, mas ele não quis. O Dr. Hosseini podia salvar qualquer um. Seria do jeito *dele*. Era o filho *dele*.

Zahra começou a tremer, mas estava determinada a continuar.

COMPASSIVA: *Vamos lá, você consegue.*
REDENTORA: *Eu posso te ajudar!*

Zahra: O meu pai... ele... conseguiu pegar um pé de cabra do lado de fora da garagem. Ele abriu a porta e... bem... o Babak estava segurando uma faca. Ele avisou pro meu pai não chegar perto... mas o meu pai já tinha lidado com episódios como aquele no passado. Ele sabia acalmar o Babak, era bom nisso, mas naquele dia meu irmão estava especialmente... perturbado. Então ele... ele esfaqueou meu pai no pescoço várias vezes, atingindo uma artéria, depois continuou em um frenesi... ele não parou...

O corpo de Zahra congelou, mas ela continuou falando, como se estivesse em um transe.

Zahra: Os vizinhos ouviram toda a comoção e vieram correndo. O Frank conseguiu derrubar o Babak no chão enquanto a Shirley puxava minha mãe antes que ela visse o que estava acontecendo. Ela levou minha mãe pra casa dela e praticamente a trancou lá dentro. Agradeço muito por esse gesto, porque acho que a minha mãe jamais teria superado a visão do marido deitado em uma poça do próprio sangue. A polícia chegou e prendeu meu irmão. Minha mãe percebeu, pela velocidade dos paramédicos que chegaram à garagem, que não havia nenhuma chance de o meu pai estar vivo. Coitada. E o meu pai... eu... foi horrível... E até o Babak, ele foi internado... a vida dele também acabou naquele dia...

BIOLÓGICA: *Fiz o melhor que pude, mas uma lágrima escapou.*

Sequei o olho com discrição.

Josh: Que período terrivelmente traumático pra você. Um acontecimento inacreditavelmente trágico. Eu sinto muito, Zahra.

Ela olhou para mim com lágrimas nos olhos.

Josh: Deve ter sido difícil pra você me contar... Agradeço imensamente.

Zahra: É bom falar sobre isso... não bom... mas... como se eu me sentisse menos pesada... mais leve, de alguma forma.

Josh: Você consegue sentir onde está mais leve? No seu corpo?

Ela refletiu por um momento.

Zahra: Sim. Meus ombros e meu peito. Eles parecem... mais livres.

Josh: Nosso corpo muitas vezes se apega a emoções não processadas, principalmente aquelas que respondem a eventos traumáticos. Acredito que falar e deixar que as emoções apareçam e sejam expressadas é uma boa forma de liberar o peso que nosso corpo pode guardar.

Zahra: Tipo um exorcismo?

Nós dois sorrimos.

Josh: Se você prefere esse termo.

A mente de Zahra foi acometida por uma lembrança.

Zahra: Eu me lembro de querer ver meu pai antes do enterro. Eu... não sei por quê...

Josh: Pra ter uma sensação de encerramento, talvez?

Zahra: É. É isso. Então fui ver o corpo dele na funerária.

> ENGATILHADA: *Funerária.*
> BIOLÓGICA: *Sistema nervoso simpático ativado. Epinefrina e norepinefrina liberadas. Vamos ver até que ponto esses músculos conseguem ficar tensos!*
> ANSIOSA: *Ah, não!*

Zahra: Você está bem?

Josh: Estou, sim. Por favor, continue. É só uma azia leve.

> VOLITIVA: *Cuidado, volta pro quadro de referência da Zahra.*
> COMPASSIVA: *Alarme falso, isso não precisa da nossa atenção agora. Vai passar logo, logo.*

Zahra: Acho que eu precisava vê-lo lá. Eles lavaram e limparam o corpo, e ele estava enrolado em um pano branco. Acho que nunca é agradável ver o cadáver de um ente querido, mas parecia que seria um antídoto para as versões do meu pai que minha imaginação ficava me oferecendo – todo destruído e cortado. Ele parecia... em paz.

Zahra continuou a relembrar o pai. O fato de ele ser uma inspiração para o trabalho dela. O fato de admirar a posição dele no campo da medicina e da neurociência. O fato de outras pessoas o venerarem, e de ela esperar um dia conquistar o mesmo respeito dos colegas. Ela também falou sobre a internação do irmão em uma unidade psiquiátrica e a dor que ela sentia por causa do colapso do que antes era, apesar de todos os problemas, uma família unida.

Zahra: Josh, é possível enlouquecer de ansiedade? Tipo, se ela crescer demais, minha mente pode pirar?

> ANALÍTICA: *Um medo influenciado pelo testemunho do transtorno mental do irmão?*
> DETETIVESCA: *Eu estava pensando o mesmo.*

Josh: De ansiedade, por si só? Não. Mas essa é uma pergunta que escuto com frequência de pessoas que têm ataques de pânico. Eu te garanto que os ataques de pânico não podem fazer você "enlouquecer".

Zahra: Mas a ansiedade pode ser o gatilho para, digamos... distúrbios mentais subjacentes ocultos?

> VOLITIVA: *Ofereça garantias.*

Josh: Você não é o seu irmão, Zahra. A ansiedade vai tentar te convencer de que você vai perder o controle, muitas vezes recorrendo a coisas ao seu redor e ao ambiente.

Zahra: Ok. Mas... é possível?

Josh: É. Praticamente tudo é possível, até mesmo os nossos maiores medos, mas você precisa se ater às probabilidades quando se trata das coisas assustadoras da vida. Acredito que as probabilidades nessa situação estão fortemente a seu favor. E não tem problema nenhum em viver assim. O maior erro que as pessoas com ansiedade cometem é viver com medo de que seus medos estejam logo ali adiante e prestes a se tornar realidade, apesar de toda a improbabilidade. O medo vem da crença de que não seremos capazes de lidar com a situação se coisas ruins acontecerem, o que quase sempre é falso. Os seres humanos têm uma capacidade de adaptação admirável. Meu lema é: "É quase certo que a coisa ruim não vai acontecer, mas, mesmo que aconteça, eu consigo lidar com ela."

Zahra ficou pensando no que eu tinha dito. Parecia que aquilo a tinha reconfortado.

Zahra: Acho que preciso parar de ver a ansiedade como um fracasso. É como se eu me odiasse toda vez que fico ansiosa, como se a culpa fosse minha. Não é só um alarme que me deixa com medo, mas parece também uma sirene tocando, dizendo que eu errei de alguma forma.

Josh: Eu entendo. É comum que pessoas com padrão de exigência elevado interpretem a ansiedade, erroneamente, como sinal de fracasso. Parece que você gostaria de mudar sua relação com sua ansiedade.

Zahra: Sim. Eu acho que isso ajudaria.

ANALÍTICA: Reenquadramento cognitivo?
INTUITIVA: É uma boa ideia.

Zahra e eu passamos o resto da sessão redigindo uma carta para a ansiedade, como se ela fosse uma entidade consciente vivendo dentro dela. O objetivo era recorrer à autocompaixão e adotar uma compreensão mais ponderada do que estava acontecendo. Rimos enquanto Zahra tentava transformar a ansiedade, que ela desprezava, em algo que ela conseguisse ver de outra forma. Acabamos produzindo um rascunho de uma carta da qual ela pareceu ter ficado orgulhosa. Ela dobrou a carta e colocou-a na bolsa, depois olhou para mim.

Zahra: Li naquele artigo que coisas ruins também aconteceram com você. Como você consegue apostar nas probabilidades assim, quando sabe que coisas terríveis podem acontecer e de fato acontecem?

ENGATILHADA: Lembranças traumáticas.
COMPASSIVA: Você consegue.
VOLITIVA: Nós conseguimos.

Josh: Porque ainda estou aqui e tenho uma vida confortável e prazerosa. Mas não estamos aqui pra falar de mim.

Zahra me olhou nos olhos. Um olhar profundo e compassivo, que me pareceu transmitir sinceridade e respeito. O tempo desacelerou um pouco. A luz brilhou em seus olhos castanhos.

BIOLÓGICA: Ela é linda.

VOLITIVA: *Para.*

Zahra: Eu acho incrível o que você conseguiu, Joshua. Eu... respeito profundamente quem você é, e acho que eu não teria conseguido esse progresso sem você. Obrigada.

BIOLÓGICA: *Vamos te derreter por dentro.*

Josh: Eu... hã...
Comecei a me sentir confuso, e minhas bochechas coraram.

CRÍTICA: *Acorda, seu idiota. Você não está ouvindo?*
ANALÍTICA: *Toda a sessão foi sobre a admiração dela pelo pai, uma figura de autoridade que a inspira. Isso é projeção emocional.*
CRÍTICA: *Você não está em um filme do Hugh Grant, meu amigo.*

Josh: Agradeço o elogio. Só estou atento à hora, Zahra...
Faltavam três minutos para o final. Fiquei confuso.
Josh: Continuamos... hã... na próxima semana?
Ela sorriu.
Zahra: Claro.
Da janela do meu escritório, fiquei vendo Zahra andar até o carro e partir.

COMPASSIVA: *Ela percorreu um longo caminho. É muito corajosa.*
IRREVERENTE: *E engraçada.*
BIOLÓGICA: *E bonita.*
VOLITIVA: *Parem com isso.*
CRÍTICA: *Ah, ele voltou a ser adolescente! Eu disse que ele era um charlatão. Não consegue lidar com uma pessoa bonita sorrindo pra ele.*
VOLITIVA: *Por favor, parem com isso.*
CRÍTICA: *Jamais!*
COMPASSIVA: *Vamos contornar isso. Essas coisas podem acontecer no consultório.*

Uma carta para a minha ansiedade

Mais tarde, naquela noite, eu me sentei e escrevi uma carta para a minha própria ansiedade, depois de ser inspirado pelo exercício na sessão de Zahra. Assim que a caneta tocou o papel, deixei as palavras fluírem:

Querida ansiedade,

Sei que tivemos alguns problemas. Talvez nem sempre tenhamos concordado, e temos tido dificuldade em nos dar bem. Esclarecer e superar as coisas para que possamos trabalhar juntos é o melhor caminho, então já faz um tempo que venho querendo ter essa conversa com você. Dado que você não tem ouvidos e não consegue escutar quando eu falo, pensei que talvez a experiência de escrever esta carta pudesse ajudá-la a entender como eu me sinto.

Preciso confessar. Houve um tempo em que eu desejei que você desaparecesse. Só queria que ficasse quieta, fosse embora e me deixasse em paz. Tenho vergonha de dizer isso e espero que você consiga me perdoar, mas, a certa altura, quando estava no auge de um relacionamento conturbado com você, eu até perguntei ao meu terapeuta se poderia remover minha amígdala para acabar com o sofrimento. Não tenho orgulho disso e não a culpo se você estiver zangada comigo agora, mas você tem que entender que foram tempos sombrios e que nenhum de nós estava pensando com clareza. Sinto muito por te odiar do jeito que eu odiava naquela época.

Agora entendo que você estava apenas tentando me manter seguro e cometendo erros, como todos nós cometemos.

Agradeço por ter chegado a um ponto em que reconheço seu papel e sou grato por ter você em minha vida. Você é uma parte de mim sem a qual eu não poderia viver, e hoje sei que estaria incompleto sem você. Talvez seja apenas culpa por ter desejado (literalmente) te cortar da minha vida anos atrás, mas eu gostaria de te agradecer por algumas coisas.

Obrigado por me manter vivo. Sem você, eu estaria morto. Eu poderia ter passado anos dirigindo em alta velocidade, pulando de telhado em telhado pela minha cidade e falando tudo que pensava para valentões muito maiores e mais fortes do que eu. Você me alertou para o perigo real e, sem dúvida, me salvou de cortes, arranhões, hematomas, olhos roxos, fraturas e coisas piores. Eu era uma criança problemática e inconsequente. Sem você, não consigo nem imaginar com o que minha pobre mãe teria precisado lidar.

Obrigado por me ajudar a avaliar opções e fazer escolhas racionais quando elas precisam ser feitas. Você se senta à mesa ao lado de outras vozes como a Analítica, a Intuitiva e a Volitiva, apresentando informações valiosas que posso levar em consideração antes de tomar decisões.

Obrigado por tornar a vida mais divertida. Sem você, eu nunca seria capaz de aproveitar de verdade a emoção das montanhas-russas e dos filmes de terror. Sem você, eu não experimentaria a deliciosa expectativa nervosa de um discurso público ou de um importante jogo de futebol. Sem você, eu perderia a emocionante frustração de ver meu jogador preferido acertando um chute na trave em uma partida acirrada. Às vezes você pode ser um pouco chata, mas sem dúvida deixa as coisas mais interessantes.

Obrigado por me avisar quando preciso me preocupar com meus entes queridos. Você me ajuda a entender quando é hora de cuidar deles, reservar um tempo para eles, ajudá-los e mostrar o quanto eu me importo. Você me motiva a dar às pessoas especiais para mim a atenção que elas merecem.

Obrigado pelos ataques de pânico. Sei que isso parece maluquice, mas, de verdade, obrigado. Se eu nunca tivesse experimentado as profundezas sombrias dos ataques de pânico e dos transtornos de ansiedade, não seria capaz de encaixar as questões da vida cotidiana no contexto adequado. Por mais que eu tenha sofrido quando você ficou preocupada demais com a minha segurança, de certa forma você me ensinou a saber com o que vale realmente a pena me preocupar e com o que não vale. Você me ajudou a aprender a aproveitar até os momentos mundanos, comuns e encantadores da vida. Eu agradeço de verdade por essa lição.

Hoje eu sei por que você está aqui. Eu entendo seu propósito. Sou grato pelo trabalho que você faz em meu nome. Você me torna uma pessoa melhor em muitos aspectos. Mas, como estamos deixando todos os antigos problemas para trás agora, preciso pedir alguns pequenos favores que acredito que vão nos ajudar a nos manter alinhados.

Daqui para a frente, por favor, vamos trabalhar em equipe.

Você não precisa disparar quando estou em um almoço de domingo com a minha família. Não preciso que você me proteja enquanto estou no teatro tentando curtir uma peça bem escrita. Não preciso de você quando estou apenas andando pela floresta tentando desfrutar da tranquilidade e da beleza da natureza. Não preciso que você dispare quando estou tentando fazer um discurso chato sem que o público durma. Posso viver sem os pensamentos intrusivos que você sugere aleatoriamente, que podem ser motivo de preocupação quando estou apenas me divertindo com os meus amigos. Falando em amigos, prefiro que você relaxe quando vou a festas de aniversário e casamentos. Esses eventos dizem respeito a pessoas de quem eu gosto; não faça com que girem em torno de mim.

Este pedido é importante. Peço respeitosamente que você pare de mexer com meus intestinos, meus músculos e com o resto do meu corpo sem um bom motivo. Só quero relaxar nos meus dias de folga, em vez de correr para o banheiro a cada vinte minutos e me perguntar por que minhas pernas não param de tremer. Isso é desnecessário.

Olha, eu entendo que você está apenas tentando fazer o seu trabalho. Eu sei que você age com a melhor das intenções, tentando cuidar de mim. Mas, às vezes, você fica um pouco barulhenta e abusa da minha hospitalidade. Eu gostaria que você lembrasse que nem sempre precisa estar no comando de tudo. Há muitas vozes úteis na minha cabeça que estão tentando trabalhar juntas. Às vezes, o melhor mesmo é apenas fazer parte da equipe. Participe se achar que deve, depois deixe o resto da equipe opinar, e todos faremos boas escolhas juntos dessa forma. Sei que você é capaz de fazer isso. Vejo você fazendo isso o tempo todo.

Então, daqui para a frente, vamos trabalhar juntos. Você me dá um tempo. Eu te dou um tempo. Prometo que vamos cuidar de tudo que precisa ser cuidado. Você tem minha palavra. Às vezes, vou ter que te ignorar quando você ficar superprotetora e agitada sem motivo. Por favor, não leve para o lado pessoal. Só estou fazendo isso porque eu te respeito. Porque te valorizo. Quero que você esteja por perto para trabalhar comigo, porque sei que provavelmente você vai salvar minha vida muitas vezes antes de eu dar meu último suspiro. Mas, dito isso, quero que você seja a melhor versão de si mesma. A versão que deixa tudo melhor. Chega de queixas intermináveis, desequilibradas e sem fundamento, está bem?

Bem, ansiedade, parece que já falei bastante. Espero que você aceite o meu pedido de desculpa pelos momentos em que a odiei e que possamos seguir em frente com um espírito de admiração, respeito e confiança mútuos.

Obrigado pela atenção, e tenha um bom dia.

Atenciosamente,
Josh

Harry

O grande donut, junho de 2012

Josh: Posso entrar com ele?

Tive que gritar mais alto que o barulho da máquina.

Radiologista: Claro. Mas você precisa usar um desses.

Ele me estendeu dois aventais de chumbo para eu escolher.

Radiologista: Você pode usar o azul ou o de bichinhos fofos da fazenda.

Naturalmente, peguei o avental de bichinhos e o passei pela cabeça. Era pesado e pressionava meus ombros para baixo.

Josh: Nossa, que peso.

Radiologista: É, o chumbo é pesado. É pra proteger da radiação do tomógrafo.

Josh: Como é que eu vou me transformar em um super-herói depois?

Passamos por uma porta dupla reforçada e vi Harry sentado na ponta de uma mesa. Ele olhou para mim e sorriu, mas percebi que estava ansioso.

Josh: E aí, cara?

Harry: E aí?

Josh: Tudo bem?

Harry: Eu não quero deitar. A pressão no meu estômago faz muita força nas minhas costelas.

O abdômen distendido estava inchado, do tamanho de uma bola de praia. Eu me virei para o radiologista, que agora estava do outro lado de um painel de vidro na sala de controle.

Josh: Existe alguma forma de fazer isso sem ele precisar deitar? O Harry tem uma ascite no períneo, e dói ficar deitado. Ele também fica com dificuldade pra respirar.

Ele sorriu.

Radiologista: Alguém se aprimorou na linguagem médica.

Josh: Estudei muito na Universidade do Google nas últimas semanas.

Radiologista: Sinto muito, mas nesta máquina a pessoa precisa ficar deitada o mais reta possível. Vamos tentar te colocar da forma mais confortável que der, Harry. Sei que você já fez isso, mas sempre digo às pessoas que imaginem que estão entrando em um grande donut.

Josh: Ou um portal!

Contornei a máquina até o outro lado e acenei para Harry pelo visor do tomógrafo. Ele não se envolveu na minha brincadeira. Estava sofrendo demais. Uma enfermeira apareceu e trouxe travesseiros e almofadas para deixar Harry menos desconfortável.

Harry: Ok. Estou pronto. Vamos lá.

Josh: Vou segurar sua mão até o donut começar a se mexer. Mas não queremos que minha mão apareça no exame – os médicos vão ficar malucos. Vão achar que estão crescendo membros extras em você ou algo assim.

As luzes diminuíram, e Harry passou pelos anéis gigantes do tomógrafo. Dava para ver o desconforto nos dentes cerrados e na respiração difícil, mas ele não reclamou nenhuma vez, e isso quase me fez começar a chorar. Se eu pudesse passar por aquilo no lugar dele, eu passaria. A tomografia, os tumores, tudo.

Radiologista: Ok, tudo pronto. Acho que temos as imagens necessárias. Vou mandá-las agora mesmo pra Dra. Finnan.

Ajudei Harry a se sentar na ponta da mesa.

Josh: Mandou bem, cara. Deixa eu pegar sua cadeira de rodas.

Passamos Harry para a cadeira, e eu o conduzi para fora da sala.

Josh: Muito bem, cara. Vou providenciar uma pizza e um DVD pra gente hoje à noite e podemos assistir na enfermaria.

Harry: Ok. Tá bom.

Josh: Mas agora vamos até o quinto andar pra falar com a Dra. Finnan sobre os resultados da tomografia. Vamos meter o pé na porta fumando charuto e...

Harry: Josh...

Josh: Desculpa.

Encontramos minha mãe no consultório. Havia uma cumplicidade tácita relacionada a um medo compartilhado que pairava no ar com mais peso do que o avental de chumbo. A Dra. Finnan nos convidou a entrar e nos sentamos de frente pra ela, do outro lado de uma mesinha de centro de aparência triste. Havia uma caixa de lenços de papel ali. Fiquei me perguntando quantas pessoas já não tinham pegado um lenço depois de receber notícias sobre entes queridos naquela sala.

A Dra. Finnan estudou a tela junto com outro médico que eu não conhecia. Eles conversaram baixinho, depois a Dra. Finnan girou a cadeira, e meu estômago pareceu girar junto com ela. O momento da verdade tinha chegado.

Dra. Finnan: Bem, como você sabe, Harry, você tem muitos tumores na barriga e um maior no fígado. Você tem sido incrivelmente corajoso nas últimas três semanas, e sei que teve algumas complicações desagradáveis com a quimioterapia. Sei até que você teve que passar uns dias na UTI.

Harry: Meu irmão disse que eu estava "doidão" de morfina.

Todos nós demos uma risada nervosa.

> CRÍTICA: *Anda logo, Finnan, isso não é o resultado da Dança dos Famosos, porra...*
> ANSIOSA: *Estou com muito, muito medo.*

Dra. Finnan: Bem, os exames mostram que houve uma redução significativa em todos os tumores que conseguimos ver. O tamanho do maior caiu pela metade, e os pequenos parecem bem menores. Você está indo incrivelmente bem...

Minha mãe abraçou meu irmão com força.

Harry: Mãe! Isso dói...

Os dois começaram a rir.

Mãe: Não me importo. Tenho permissão pra te apertar até doer.

Enquanto isso, eu pulei da cadeira e saí da sala para fazer um enorme e prolongado deslizamento de joelhos pelo corredor. Assustei um auxiliar de enfermagem quando ele viu um homem enorme gritando "Uhuuuuu!!!" e deslizando ao lado dele no chão.

Josh: Ele vai conseguir! Ele vai conseguir, porra!

Alguns enfermeiros que estavam em uma estação de monitoramento próxima me olharam. Eles pareciam chocados. Alguns me reconheceram e sorriram. Podiam imaginar o que estava acontecendo.

Josh: Desculpe o linguajar. Ai, meu Deus. Preciso comprar uma pizza!

Corri para fora do hospital em direção à Oxford Road, sentindo o maior alívio que já havia sentido em muito, muito tempo.

Saí do elevador e entrei na enfermaria 84. Harry tinha sido transferido para um quarto particular e estava sentado no leito. Estava cercado pela minha mãe, pelo pai dele, pela madrasta e uma enfermeira que estava preparando a próxima dose de quimioterapia. A roda nunca para quando você está lutando contra o câncer.

Josh: Não deu pra esperar! Eu trouxe a pizza logo. Pizza é bom. Todo mundo adora pizza!

Mãe: São onze da manhã.

Josh: Em Roma, faça como os romanos!

Enfermeira: Isso não faz o menor sentido.

Apoiei as caixas de pizza na lateral e me inclinei na cama para abraçar meu irmão. Apesar do desconforto, ele se sentou e retribuiu o meu abraço. Foi o abraço mais apertado que já recebi dele.

Harry: Eu não vou te soltar!

Josh: Mas... e a pizza?

Harry: Não! Eu não vou te soltar. Nunca!

Eu o apertei com todas as gotas de amor que eu tinha.

Josh: Tá bem. Se a brincadeira é essa, eu consigo aguentar por muito tempo. O primeiro que soltar perde. Espera só até você precisar cagar ou tomar um banho, aí as coisas vão ficar perigosas. Vão ficar além da imaginação.

Mãe: Josh!

Começamos a rir, e as risadas felizes do meu irmão sacudiram meu esterno.

Josh: Foi mal...

Aquele abraço foi um dos momentos mais felizes da minha vida.

Noah

Eu me senti culpado ao fechar a porta depois que o último paciente saiu. Embora tivesse mantido o profissionalismo e a sessão tivesse corrido bem, por dentro eu sabia que tinha tido dificuldades para dar a ele toda a atenção que eu gostaria de ter dado. Embora tivesse me esforçado, minha mente só queria vagar até os pensamentos ansiosos. Pensamentos ansiosos em relação ao meu paciente seguinte, Noah, que chegaria em dez minutos.

>ANSIOSA: *E se ele não vier? Tomara que ele esteja bem.*
>DETETIVESCA: *Não tivemos notícias dele. Você checou os e-mails?*
>ANSIOSA: *E se tiver acontecido uma coisa ruim?*
>ANALÍTICA: *Provavelmente você já teria sido contactado se tivesse acontecido alguma coisa.*

Fui até minha mesa e abri minha caixa de entrada. Nada. Eu estava nervoso desde cedo, quando olhei minha agenda. É perturbador como a ansiedade se espalha e se transforma sorrateiramente no vácuo do silêncio. Após a sessão anterior, quando Noah fez uma saída relâmpago depois de dizer que não merecia ser amado e ter insinuado que não merecia viver, liguei para a médica dele para compartilhar minhas preocupações. Nessas situações, o médico deve entrar em contato com a equipe de saúde mental adequada ou com o próprio paciente. Não tive resposta dela, por isso eu não fazia ideia do que podia ter acontecido.

>CRÍTICA: *Você devia ter insistido mais.*

Dez minutos já tinham se passado desde o início do horário da consulta de Noah e não havia sinal dele. Fiquei andando em círculos pelo escritório e monitorando meus postos de controle de sentinela: olhei pela janela para a entrada do prédio. Nenhum sinal. Fui até a porta do consultório, espiando o corredor. Nada. Fui até minha mesa para verificar o telefone de trabalho e o computador. Nenhum contato.

Depois de vinte minutos, peguei o celular e liguei para o número de Noah. Direto na caixa postal. Tentei de novo, torcendo que fosse porque ele estava ocupado ou em uma área sem sinal, mas aconteceu o mesmo. Em seguida, liguei para a médica dele. Não foi surpresa nenhuma a médica estar ocupada, mas a recepcionista me disse que ela entraria em contato comigo assim que tivesse um tempo. Trinta minutos se passaram, e eu me entreguei à suposição de que Noah não ia aparecer.

Deu a hora do almoço. Olhei para o meu Tupperware cheio de comida indiana da noite anterior e não consegui sentir nenhuma fome. Havia uma sensação desconfortável na boca do estômago, e minha ansiedade fazia de tudo para arrematar meus pensamentos e chamar minha atenção. Ela estava vencendo. O martelo só poderia ser batido quando eu tivesse alguma informação sobre o que estava acontecendo com Noah. Olhei para minha agenda e vi que havia mais três pacientes naquele dia.

ANALÍTICA: *Não acho sensato receber outros pacientes, dado o seu estado de espírito.*
CRÍTICA: *Não seja patético. Faça o seu trabalho.*
COMPASSIVA: *Às vezes a vida nos atropela, e você está fazendo o que é certo com os pacientes ao reconhecer suas limitações.*
EMPÁTICA: *Não é correto prestar aconselhamento se você não estiver totalmente dentro do quadro de referência daquele paciente.*

Depois que o horário da sessão de Noah passou, liguei para os outros pacientes e remarquei as sessões. Em seguida, fui para casa.

Minha casa estava um chiqueiro, então, para me distrair das preocupações com Noah, tentei fazer algo a respeito disso, mantendo o celular no volume máximo, caso a médica dele ligasse com alguma notícia. Juntei uma montanha de papelão reciclável e coloquei em uma lixeira já cheia.

Pus luvas de borracha e limpei a cozinha e o banheiro, depois passei o aspirador no chão. Eu me deixei levar e aspirei até mesmo as escadas – um trabalho que sempre considero absurdamente entediante. Quando cheguei ao último degrau, o aspirador engasgou, fez um barulho estridente e desligou. Um cheiro metálico de fumaça encheu o patamar.

> ANALÍTICA: *Acho que essa foi a última vez que você usou esse aspirador.*

Levei os restos do aspirador para a lixeira, fechei a tampa e fui até a cozinha lavar as mãos. Ao chegar perto da pia, vi a tela do meu celular acender. Duas chamadas perdidas de um número de Manchester.

Josh: *Merda.*

Eu não tinha ouvido o celular por causa do barulho do aspirador. Liguei de volta e quem atendeu foi a recepcionista do consultório da médica de Noah.

Josh: Sinto muito, acho que acabei de perder uma ligação da Dra. Davies. Meu nome é Joshua Fletcher.

Recepcionista: Você está com sorte, a Dra. Davies ainda não saiu. Vou transferir pra ela.

Uma música de espera tocou por alguns instantes antes que a Dra. Davies atendesse.

Dra. Davies: Alô, é o Joshua?

Josh: Isso. Olá, doutora. Alguma notícia do Noah? Liguei na semana passada pra comunicar minhas preocupações e não tive notícias de ninguém, nem mesmo dele. E ele não veio à sessão de hoje.

Houve uma pausa.

Dra. Davies: Joshua, lamento informar que o Noah tentou tirar a própria vida no fim de semana. Ele tomou uma overdose de analgésicos. Felizmente, está vivo e se recuperando no hospital. Ele está trabalhando em estreita colaboração com a equipe de crise. Sinto muito por não ter te informado antes. Eu ia fazer isso.

Fiquei atordoado. Não consegui dizer nada.

Dra. Davies: Agradeço por você ter me informado sobre suas preocupações. Eu transmiti tudo imediatamente pra equipe de crise. Eles foram ver o Noah na sexta-feira à noite e relataram que, pelo que puderam observar, ele não representava um risco grave à própria vida. Infelizmente, ele tentou a overdose na manhã seguinte. Como você sabe, isso pode acontecer. Principalmente se a tentativa de suicídio for premeditada.

Josh: Certo. Obrigado por me avisar.

Dra. Davies: Tenho um bilhete aqui dizendo que a equipe de crise gostaria de entrar em contato com você. Posso passar seu número?

Josh: Claro.

> *ANSIOSA: Eu te disse que algo terrível estava pra acontecer.*
> *INTUITIVA: Não achei que fosse dar nisso, mas você seguiu o protocolo.*
> *CRÍTICA: Como é que você pode dizer isso? Você nem insistiu com a médica.*

Uma hora depois, falei com Diane, da equipe de crise. Ela me informou que Noah estava acordado e lúcido no Parsonage Hospital. No entanto, ele estava relutante em revelar as razões da tentativa de suicídio.

Diane: O Noah fica pedindo pra falar com você, Joshua. Mas, por favor, não se sinta pressionado. Ele está oficialmente sob nossos cuidados agora e foi internado. Dito isso, estamos todos de acordo que poderia ser útil – de uma perspectiva preventiva – se ele pudesse falar com alguém com quem esteja disposto a se abrir. Pelo menos a curto prazo. Estamos cientes dos seus limites profissionais, e não se sinta obrigado se isso for desconfortável. Tenho certeza de que vamos conseguir estabelecer uma conexão com ele em algum momento.

> *ESCAPISTA: Deixa isso pra lá. Ele está no lugar certo, agora. Ele está seguro.*
> *COMPASSIVA: Por que raios uma alma tão gentil faria isso?*
> *DETETIVESCA: Tem alguma coisa que ele não te contou. Eu não me apressaria em fazer um retrato tão benevolente dele.*
> *ANALÍTICA: A decisão é sua. É uma situação bem atípica.*
> *ANSIOSA: Eu preciso saber. Preciso fechar esse ciclo.*
> *CRÍTICA: Claro que precisa. Tudo gira em torno de você, não é, amigão?*

Josh: Posso ir aí hoje.
Diane: Ok, ótimo! Quando você chegar, alguém vai te receber e explicar os protocolos de proteção.
Josh: Ok, até logo.

Depois que desligamos, eu respirei fundo, enchendo os pulmões de ar. Olhei para o teto e fui tomado por uma sensação de dúvida e confusão.

> INTUITIVA: *Vai em frente. É a coisa certa.*
> COMPASSIVA: *Se tiver alguma coisa que possamos fazer pra ajudar, vamos fazer.*

Enchi um copo d'água e tomei. Depois, peguei meu casaco.

O hospital ficava em um antigo edifício vitoriano nos arredores de um dos subúrbios da Grande Manchester. A estrada que levava ao edifício da recepção era ladeada por abetos, píceas e pinheiros, e no chão havia uma mistura revigorante de folhagens do campo. Apesar dos motivos sombrios para a visita, a paisagem era uma quebra providencial nos tons cinzentos da vida na cidade.

Depois de entrar, fui acompanhado até uma sala dominada por uma grande janela saliente com vista para um jardim de pedras. Ao lado da janela, Noah estava em um leito de hospital, recebendo uma medicação intravenosa. Ele virou a cabeça e sorriu ao me ver entrar. Fiquei aliviado ao perceber que ele ainda era uma versão reconhecível de si mesmo. Ele tinha escapado por pouco.

Noah: Oi...
Josh: Oi, Noah. Eu, hã...

Eu não sabia bem o que dizer.

> IRREVERENTE: *Ele está se divertindo muito, Josh. É só festa aqui.*

Josh: Você está se divertindo aqui?

> ANSIOSA: *Por que raios você disse isso?*
> CRÍTICA: *Meu Deus...*

Noah: Estou me divertindo muito, Josh.
Ele sorriu, provavelmente grato por algum grau de normalidade.

ANSIOSA: Ufa.

Puxei uma cadeira e sentei ao lado do leito. Foi estranho, porque a conversa não estava protegida pelos limites habituais do consultório, e eu não tinha certeza de quais eram as fronteiras, já que estávamos em um hospital.

VOLITIVA: Lembre-se dos princípios da terapia: confidencialidade, consideração positiva incondicional e expectativas contratuais.

Josh: Quis dar uma passada pra ver como você estava. Isso não é necessariamente uma sessão de terapia, mas, obviamente, vou manter tudo que você disser em sigilo. Como está se sentindo?

Houve um ruído mecânico quando Noah ajustou o leito usando um controle remoto que o deixou em uma posição mais ereta.

Noah: Estou me sentindo melhor do que antes. Desculpa, Josh. Eu sou muito egoísta. Não avisei que não ia à sessão. Eu… minha cabeça estava uma confusão… Eu…

Josh: Está tudo bem. De verdade.

Noah: Eu fiz uma idiotice. Não é surpresa nenhuma, na verdade – eu estava sendo egocêntrico, como sempre.

Josh: Você devia estar muito desesperado, pra fazer o que fez.

Noah: Estava. Aquele crítico interno terrível pôs as garras em mim e não parava de me sacudir. Fui sugado pra uma escuridão da qual eu estava genuinamente convencido de que não ia conseguir escapar. Eu… sinto muito… estou muito envergonhado. Desperdiçando o tempo de todo mundo. Eu sou um fardo.

Josh: Parece que o crítico interno ainda está tentando comandar o show. Inclusive agora.

Noah: Talvez.

Ele estendeu a mão para pegar o copo d'água. Empurrei o copo para ele. Ele tomou um gole e fechou os olhos, como se estivesse sentindo alguma dor.

Noah: Como é que a gente perdoa a si mesmo?

Josh: Humm... Imagino que aceitando que temos responsabilidade pelas nossas atitudes. Talvez nossas atitudes tenham levado à ocorrência de coisas indesejáveis. Perdoar a si mesmo é escolher acreditar que o nosso valor está em nossa capacidade de mudar, crescer e aprender com as nossas deficiências, ao mesmo tempo que optamos por nos concentrar no que temos de melhor.

Noah rolou a cabeça no travesseiro para olhar para mim. Ele tinha perdido peso durante a semana em que não o vi.

Noah: Você pode me ensinar a fazer isso?

EMPÁTICA: Ele quer uma orientação. Ele carece de amor-próprio.
DETETIVESCA: O que precisa ser perdoado?

Josh: O que você gostaria de perdoar?
Noah: O fato de que eu me tornei meu pai.
Josh: Você não é o seu pai, Noah.
Duas lágrimas escaparam de um olho e escorreram pelo rosto magro.
Noah: Estou pronto pra te contar, agora.
Josh: O segredo que você mencionou?
Ele assentiu.
Noah: Isso é confidencial, não é?

ANSIOSA: Humm... isso não é nada bom.

Josh: É. Dentro dos limites do que expus na primeira sessão. Você lembra?
Noah: Lembro.
Ele enxugou os olhos com a barra da camisola do hospital antes de falar.
Noah: Em abril... eu... fui a um encontro de pessoas pra tentar fazer amigos na cidade. Foi especificamente um encontro LGBTQIAPN+, em um pub em Gay Village. Foi uma noite agradável, e todos foram calorosos e acolhedores. Tentei conversar com todo mundo, mas fui naturalmente atraído para o Jacob, uma das pessoas mais quietas do grupo, porque nós dois estávamos muito nervosos. Ele ainda é bem novo – acho que tem 19

anos –, portanto significativamente mais novo que eu. Talvez seja por isso que eu me senti em posição de colocá-lo sob a minha proteção.

Noah fechou os olhos, provavelmente porque parecia mais fácil continuar sem olhar direto para mim.

Noah: A noite continuou e foi ficando mais animada. Fomos andando de bar em bar, mas eu e Jacob ficamos juntos na maior parte do tempo. Muito álcool foi consumido, além de outras coisas. Nós dois só começamos a usar drogas mais tarde. A Jacqui, que tinha sido consagrada como líder do grupo, disse que a gente podia fazer uma festa na casa dela, então todo mundo foi pra lá. A casa da Jacqui era fora da cidade, então a gente pegou um táxi. Jacob e eu pegamos um só pra nós. A gente...

Mais lágrimas vieram.

Noah: A gente se beijou no banco de trás do táxi. Bem, só rapidinho. Acho que o taxista era homofóbico, porque começou a dirigir de forma imprudente logo depois disso. Ou isso ou nós dois só estávamos sendo irritantes e ele estava de saco cheio. Não tem como saber. Enfim, chegamos na casa da Jacqui. Era enorme. Tipo uma daquelas casas de fraternidade que a gente vê nos filmes americanos. Aparentemente, a Jacqui era dona de uma construtora quando ainda se chamava Solomon. Ela vendeu o negócio e escolheu viver uma vida de prazeres. As drogas apareceram. Eu não tinha muita experiência com elas, mas experimentei várias. O Jacob estava me explicando gentilmente o que era cada uma, quanto tomar, que "onda" ou efeito cada uma teria.

DETETIVESCA: Estou curiosa pra saber onde isso vai dar.

Noah: Depois de um tempo, o Jacob me pegou pelo braço e fomos explorar a casa juntos, tipo dois adolescentes bobos. Bem, ele ainda é praticamente adolescente, então... No segundo andar havia vários quartos. Achamos um, sentamos lado a lado na beira da cama e ficamos nos beijando por um tempo. Depois, o Jacob pegou um frasco e explicou que era uma coisa chamada GHB. Ele explicou que eu podia colocar aquilo na bebida pra ficar eufórico, mas que não era pra gente usar muito, porque já tínhamos bebido. Eu topei, porque, quando alguém te oferece euforia e você tem uma vida solitária e miserável, Joshua, é difícil recusar.

Ele parou de falar.

Noah: Eu não consigo, Josh...

Esperei pacientemente. Não insisti para que ele concluísse. Algumas pessoas, quando pressionadas, recuam e se fecham. Mas eu queria desesperadamente saber.

> IRREVERENTE: *Desembucha, cara. O que foi que aconteceu?!*
> VOLITIVA: *Não pressione.*
> INTUITIVA: *Parece a melhor ideia.*

Josh: Tudo bem. Não vou te pressionar pra continuar. Mas sugiro que você reflita sobre como vai se sentir ao conversar com alguém sobre isso. Pode aliviar o fardo.

Houve uma batida respeitosa na porta e um enfermeiro entrou.

Enfermeiro: Vim só pra fazer a visita de rotina, Noah.

Noah: Você se importa de voltar daqui a dez minutos? Eu só preciso terminar de contar uma coisa pro meu terapeuta.

Enfermeiro: Claro. Volto mais tarde.

O enfermeiro saiu e fechou a porta com cuidado.

Noah: A gente misturou o GHB com um pouco de limonada e tomou. O Jacob tinha razão. Tudo começou com uma sensação de euforia. A gente começou a se agarrar, nossas mãos começaram a explorar, e ficamos incrivelmente brincalhões. Aparentemente, o GHB é um afrodisíaco poderoso. Depois... tudo virou um borrão... pra nós dois...

Ele ficou pálido.

Noah: ... mais pro Jacob. Acho que os efeitos do álcool, ou de uma dose mal calculada, bateram com mais força, e ele ficou mole e sonolento. Também tinha batido em mim, mas a onda era mais intensa. Nós... estávamos nus... a porta estava trancada...

Assenti gentilmente, indicando que ele podia continuar.

Noah: Então... são só *flashes*... um borrão...

Ele começou a chorar de soluçar. O monitor de frequência cardíaca sinalizou o aumento dos batimentos e da pressão arterial. Um alarme apitou, e o enfermeiro apareceu.

Enfermeiro: Está tudo bem?

Josh: Ele estava falando sobre um assunto difícil. Se for muito arriscado pra saúde dele, podemos deixar pra outra hora.

Noah: Não... eu preciso contar. Estou bem. Só estou chorando.

O enfermeiro se aproximou e tirou o som do alarme dos monitores. Ele olhou para Noah, que assentiu para indicar que estava bem. O enfermeiro saiu, e Noah se recompôs.

Noah: Não foram só *flashes* e um borrão, Joshua. Estou tentando me iludir. Eu me lembro de algumas partes. Eu... eu estava em cima dele... eu estava dentro dele. Ele... estava inconsciente... ele estava inconsciente, Josh...

ANSIOSA: Meu Deus.
VOLITIVA: Continue ouvindo.

Noah: Eu estava chapado, e as drogas eram novas e avassaladoras pra mim, mas... eu estava dentro dele, e ele estava inconsciente... inconsciente...

Ele parecia horrorizado. O corpo todo estava encolhido em posição fetal.

Noah: Eu continuei... simplesmente continuei... eu... eu...

CRÍTICA: Estuprou ele.

Ele estava aos prantos agora.

DETETIVESCA: Merda.

Noah: Então o Jacob acordou e... o pavor nos olhos dele, Josh. Ele sabia o que tinha acontecido. Eu sabia o que tinha acontecido...

Meu coração batia forte, e um zumbido atravessou meus ouvidos. Fui reduzido a uma simples pergunta que ardia na ponta da minha língua, em choque.

Josh: Agradeço por você me contar isso. Eu tenho que perguntar, Noah... por quê?

Noah enxugou os olhos e assoou o nariz.

Noah: Não sei. Impulso, eu acho. Foi tudo muito rápido. Foi... o poder envolvido. Parte de mim sentiu muito poder. Não a parte racional e gentil, mas a parte animalesca e má que eu não sabia que tinha. Quero culpar uma parte má de mim, porque é mais fácil eu me separar dela e colocar a culpa em algo externo. Mas fui eu quem fez aquilo, Josh. Fui eu... E é por isso que eu não consigo viver comigo mesmo.

Josh: Percebo muito arrependimento, Noah. Não estou concordando com o que você fez, mas não acho que tentar tirar sua vida seja a solução. O arrependimento e a culpa paralisante apontam pra um lado seu que vale a pena alimentar. Que merece o seu tempo e a sua atenção.

Noah: Você acha que eu herdei a maldade do meu pai?

> *CRÍTICA: Você é um adulto responsável pelas próprias ações. Você estuprou um jovem. Assuma a responsabilidade!*
> *ANALÍTICA: Você ainda é terapeuta do Noah.*
> *COMPASSIVA: Esse jovem tentou se matar. Os riscos são altos.*
> *VOLITIVA: Estou me esforçando pra vê-lo incondicionalmente neste momento.*

Josh: Acho que somos responsáveis pelas nossas próprias ações e atitudes. O que eu vejo é um remorso paralisante pelo que você fez. Estou preocupado com você, Noah. Acho que esse foi um segredo seu que permitiu que a culpa e a depressão prosperassem. Agradeço por você me contar e admito que é difícil escutar...

> *ANSIOSA: Odeio isso, mas vamos ter que falar.*

Josh: O que aconteceu depois do episódio? O Jacob... foi à polícia?

Noah puxou as cobertas até o rosto num gesto infantil.

Noah: Não. Não aconteceu nada. Tentei ligar pra ele e me desculpar. Mas ele não atendeu. Acho que o Jacob contou pra algumas pessoas, porque todos os amigos do encontro pareceram me ignorar depois. Eles pararam de falar comigo.

> *DETETIVESCA: Ah, cara... A gente tem que denunciar isso.*
> *BIOLÓGICA: Estou meio enjoado.*

Josh: Esse é um crime sério, Noah...
Noah: Por favor... não! Não! Eu não posso ser preso!
Josh: Noah, existem certas obrigações às quais estou...

> INTUITIVA: *Para! Esse homem está em observação por risco de suicídio.*

Os alarmes nos monitores despertaram. Noah começou a se contorcer e se debater na cama, aos berros. Ele começou a puxar a cânula do braço e jogou o suporte do soro no chão, fazendo um estrondo. Em segundos, três enfermeiros irromperam no quarto e começaram a amarrá-lo à cama.
Enfermeiro: Você precisa sair, senhor.
Horrorizado, eu me levantei e fui seguindo a parede até a porta, por onde saí. Os três enfermeiros estavam em cima de Noah e conseguiram abafar seus gritos.

> ANSIOSA: *Porra. Que coisa bizarra.*

Segui pelo corredor e abri a porta de uma saída de incêndio que dava para uma área externa. Meu coração estava batendo forte. Fechei os olhos e tentei me acalmar.

Parte do compromisso ético de um terapeuta é denunciar crimes graves caso estes sejam mencionados no consultório, principalmente se tiverem sido confessados pelo autor. Trabalhei com muitos pacientes que tinham infringido a lei e, na maioria das vezes, envolvendo crimes que poderiam ser considerados "leves"; lanço mão do meu julgamento, e os crimes leves muitas vezes não são denunciados, por escolha minha. Não há nenhum ganho terapêutico em delatar um cara que jogou lixo no chão em um parque três anos atrás ou que comprou bebida alcoólica para o irmão mais novo de 16 anos a pedido dele. Noah, porém, tinha abusado sexualmente de alguém, um crime grave que não pode deixar de ser denunciado. Isso explicava a sensação de enjoo que se espalhava pelo meu estômago. Havia um profundo conflito: senti uma repulsa visceral por Noah que irrompeu segundos após a confissão, mas também senti os efeitos latentes de vê-lo holisticamente como um jovem imperfeito, arrependido e suicida. Essa confusão fazia minha cabeça latejar.

Voltei para dentro do hospital e solicitei uma reunião de emergência com a equipe de crise de Noah. Acho deprimente me ver em uma situação em que tenho que quebrar o pacto de confidencialidade. É como viver a morte e o luto da sacrossanta relação terapêutica, que se desfez no momento em que expliquei a notícia à equipe médica. O supervisor então informaria a polícia, e juntos traçariam o plano de ação mais seguro para Noah. Tive a sensação de estar lidando com uma coisa amaldiçoada – um sentimento horrível de culpa e responsabilidade, embora racionalmente soubesse que isso não era real. Senti uma culpa irracional por revelar o segredo de Noah, embora ainda tivesse esperança de que ele fosse capaz de processar suas questões e se esforçar para ter uma vida plena após a confissão. Para expiar pessoalmente e buscar a própria redenção sem o peso daquele crime.

As ações significavam que ele perderia tudo: o emprego, as novas raízes e, temporariamente, a independência, quer fosse preso ou internado. Embora eu estivesse com raiva de Noah e profundamente decepcionado com ele, não fiquei feliz em saber que era isso que o aguardava. Eu também esperava que Jacob conseguisse buscar o apoio adequado para o trauma pelo qual tinha passado.

Quando a terapia não funciona

Uma das coisas mais tristes que escuto – e escuto isso com frequência – é: "Tentei fazer terapia. Não funcionou pra mim."

Antes de dizer mais uma palavra que seja, preciso deixar algo claro. Quando a terapia não funciona, o fracasso não é seu. A terapia é um processo e pode envolver vários falsos começos até que você encontre o terapeuta ou a abordagem certos para você.

Hollywood tem muita responsabilidade na forma como imaginamos que a terapia vai ser. Esqueça as imagens cinematográficas de um processo perfeitamente linear, em que você fica sentado por meses ou anos recebendo sábios conselhos de um terapeuta sábio que sonda os recônditos mais profundos da sua alma para que você possa alcançar a sabedoria e a iluminação. A terapia nem sempre culmina em revelações dramáticas e epifanias que resolvem os seus problemas e o libertam dos seus fantasmas. A verdadeira terapia pode ser confusa, confrontadora e desconfortável, e muitas vezes parece não estar indo a lugar nenhum.

Se a terapia tiver tropeços, for desagradável e complicada, tudo bem. Mesmo assim, você não está fracassando. Muitas pessoas experimentam vários terapeutas antes de encontrar um com quem realmente se encaixem. Isso é normal e esperado. Também não é um fracasso. É assim que costuma acontecer. Além disso, lembre-se de que, mesmo que você deixe seu terapeuta e procure outro, você ainda estará aprendendo e se beneficiando, mesmo que seja a quinta vez que isso acontece. Você pode aprender uma coisa com um terapeuta, três coisas com outro e dez coisas com um terceiro. Todos esses aprendizados contam. Só porque você não encontrou, ou *ainda* não encontrou, alguém com quem consiga trabalhar de forma consistente, isso não significa que você tenha fracassado ou que esteja jogando seu tempo fora. A terapia é um processo que pode envolver, e muitas vezes envolve, diferentes colaboradores em diferentes momentos.

Por que às vezes a terapia não funciona? Na maioria dos casos, tudo se resume a uma incompatibilidade entre você e o terapeuta ou a uma incompatibilidade entre o problema que você está abordando e a orientação teórica do terapeuta em questão. Felizmente, é raro o fracasso de um relacionamento terapêutico acontecer por uma formação ruim, incompetência ou falta de ética do terapeuta. Infelizmente, isso pode acontecer, assim como em qualquer outra profissão. Mas gosto de acreditar que os terapeutas ruins são a exceção, não a regra.

Se você estiver trabalhando com um terapeuta que o trata com desinteresse, parece mal preparado ou mal informado quando se trata da sua questão específica, age de forma pouco profissional em relação a coisas como horários e cobranças ou faz a terapia girar mais em torno dele do que de você, você merece coisa melhor. Nesses casos, o melhor conselho é encerrar o relacionamento de forma definitiva e seguir em frente. Ninguém é obrigado a insistir em um terapeuta ruim, assim como não deveria insistir com um jardineiro ruim ou um mecânico ruim.

Mas, mesmo com um terapeuta profissional de boa formação, dedicado e atencioso, as coisas podem não funcionar. A terapia é uma profissão apaixonante. Os terapeutas acreditam no trabalho que fazem. Acreditam nas abordagens que adotam e nas teorias que estão por trás delas. Eles as abraçam, às vezes de forma emotiva. Isso é ótimo, mas não significa automaticamente que o tratamento no qual um terapeuta acredita será adequado à sua situação. Eu mesmo só progredi na minha própria terapia quando encontrei um terapeuta especializado e apaixonado pelo tratamento de ataques de pânico e TOC. Isso não significa que os outros com quem trabalhei fossem necessariamente ruins. Eles simplesmente não eram o par certo para mim.

Nem toda terapia é igual. Algumas abordagens são de natureza mais passiva, em que o terapeuta atua como um guia reflexivo basicamente silencioso enquanto você encontra seu próprio caminho. Outras exigem que o terapeuta seja mais insistente ou diretivo na definição do ritmo ou da pauta. Além disso, é preciso levar em consideração a personalidade. Se você prefere ser independente e autônomo, um terapeuta mais inclinado a ser prescritivo e diretivo pode não funcionar para você. Esse mesmo terapeuta pode ser uma ótima opção para alguém que responde melhor a instruções claras e que precisa de uma orientação mais ativa. Preferências pessoais, tipos de personalidade e estilos de comportamento são importantes nesse caso, e não existe certo ou errado.

Também temos que reconhecer que os terapeutas são humanos, e que os humanos têm defeitos. Não há problema nenhum em admiti-los. Você não precisa tolerá-los. E temos que tomar uma atitude se esses defeitos estiverem afetando nossa experiência e nossos resultados terapêuticos. Não estou dizendo que seu terapeuta seja um narcisista raivoso e abusivo, mas ele pode simplesmente incomodar você. Isso acontece. Não pense que está fracassando nem fazendo algo errado nesse caso. Inclusive, quando você se depara com uma situação como essa, pode aprender o que não quer em um terapeuta em termos de personalidade. Essa também pode ser uma informação valiosa.

Às vezes, a relação terapêutica entre duas pessoas simplesmente não funciona, e não é culpa de ninguém. Não há necessidade de apontar dedos e perder tempo e energia procurando culpados. Alguns dos meus amigos gostam de manjar turco. Eu até aprecio, mas não amo do mesmo jeito que eles. Podemos ter opiniões divergentes em relação a algumas coisas sem que seja culpa ou fracasso de ninguém. Isso também pode acontecer com seu terapeuta. E aí? Você pode se ver em uma situação em que a terapia não está funcionando para você, mas acha difícil fazer uma mudança. Pode estar pensando em parar e procurar um novo terapeuta. Pode querer dizer algo ao seu terapeuta em relação ao que não está funcionando para você. Pode ter dúvidas sobre por que seu terapeuta está agindo desse jeito. Pode acabar em uma situação em que acha que não está progredindo, e isso gera frustração. Você sabe que algo deveria mudar, mas fica calado e tenta continuar.

Você pode se sentir responsável pelos sentimentos do seu terapeuta e, consequentemente, ter medo de falar ou fazer qualquer mudança porque não quer correr o risco de magoá-lo ou insultá-lo. Esse é um erro comum. Naturalmente, terapeutas são humanos e devem ser tratados com gentileza e respeito, como qualquer pessoa, mas você nunca é responsável pelos sentimentos do seu terapeuta. Nunca. Ele é treinado para lidar com os próprios sentimentos durante a sessão e permanecer focado em VOCÊ, não nele mesmo. Se você disser que se sente desconectado, que as coisas não estão funcionando para você ou que está se sentindo frustrado pela ausência de progresso, não vai estar ferindo os sentimentos de ninguém. Se você quiser encerrar o relacionamento e procurar um novo terapeuta, ninguém vai se sentir insultado. Você não é responsável por gerenciar os sentimentos e as reações do seu terapeuta, então não se preocupe com isso.

As pessoas mudam de advogado, de contador, de médico e de dentista o tempo todo. Você tem permissão para mudar de terapeuta se achar que é do seu interesse. Isso é perfeitamente normal. Sinceramente, se o seu terapeuta tiver uma reação emotiva a essa decisão, recai sobre ele a responsabilidade de administrar essa reação fora da relação entre vocês. Não fazer isso é um fracasso dele, não seu. Contanto que você não faça um discurso carregado de insultos, no qual questione o caráter de seu terapeuta ou dos antepassados dele, está tudo bem.

Outra razão que deixa as pessoas presas a uma terapia que não está funcionando é quando um dos problemas para os quais elas precisam de ajuda é o desejo de sempre agradar os outros ou a busca por aprovação de figuras de autoridade. Por definição, seu terapeuta está automaticamente numa posição de poder na relação de vocês. Ele é a autoridade. Você está indo até ele em busca de ajuda. Se você tem problemas com o desejo de sempre agradar os outros ou precisa da aprovação de pessoas "importantes" em sua vida, pode achar muito difícil questionar o terapeuta ou parar de fazer terapia com ele. Você pode temer perder a aprovação dele se parecer estar sendo "rebelde" ou "ingrato".

Falar abertamente com seu terapeuta sobre seu bem-estar e a eficácia da ajuda que ele oferece não é rebeldia, ingratidão nem falta de lealdade. Você tem autorização para defender os próprios interesses. Um bom terapeuta espera que você faça isso e vai acolhê-lo e encorajá-lo. Seu terapeuta é treinado para estar ciente da dinâmica de poder no relacionamento terapêutico e não deixar que isso seja um problema. Ele não quer que você o adore, o idolatre nem que seja leal. Isso é o que os líderes de seitas esperam. Terapeutas não são líderes de seitas ou, pelo menos, não deveriam ser. Seu terapeuta pode perceber que você está buscando a aprovação dele porque isso não é tão incomum, mas ele não está ali para lhe dar essa aprovação, apenas para aceitá-lo e encorajá-lo. Se você estiver em uma situação em que a terapia não está funcionando porque você simplesmente não está se conectando com o terapeuta ou porque ele não está sendo eficaz para lidar com seu problema específico, não há problema nenhum em mudar.

Se você está se tratando com um terapeuta e acha que as coisas estão saindo do rumo ou que você não está recebendo a ajuda que deseja ou precisa, é importante falar isso com clareza.

Quando a terapia não funciona, isso pode ser frustrante e incômodo. Você pode achar que está enfrentando um grande obstáculo ou que o trabalho que vem fazendo foi em vão. Entendo todos esses sentimentos. Não há problema nenhum em tê-los e expressá-los. Lembre-se apenas de que não há fracasso nenhum nisso, que o processo às vezes pode ser um pouco complicado e que mesmo as experiências que não dão certo muitas vezes nos ensinam algo sobre o processo, sobre os nossos problemas específicos ou sobre nós mesmos em geral.

Se você teve uma experiência de terapia que não deu certo, dedique um tempo a se recuperar e expresse suas emoções para alguém em quem você confie. Você pode sentir a necessidade de dar uma pausa na terapia por um tempo. Tudo bem. Tire o tempo que precisar. Depois, quando e se estiver pronto, volte à ação. O simples ato de procurar ajuda do jeito que você está buscando já é corajoso e deve ser reconhecido pelo que é: você fazendo uma coisa boa por si mesmo, e isso nunca é ruim, mesmo quando nem tudo é perfeito ou belo.

Daphne

Ouvi um barulho inusitado na porta do meu consultório. Em vez de uma batida, parecia o baque abafado de um chute leve. Abri a porta e vi uma atriz muito premiada segurando duas canecas de café.

> *COMPASSIVA: Que gesto maravilhosamente atencioso.*
> *VOLITIVA: Vou tirar uma foto mental deste momento.*

Daphne: Cheguei preparada!
Reparei que ela estava com um novo corte de cabelo, mais curto.
Josh: Obrigado. Muito atencioso da sua parte. Entra. O cabelo encolheu?
Daphne: Achei que essa terrível piada de tiozão tivesse morrido no século passado. Sim, cortei o cabelo.
Ela colocou as canecas sobre a mesa. Além do corte de cabelo, ela estava vestida de forma diferente – mais casual que de costume. Mesmo assim, seria impossível ela perder a aparência impressionante.
Josh: Como você está?
Daphne: Estou bem. Minha mente está dando voltas com muitas perguntas, mas... surpreendentemente, estou bem.
Josh: Acho que exploramos muitos tópicos importantes na última sessão.
Daphne: Foi. Agradeço por você ter me ouvido e me encorajado a explorar essas coisas. Falar sobre isso aliviou um peso que eu estava carregando e, estranhamente, não pensei muito nessas coisas desde então. Tenho andado tão ocupada que não tive tempo de assimilar minha metamorfose relâmpago.
Josh: Entendo. Metamorfose em vez de... evolução?
Daphne: Eu não me oponho a nenhuma definição que você queira usar,

Joshua. Afinal, você me ajudou muito no último mês. Mas, se dependesse de mim, eu ficaria longe de qualquer terminologia que me descrevesse como um... como é que se diz...? Minha filha mais velha assistia quando era criança, e minha caçula ainda assiste...

IRREVERENTE: *Pokémon.*

Josh: Um Pokémon.
Daphne: É! Isso mesmo. Aquelas coisinhas irritantes que gritam e torturam umas às outras e se transformam em seres diferentes. Aposto que isso faz o seu tipo. Eu não sou um Pokémon. Embora eu aprecie o sentimento e o reconhecimento do meu... crescimento.

Ela tomou um longo gole do café.

Daphne: Lamento não poder ficar muito tempo. Hoje à noite é a última apresentação da peça. Tem certeza de que não quer ir? Posso conseguir um lugar maravilhoso lá na frente. Mas, veja bem, talvez você tenha que usar uma roupa mais respeitável.

CRÍTICA: *Risos. Eu sabia que devia ter usado outra calça.*

Josh: Ei!
Nós dois rimos.
Josh: Como você está se sentindo com o fim das apresentações? Estou triste por não poder ir hoje. Mas, sem limites rígidos, as sessões não seriam como são. É preciso que haja uma linha profissional. Por mais que isso seja irritante. Eu adoraria ir.
Ela revirou os olhos.
Daphne: Eu entendo... entendo, mesmo.
Josh: Seu convite é uma honra para mim, como terapeuta. Eu gostaria de deixar isso claro. E essa... essa sensação é melhor do que qualquer presente, ou ingresso grátis, que você possa me dar.

CRÍTICA: *Fiz o melhor possível pra provar que você é uma farsa, mas você está certo nessa. Você realmente se preocupa com seu papel como terapeuta. Seu grande fracassado.*

Daphne olhou para mim com uma sensação de profunda compreensão. Eu esperava ter conseguido deixar claro que o que eu tinha dito era sincero. Foi impossível não espelhar o sorriso maravilhoso que vi em seu rosto.

Daphne: Fazer a peça foi incrível em muitos aspectos. Percebi que abordei minha personagem a partir de várias mentalidades diferentes desde que passei a vir aqui. Também tem sido muito emocionante dar uma chance às minhas mais recentes ideias dramatúrgicas. Gostei muito da minha temporada em Manchester.

Sorri e terminei o café.

Daphne: Sinto muito que nossas sessões tenham que terminar tão abruptamente. Vou partir em breve. Tenho os compromissos habituais com a imprensa. A última noite é sempre cansativa. Você poderia me fazer um favor e se mudar pra Londres? E ser meu terapeuta pra sempre?

BIOLÓGICA: Foi inaugurado um novo sistema de ar-condicionado na barriga do Josh agora mesmo! Não perca!

Josh: Fico muito lisonjeado. Mas eu gosto de morar em Manchester. É a minha casa. Conheço muitos terapeutas excelentes pra te recomendar em Londres. Defendo fortemente ter um espaço seguro perto de onde você mora, com alguém com quem você se sinta confortável. Vai ser confidencial. Eu não recomendaria ninguém que não fosse profissional.

ANALÍTICA: Pode ser benéfico obter diferentes perspectivas e competências derivadas de abordagens alternativas.

Percebi que Daphne foi atingida pela súbita percepção de que o nosso relacionamento terapêutico estava prestes a terminar. Ela arregalou os olhos, e eu senti um desconforto de ansiedade. Ela olhou para mim como se estivesse vivendo a última oportunidade de dizer algo antes de embarcar em um avião.

Daphne: Você... fez eu me sentir segura. Fez eu me sentir ouvida... e vista... e fez eu me sentir como se existisse sem a máscara da minha persona pública. Me ensinou que o pedestal em que acredito ter sido colocada não é tão alto assim, e que posso descer dele quando quiser. Você fez eu me sentir... humana. Menos presa. Você me ajudou a ter esperança. Obrigada pela sua incondicionalidade. Ela foi mais poderosa do que você é capaz de imaginar.

Ela começou a verter uma lágrima. No mesmo instante, começou a rir. Um maravilhoso coquetel das duas emoções mais poderosas que um ser humano pode ter na luta pelo controle em uma situação de emoções conflitantes. Essa visão amainou quase todas as dúvidas que eu tinha em relação a mim mesmo como terapeuta até então. A reação de Daphne foi a magnificência da terapia na sua forma mais pura.

Daphne: Não tive nenhum ataque de pânico noturno na última semana. Tenho dormido muito bem... eu... vou sentir sua falta, Joshua.

INTUITIVA: Não tem problema nenhum em verbalizar isso.

Josh: Também vou sentir a sua.

Aspirador de pó

Caminhei pelo Manchester City Centre empunhando meu novo aspirador de pó. Parte de mim estava genuinamente animada para ligá-lo e testá-lo assim que chegasse em casa. Outra parte dizia que sentir aquele grau de entusiasmo em relação a um eletrodoméstico significava que eu estava agora firmemente enraizado na vida adulta. Havia um burburinho perceptível por toda a cidade, a mistura de sons e cheiros se transformando à medida que eu caminhava por ruas largas, becos e praças. Desci a Oxford Road e entrei em um dos meus pubs preferidos para tomar uma cerveja, navegando pelo labirinto formado entre as mesas.

ESCAPISTA: A gente merece uma cerveja!

A garçonete olhou para a caixa que eu estava carregando.
Garçonete: Quem é o seu amigo?
Josh: Ah, ele não bebe. Prefere pó.
Garçonete: (*revirando os olhos*) Uau.
Ela serviu um *pint* de uma IPA de nome pretensioso e o colocou na minha frente. Ficamos batendo papo por um tempo, e eu coloquei algumas músicas na jukebox: uma seleção de bandas de Manchester, como Stone Roses e Doves, depois uma guarnição de John Coltrane para dar um toque de jazz. Foi prazeroso ter uma conversa em que não existia a expectativa de eu ser o terapeuta. Embora eu suponha que muitos garçons e garçonetes assumam inadvertidamente o papel de terapeutas em sua rotina, junto com cabeleireiros, massoterapeutas ou qualquer profissão que exija que o cliente se encontre em um estado de espírito relaxado em um espaço de intimidade.

Eu estava na metade da terceira cerveja quando começou a tocar Justin Bieber na jukebox. A garçonete levantou a cabeça e franziu uma sobrancelha enquanto cortava um limão. A reprodução automática tinha sido ativada, porque meus créditos tinham acabado.

Garçonete: Essa música de novo, não. Uns meses atrás, tinha um palhaço que entrava aqui, colocava uma nota de cinco na jukebox, programava dez vezes essa música e ia embora.

IRREVERENTE: Risos.

Josh: Ah... o *Serial Bieber*!
Ela sorriu, pensativa.
Garçonete: É, é assim que a gente chamava ele.
Terminei a cerveja e me levantei, pronto para ir para casa. Justin Bieber estava terminando a música, e eu gesticulei para a garçonete um sincero "obrigado" e um "tchau" em um único sinal com a mão.
Garçonete: Até a próxima.
Carreguei o aspirador até a porta que dava para a rua, onde a cidade nos aguardava.
Josh: Pode não haver uma próxima!
Começou a tocar Justin Bieber de novo. A mesma música. A segunda de cinco. A garçonete largou a faca e suspirou.
Josh: Porque eu sou o *Serial Bieber*!
Garçonete: Nãããão!
Saí rindo sozinho. A garçonete balançou a cabeça, mas juro que a vi dando um sorriso.

Minha caminhada até o ponto de ônibus me levou ao Exchange Theatre. Do lado de fora, em um enorme cartaz, havia uma foto de Daphne com seu elenco. O cartaz estava enfeitado de luzes ao redor. "*Lyrebird*", dizia, com um segundo cartaz ao lado dizendo: "Última apresentação hoje à noite". Havia um burburinho vindo de uma multidão de pessoas bem-vestidas na fila do lado de fora e vagando pelo bar do teatro.

Josh: Merda pra você hoje, Daphne. Que tudo corra bem ao saltar do pedestal.

O sol estava se pondo atrás de um prédio comercial alto, projetando uma luz alaranjada e ofuscante do outro lado da rua. Caía o pano da temporada de Daphne. Senti uma mistura de emoções, mas a mais proeminente era uma forma incomum de orgulho. Atravessei a multidão à porta do teatro desajeitadamente com a minha caixa. Cheguei à esquina e fui saudado por um sujeito de aparência sombria vestindo uma jaqueta de couro.

Cambista: Precisa de ingresso pra apresentação de hoje à noite, meu caro?

Josh: Claro, um que foi feito à mão e vai me custar um rim?

Cambista: Estou falando sério. Mas não consigo nenhum pro seu amigo aí.

Ele olhou para a caixa do aspirador.

Josh: Desculpa, cara. Não tenho interesse.

Fui andando em direção ao ponto de ônibus e olhei para trás. Meu ônibus estava virando a esquina, então eu teria que correr se quisesse chegar ao ponto a tempo. O conteúdo da caixa retumbou ritmadamente enquanto eu corria pela rua. O ônibus estava se aproximando, mas eu ia conseguir. De repente, meu pé prendeu em uma das pedras da calçada; tropecei de leve e tive que me esforçar para recuperar o equilíbrio, mas, ao fazer isso, deixei a caixa cair e ela foi deslizando pela calçada até parar de lado. O ônibus de dois andares passou por mim sibilando e me deixou encarando o chão. Coloquei as mãos nos quadris e soltei um suspiro ruidoso. Olhei para trás, na direção de onde eu tinha acabado de vir. Não sei se foi intuição, as cervejas ou a frustração com o ônibus, mas me peguei andando de volta na direção do cambista, carregando meu triste aspirador.

Josh: Quanto é?

Paguei uma quantia exorbitante e abri caminho até o saguão, onde implorei ao funcionário da chapelaria para guardar a caixa do aspirador. O saguão do teatro fervilhava de agitação. Um lindo lustre e um tapete literalmente vermelho eram as principais peças de um recinto deslumbrante. Folheei o programa e dei uma olhada nas apresentações do elenco. O rosto de Daphne estava estampado por todo lado – diretora, atriz, a estrela do espetáculo.

DETETIVESCA: Com quem será que ela saiu naquele encontro?
VOLITIVA: Não importa, né?

DETETIVESCA: Verdade. Só estou curioso.
BIOLÓGICA: A curiosidade é humana.

A chamada para a peça soou, os ajudantes surgiram como um exército e o público se dirigiu aos seus lugares. Sem surpresa nenhuma, o cambista tinha me vendido um lugar no alto da galeria, mas eu estava com sorte, porque a peça seria apresentada em um palco central. Eu tinha uma vista maravilhosa, embora estivesse quase no teto. Também estava envolvido pela escuridão, o que me permitiu tomar um gole do vinho que eu tinha "contrabandeado" para dentro. A peça começou. Eu estava animado.

Daphne era hipnotizante. Devo ter assistido tudo de queixo caído. Vê-la atuar ao vivo era incomparável a ficar largado diante da TV assistindo a seus filmes em casa. Às vezes eu achava ter reconhecido a Daphne que eu conhecia do consultório, principalmente quando ela olhava para a escuridão da galeria. Houve uma ocasião em que achei que ela estava olhando diretamente para mim, me transportando por um instante para o limbo entre o presente e o consultório.

Saí do teatro debaixo de chuva. Típico de Manchester. Decidi dar um passeio pela cidade e presumi que não haveria problema em submeter a chapelaria do teatro à presença do meu aspirador de pó até o dia seguinte. Gosto de andar pelas cidades na chuva; me faz lembrar da minha paixão por filmes *noir*. Eu deixo de lado as preocupações e finjo que estou em *Blade Runner, Los Angeles: Cidade Proibida* ou *À Beira do Abismo*. Fiquei uma hora vagando. Comprei um falafel em um vendedor ambulante e caminhei pelo Northern Quarter. As luzes dos bares e restaurantes refletiam nas poças d'água das ruas.

Eu estava ficando cansado, então virei à esquerda em um beco estreito para voltar para casa. Devia haver outro bar clandestino escondido ali, porque a passagem estava bloqueada por uma parede de guarda-chuvas escuros. Havia um grupo de pessoas junto à saída de incêndio, conversando, fumando e compartilhando abrigo umas com as outras.

Josh: Com licença, por favor.

Os guarda-chuvas se afastaram, revelando um grupo jovial de pessoas usando uma quantidade abundante do que parecia ser maquiagem de palco. Uma pessoa passava um cigarro para outra, enquanto uma terceira presenteava os demais com uma história divertida que aparentemente fazia parte da esfera de referência do grupo. Comecei a andar de lado no meio do grupo, que se dispersava lentamente.

Josh: Obrigado. Um ótimo resto de noite pra vocês.

Um dos guarda-chuvas se virou e quase me atingiu no rosto.

Daphne: Josh!

> *ANSIOSA: Eu não esperava por isso.*

Josh: Eu... hã...

Daphne me puxou por vários metros e compartilhou comigo seu grande guarda-chuva. Ela estava fumando e parecia extraordinariamente feliz.

Daphne: Você está indo beber com amigos? Estou tão feliz de te ver! Reconheci sua voz imediatamente.

> *ANALÍTICA: Interação externa com um paciente, Josh. Tenha cuidado.*
> *COMPASSIVA: É uma ocasião inusitada. Ele vai saber lidar.*
> *VOLITIVA: Confie na sua capacidade.*

Josh: Eu, bem... eu estava indo pra casa. Eu...

Sequei a testa quando percebi que estava pingando água da chuva.

> *VOLITIVA: A única coisa necessária aqui é a verdade.*

Josh: Vou ser sincero, Daphne. Vim ver sua última apresentação. Foi uma coisa de momento.

Seu guarda-chuva atingiu meu ombro quando ela se jogou para a frente e me abraçou.

> *ANSIOSA: Não sei o que fazer.*
> *IRREVERENTE: Você está sendo abraçado pela Daphne! Que loucura!*
> *INTUITIVA: Não olha pra mim...*
> *VOLITIVA: Nem pra mim.*

Retribuí com um abraço comedido, sorri e me afastei.
Daphne: Estou tão feliz por você ter vindo assistir. O que achou?
Josh: Achei excepcional. Parabéns. Entendi por que todo mundo adorou.
Daphne: Quer se sentar com a gente, lá dentro? A comida e a bebida são excelentes, e está tudo pago. É a nossa festa de encerramento, e seria uma honra te receber.
Josh: Ah, eu gostaria de poder. Mas você conhece as regras...
Daphne: É... eu sei... limites e tal.
Ela sorriu.

> COMPASSIVA: *Estou orgulhoso de você. Por tudo. Por ser corajoso o suficiente pra se desafiar e ousar ser você mesmo. Você também é um ator incrível.*
> INTUITIVA: *Não fala isso. É paternalista. O orgulho tem sido o pomo da discórdia em seu sistema de crenças inútil.*
> COMPASSIVA: *Mas eu estou mesmo muito orgulhoso! Incondicionalmente.*
> VOLITIVA: *Isso não é adequado.*
> ANALÍTICA: *E eu poderia desenterrar coisas sobre dinâmicas de poder.*
> COMPASSIVA: *Tá bem. Em vez disso, vou apenas sentir.*

Josh: É melhor eu ir, Daphne.
Daphne: Espera, antes de você ir...
Ela correu para dentro pela porta de emergência, me deixando com seu guarda-chuva. Fiquei sem jeito por um momento. Alguns integrantes do elenco me olharam e sorriram com educação. Acho que eles estavam intrigados para saber quem eu era.
Daphne reapareceu e se juntou a mim mais uma vez debaixo do guarda-chuva. Estendi a mão para devolvê-lo, mas Daphne afastou meu braço. De repente, ela assumiu uma postura curvada e mecânica, meio de lado. Eu reconheci imediatamente.
Daphne: Não vou dizer a fala, porque valorizo a minha integridade. No entanto...
Daphne exibiu um velho isqueiro Zippo prateado e o acendeu.

IRREVERENTE: *"Você tem algo pra fazer companhia ao meu fogo?!"*

Daphne: É o original. Pedi ao meu assistente pra encontrar e mandar pra cá.

Daphne pôs o isqueiro na palma da minha mão e fechou meus dedos em volta dele.

Daphne: É seu. Obrigada.

Eu poderia ter chorado ali mesmo. Mas guardei as lágrimas de gratidão para mais tarde, depois que cheguei em casa, onde passei a noite acendendo e fechando o isqueiro como uma criança feliz.

Noah

Eu estava sentado no consultório, procrastinando seriamente durante um intervalo que tinha anotado na agenda como "tarefas administrativas". A arma que escolhi naquela tarde foi *The Sims 3* – um jogo para PC onde você controla a vida de pessoas computadorizadas chamadas Sims com o objetivo de ajudá-las a progredir na vida ou afogá-las de maneira sádica na piscina. Eu estava concentrado construindo uma prisão de quatro paredes e sem portas para o carteiro quando ouvi uma batida tímida na porta. Levantei para abrir.

Josh: Noah!... Oi...

> ANSIOSA: *Me sinto estranho em relação a isso.*
> ESCAPISTA: *Ele agora está sob os cuidados do serviço psicológico. Você não precisa dar início a um diálogo sustentado.*
> COMPASSIVA: *Eu sou um ser humano, e ele também.*

Noah: Oi, Josh. Você tem um momento? Desculpa te interromper – pensei em passar por aqui pra ver se você tinha uns minutinhos livres.

Eu processei isso o melhor que pude.

Josh: Sinto muito, Noah, mas infelizmente nós dois sabemos que eu não sou mais seu terapeuta. Um outro profissional foi designado pra fazer parte da sua equipe de cuidados. Se você tiver alguma questão, o mais apropriado é abordar isso com ele.

> IRREVERENTE: *Esfrega as regras na cara dele mesmo, Josh.*
> CRÍTICA: *Até eu achei que isso foi frio.*

Noah: Eu sei... eu sei... eu... só queria esclarecer uma coisa. Posso ir embora se isso te colocar em uma situação complicada. Desculpa, não foi minha intenção fazer você se sentir desconfortável.

Eu me senti em um sério conflito. Meus preconceitos internos gritavam ruidosamente contra o abuso de Noah contra um jovem, e isso era uma clara violação dos meus limites profissionais, mas essas vozes eram acompanhadas no mesmo tom por uma voz interna de compaixão.

> CRÍTICA: *Estuprador.*
> COMPASSIVA: *Não somos uma coisa só. Não somos definidos por uma única característica.*
> CRÍTICA: *Ele literalmente estuprou um rapaz de 19 anos.*
> COMPASSIVA: *Não acho que seja tão simples assim. Não foi premeditado.*
> CRÍTICA: *Você agora é defensor de estuprador, é? Isso não é desculpa pra atitude dele. Ele é adulto e responsável pelas próprias ações. Não existe justificativa pra um estupro.*
> COMPASSIVA: *Não é justificativa. Mas será que a humanidade de uma pessoa deve ser desconsiderada para todo o sempre se ela cometer um crime? Onde está a fronteira? Onde está a esperança de redenção se todo tipo de compaixão for eliminado?*
> CRÍTICA: *Ele provavelmente vai estuprar de novo.*
> COMPASSIVA: *Não tenho tanta certeza disso.*

Josh: Claro, entra. Tenho alguns minutos.

Nós dois nos sentamos. Eu me sentei em outra cadeira, diferente da minha de costume, para não replicar a dinâmica das sessões de terapia anteriores, e reparei que Noah percebeu.

Noah: Eu só queria que você soubesse que confessei às autoridades o que aconteceu. Também escrevi uma carta pro Jacob – não sei se ele vai ler. Não foi em busca de perdão, foi só pra demonstrar meu profundo arrependimento. Não espero que ele responda nem nada assim. Por que responderia?

Noah parecia nervoso. Ele estava piscando rápido e não conseguia ficar parado. Mas também parecia determinado a botar para fora o que tinha ido dizer.

Josh: Ok... Eu sei que você está arrependido, Noah. Respeito seu desejo de reparar as coisas da forma mais correta possível. Dito isso, recomendo fortemente que você não entre mais em contato com o Jacob, a menos que ele te procure. Temos que respeitar o limite...

Noah: Que eu violei.

Assenti respeitosamente, em concordância.

DETETIVESCA: Fico me perguntando por que ele não está preso.

Josh: O que aconteceu quando você falou com a polícia, Noah?

Noah: Tive alta do hospital psiquiátrico alguns dias depois – aquele aonde você foi. A polícia estava esperando pra me prender. Passei 24 horas sob custódia enquanto eles reuniam provas, interrogando o Jacob e outras pessoas na festa, e a mim também.

Ele baixou a cabeça e corou com o que parecia ser vergonha.

Noah: Aparentemente, o Jacob não vai prestar queixa. Confessei e fui irredutível, mas o Jacob disse que não queria que eu fosse indiciado. A partir disso, ele foi classificado como "testemunha hostil", e não havia provas suficientes para me manter detido por mais tempo. Eles determinaram que o abuso não tinha sido suficiente pra eu ser considerado uma ameaça imediata à sociedade e levaram em conta as circunstâncias. Mas eu insisti. Implorei pra continuar detido.

Josh: Por quê? O que foi que você disse?

Noah: Porque eu fiz uma coisa horrível, Josh. Eu disse ao Ministério Público que sou um risco às pessoas e que preciso ser punido. Estou solto sob fiança, até o julgamento. Minha mãe pagou a fiança.

EMPÁTICA: Ele está se punindo. Ele quer expiar isso à maneira dele.
ANALÍTICA: É uma lógica distorcida.

Josh: Você está buscando uma forma de expiação? Você acha que vai se sentir melhor se sofrer uma punição?

Noah: É...

Josh: De que forma isso expiaria o crime? E de que forma isso seria se punir, Noah? O Jacob disse que não queria prestar queixa. Você não pensou em como ele se sentiu?

VOLITIVA: Calma...

Noah: Eu sei que ele não prestou queixa porque se sente culpado por ter me dado as drogas. Mas a culpa é minha. Eu abusei dele.

Josh: Respeito o desejo de ser responsável por suas ações, mas estou preocupado não apenas com seu bem-estar, mas também com o fato de essa situação ter se misturado a uma turbulência interna que já estava acontecendo dentro de você muito antes da festa. Estou preocupado que você esteja usando essa situação pra se machucar ainda mais. Outra forma de automutilação, até. Você está projetando sentimentos sobre si mesmo nesse incidente.

Ele pensou no que eu disse.

Noah: É complicado, Josh. Tive a sensação de tirar um peso das costas quando confessei o que eu tinha feito.

Josh: E as coisas que você disse ao MP, sobre ser um perigo para as pessoas? Você acredita mesmo nisso?

Noah: Eu... não, claro que não. Eu jamais faria algo assim de novo. Eu... fiquei chocado porque a minha confissão não foi suficiente pra compensar a decisão do Jacob de não prestar queixa. Eles estavam dispostos a me liberar, Josh. Eu achei que tinha que dizer alguma coisa pra que eles fizessem algo a respeito!

Josh: E você ser preso beneficiaria a quem, se você não acredita que representa um perigo pra ninguém?

Noah: Eu... você tem razão... eu ainda estou sendo egoísta. Tudo gira em torno de mim. Dos meus sentimentos... eu só não quero mais me sentir culpado.

Josh: A culpa faz parte do arrependimento. E você está realmente arrependido. Dá pra ver. Só não vejo benefício nenhum em você maximizar a punição a si mesmo, ainda mais porque você mesmo experimentou estados mentais vulneráveis. Eu me preocuparia com o seu bem-estar se você passasse o tempo inteiro numa prisão.

Ele pareceu preocupado, como se não tivesse pensado naquilo tudo.

Noah: Você acha que sou uma pessoa ruim?

COMPASSIVA: Não.
CRÍTICA: Sim.

ANALÍTICA: Humm... o que você fez foi ruim, mas nos afastamos da linguagem definitiva aqui o máximo que podemos.

Josh: Eu não teria me tornado terapeuta se acreditasse que somos definidos pelos nossos piores erros. Não sou o juiz da moralidade nem o orador da verdade absoluta, mas eu opto por me concentrar no seu arrependimento e no fato de que acredito que você é uma pessoa gentil e empática de forma geral. Alguém que está enfrentando os próprios problemas, tentando viver a própria vida. Mas com certeza não estou sugerindo que você não tem culpa nenhuma.

CRÍTICA: Amiguinho de estuprador. Você sabe até que ponto pessoas assim causam danos às outras? Elas destroem vidas.
VOLITIVA: Já chega.
COMPASSIVA: Ele pode crescer a partir isso.

Josh: Você cometeu um crime grave, e percebo que quer repará-lo. Eu só peço que você reflita sobre as razões por trás do seu desejo de ser punido. Se você vai usar isso como uma arma contra si mesmo, não vejo como alguém se beneficiaria com isso. Eu só vejo como mais uma forma de automutilação. Você tentou tirar a própria vida, Noah. E sua vida é importante demais pra ser colocada em risco com você adotando formas de autoflagelação pra aplacar a culpa. Seja lá o que você decidir fazer, lembre-se de que você merece viver. A depressão vai usar isso contra você. Mas você está tendo uma oportunidade enorme pra consertar as coisas da maneira adequada.

Noah: Eu nunca vou poder consertar as coisas pro Jacob.
Josh: Eu sei.

Houve um longo silêncio. Fiz um gesto dizendo que era hora de ele ir, pois não queria que aquilo se transformasse em uma sessão de terapia estendida.

Noah: Eu vou só contar a verdade e admitir tudo com sinceridade. Sinto muito por ter te envolvido nisso, Josh. Além disso, se o tribunal te convocar pra prestar depoimento e atrapalhar o seu trabalho, também peço desculpas por isso.

Ele se levantou para ir embora. Eu o acompanhei lentamente até a porta.

Josh: Se cuida, Noah. E mantenha uma comunicação constante com sua equipe de saúde mental e sua médica.

Noah: Posso te manter informado?

Josh: Não seria adequado, porque está fora do nosso acordo terapêutico. Não é pessoal, Noah.

Noah: Ok... Obrigado pelas sessões. Elas me ajudaram. Estou... estou no caminho pra me tornar uma pessoa melhor.

Josh: Eu acredito nisso.

COMPASSIVA: Genuinamente.

Josh: Tchau, Noah.

Noah: Tchau.

Fiquei olhando enquanto ele cruzava o corredor e chamava o elevador. Ele enxugou os olhos e entrou, depois as portas se fecharam devagar. Fiquei na porta do consultório e apertei os nós dos dedos com força, depois bati de leve na esquadria com a lateral do punho. Meus sentimentos rodopiavam em uma piscina de compaixão, preocupação, raiva, decepção e autocrítica. Havia algo que eu poderia ter feito diferente? Fui cruel demais com Noah? Ou muito desleixado? As pessoas nunca são simplesmente o seu pior erro, mas é difícil nos lembrarmos disso quando ainda estamos processando o choque das escolhas erradas que alguém fez. As lentes da raiva e do choque distorcem demais a imagem. Mas, mesmo assim, eu não conseguia não gostar de Noah e esperava sinceramente que ele pudesse chegar a um ponto em que fosse feliz e acreditasse plenamente que não estava fadado a se tornar o próprio pai.

Levi

Um artista de rua decidiu exercer seu ofício bem ao pé da minha janela. Foi legal no início, até que ele decidiu repetir as mesmas cinco músicas sem parar. As inflexões excessivamente emotivas dos covers de Ed Sheeran começaram a me irritar. Parecia a doce vingança do Universo pela minha pegadinha do Justin Bieber na jukebox. Tentei fechar a janela, mas meu consultório não tinha ar-condicionado, e bastaram apenas alguns minutos para que eu começasse a suar em bicas. Pouco tempo depois, após a quarta interpretação de "Galway Girl" e de mais um golpe na minha vontade de viver, uma voz grave e profunda interrompeu o guitarrista.

Levi: Com licença, meu jovem. Estou gostando da sua música e adoro o Ed Sheeran. Mas sei que o consultório do meu terapeuta fica bem acima da sua cabeça e acho que eu ia acabar balançando os pés no ritmo da música em vez de lidar com meus problemas. Se eu te der uma nota de cinco pelo seu talento, você se importaria de se mudar um pouco mais ali pra frente?

Artista: Claro. Sem problemas. Obrigado.

Eu me preparei para a entrada padrão de Levi, no estilo "John Wayne chutando a porta do saloon", mas fiquei surpreso ao ouvir uma batida comedida. Fui até a porta e abri, me perguntando se era mesmo Levi, apesar de ter acabado de ouvir a voz dele lá fora.

Levi: Boa tarde, Josh.

Josh: Boa tarde, Levi.

> *ANSIOSA: Obrigado por bater.*
> *INTUITIVA: Não desvie a atenção pra isso.*

Tomamos nossos lugares de sempre.

Josh: Como você está esta semana?

Levi torceu um dos muitos anéis nos dedos e começou a estalá-los. Ele respirou fundo antes de falar.

Levi: Não muito bem. Vou direto ao assunto. Aprendi que não é bom fazer rodeios aqui.

Eu me inclinei ligeiramente para a frente, adotando uma postura de maior envolvimento.

Josh: Alguma coisa específica acontecendo?

Levi: Acho que você sabe.

DETETIVESCA: A "comunidade". A esposa dele. Práticas radicais?

Josh: Não quero fazer suposições.

Ele pareceu desanimado e se resignou com o fato de que teria que falar sobre aquilo em algum momento. Concluiu que quanto antes, melhor.

Levi: Passei a semana estabelecendo algumas regras... ou, como você diz... limites... com a Safia e os membros da comunidade. Eu amo a minha comunidade, mas algumas pessoas são completamente malucas. É estranho. A Mandy, lá do trabalho, fica brincando comigo, dizendo que parece uma seita. Mas sabe quando alguém repete sempre a mesma coisa a ponto de não ser mais tão brincadeira assim?

Josh: Ahã.

Levi: O que você acha?

ANALÍTICA: Vamos chamar a atenção dele pros sinais de alerta, talvez?

Josh: Você mencionou algumas coisas que me deixaram preocupado, Levi. Principalmente no que diz respeito às atividades cerimoniais e à autoflagelação, ou penitência, como você chama.

Toda a atenção dele estava voltada para mim. Dava para perceber que ele precisava de clareza em uma situação em que se sentia perdido.

Josh: Também é difícil me sentir confortável e acolhedor em relação às pessoas no seu círculo que estão influenciando seus comportamentos sob a... crença... de que estão canalizando as palavras de um espírito ou divindade superior. Acredito genuinamente que os pensamentos intrusivos, e o que acredito ser TOC, foram mal interpretados pela Safia e pelos membros da sua comunidade como demônios. E isso me deixa... preocupado com você.

Levi se levantou devagar e foi até a janela.

Levi: Você se importa se eu ficar um pouco em pé? É difícil falar sobre isso. Acho muito intenso ficar olhando nos olhos.

Josh: Claro.

Levi: Eu já sei disso há anos, mas é difícil... É a minha esposa... ela não está bem.

Fiquei em silêncio.

Levi: A Safia nem sempre foi assim. Eu sei que a Chantale percebeu, mas ela tenta manter a paz por minha causa. A Safia tem uma... paranoia... e já faz alguns anos. Sinceramente, eu não suporto isso, mas amo a minha mulher e me comprometi a ficar ao lado dela na saúde e na doença, entende? A questão é que a Safia é muito poderosa com as palavras e... com toda a sinceridade...

Ele pressionou a ponta do dedo na vidraça, como se estivesse apontando para alguma coisa à distância. A voz estava suave. Pesarosa, até.

Levi: Eu tenho medo dela.

Ele fez uma pausa.

Levi: Meus pensamentos intrusivos foram muito fortes essa semana. Não fiz os exercícios de EPR. Desculpa. Foi muita coisa. As compulsões também voltaram.

> *EMPÁTICA: É muito difícil gerenciar o TOC e os pensamentos intrusivos em um ambiente onde existem um estresse agudo e uma ameaça concreta.*

Josh: Tudo bem. Não há aprovação e reprovação aqui. Você tem medo da Safia?

Levi: Ahã.

Josh: Por quê?

Levi: Ela é... uma mulher poderosa. Tem controle sobre mim. As palavras e o olhar dela me assustam. Ela me ameaça com coisas que vão além da violência física. Eu estou acostumado. É como...

Ele franziu a testa, tentando encontrar as palavras certas.

Levi: É como se eu me sentisse bem quando ela me acha bom o suficiente. Isso faz sentido?

Assenti para que ele continuasse.

Levi: Todas essas coisas sobre limpeza, renascimento, perdão e penitência. Isso simplesmente mexe com a minha cabeça.

EMPÁTICA: Talvez ele ache difícil perdoar a si mesmo.

Josh: Você acha que a Safia e a comunidade detêm a chave para um tipo de perdão que você está tentando obter?

Levi: Talvez.

Josh: E não me refiro apenas aos pensamentos intrusivos. Digo de modo geral. Você mencionou numa sessão anterior que a Safia te "salvou". O que você quis dizer com isso?

Levi: Tive um passado problemático, Josh. Fiz coisas das quais não me orgulho. Coisas sobre as quais não quero falar hoje. A Safia me resgatou de um lugar muito sombrio.

Ele parecia muito confiante naquilo.

Levi: Sei que isso soa estranho, mas é como se a Safia fosse a domadora dos meus pensamentos sombrios. Sempre que ela está com raiva ou descontente, é como se ela os colocasse na minha cabeça. É tipo... telepatia. Punição por telepatia. Eu sei que parece estranho.

ANALÍTICA: Não surpreende, levando em conta que pensamentos intrusivos podem ser um desdobramento de uma resposta à ameaça.

Josh: Não parece nada estranho. Você se lembra de quando estávamos conversando sobre a resposta à ameaça? E até que ponto os pensamentos intrusivos podem ser interpretados como ameaças?

Ele assentiu.

Josh: Com os pensamentos intrusivos e a resposta à ameaça, pode ser como a história do ovo e da galinha: não há uma regra pra saber qual deles veio primeiro. Às vezes, um pensamento intrusivo pode desencadear ameaça... ansiedade... mas também funciona ao contrário. Quando nossa resposta à ameaça é ativada por outras coisas, isso pode trazer à tona pensamentos intrusivos. Isso acontece porque a resposta à ameaça associa os pensamentos intrusivos a ameaças anteriores e, assim, os apresenta a você como uma sugestão.

Levi: Você está dizendo que a Safia desencadeia essa minha coisa da ameaça, por isso é mais provável eu ter pensamentos intrusivos porque estou mais ansioso?

Josh: Estou sugerindo isso como uma possibilidade. O que você acha?

> *VOLITIVA: Ah, o bom e velho "de volta pra você" – legal.*
> *CRÍTICA: Você é um clichê ambulante.*

Levi: Hum...

Ele foi até a outra janela, mergulhado em pensamentos. Percebi e apreciei a consideração e o respeito que Levi estava demonstrando em comparação com as primeiras sessões.

Levi: Acho que você tem razão. Quando estou no trabalho e está tudo dando certo, acho que não tenho tantos pensamentos assim. Mas aí, quando estou no carro, voltando pra casa, eu me sinto... irrequieto... e é como se isso deixasse os pensamentos entrarem. Eu sinto um nó na garganta conforme me aproximo de casa.

Josh: O que você acha que tem em casa que dá esse nó?

Levi: Além dos pensamentos intrusivos? Eu acho que é... a Safia. É a minha esposa. Meu medo fica maior. Mais intenso. Depois, parece que estou sendo mais punido ainda com esses pensamentos terríveis. Eu...

Uma conclusão lenta e chocante pareceu se espalhar por seu rosto.

Levi: O demônio não está em mim. Não. O demônio está na minha esposa. Ela tem muitos demônios.

Deixei que ele encontrasse as palavras.

Levi: Eu acreditei até agora que fazer o que ela manda, mantê-la feliz, estava ajudando. Mas não. Não ajuda ela em nada. Foram pequenas mudanças, no começo. Ela sempre foi razoável até começar a mudar. Eu... acho que essa seita de gente esquisita também mexeu com a cabeça dela.

Ele se virou para mim.

Levi: Eu não sou idiota, Josh. Sei identificar mentirosos, objetivos escusos, e gosto de acreditar que sou muito... perspicaz. Mas aquela comunidade afeta qualquer um, Josh. Ela se alimenta da tristeza das pessoas.

Ele se virou de novo para a janela. Apertou a nuca tatuada com uma das mãos. Um dos anéis brilhava à luz do sol.

Levi: Perdemos um bebê uns anos atrás. Morte súbita. Só viveu uma semana, mais ou menos. Isso mexeu muito com a gente. A Safia desenvolveu o que o médico chamou de... ah, como se chama agora quando as mulheres sofrem depois de dar à luz?

Josh: Depressão pós-parto?

Levi: É... tipo isso. Ela começou a ficar paranoica e a ter grandes oscilações de humor. Ela ouvia as vozes dos "anjos". Os médicos disseram que eram... questões do pós-parto.

Ele deu um suspiro e passou as costas da mão nos olhos.

Levi: Ela nunca mais foi a mesma desde então.

> COMPASSIVA: *Ah, cara, esse casal já passou por muita coisa.*
> EMPÁTICA: *Deve ter sido muito difícil. Não só perder um filho, mas testemunhar o colapso da esposa.*

Josh: Isso é muito trágico, Levi. Sinto muito.

Deixei minhas sinceras condolências pairarem no ar por um instante.

> ANSIOSA: *Estou com um pouco de medo de fazer a próxima pergunta...*

Josh: Como foi que você lidou com essa perda?

Levi: Seguindo em frente. Mergulhei de cabeça no trabalho, na academia, nos trabalhos paralelos, no meu próprio mundo. Me ocupei. Também encontrei consolo no uísque de vez em quando.

Ele cerrou o punho enorme enquanto olhava pela janela.

Levi: Tudo isso enquanto a Safia sofria em silêncio, em casa. Sozinha. Deixando os demônios crescerem enquanto eu estava na rua me lamentando pela vida.

Josh: Não acredito que alguém consiga ser a melhor versão de si mesmo quando está sob as garras do choque e do luto. Mas me parece que você queria ter estado mais presente pra ela.
Levi: É.
Ele se sentou de novo.
Levi: Ela me deixa apavorado, Josh. Em alguns dias está bem, mas em outros me convence de que é a dona da nossa vida – uma mensageira assustadora enviada por Deus. Eu sei que parece loucura. Quando ela olha nos seus olhos e exige alguma coisa, parece tão... visceral. Racionalmente, eu sei que lá no fundo ela não está bem, mas a minha mente e o meu corpo travam quando ela age assim.

ANALÍTICA: Resposta ao trauma?

Josh: Por que você acha que sua resposta à ameaça é disparada de forma tão intensa quando isso acontece?
Ele olhou para o canto da sala e refletiu sobre a pergunta.
Levi: Ela me lembra muito a minha madrasta. Que já morreu. Mas, quando eu era criança, tinha pavor dela. Ela costumava me encurralar, me bater sem nenhum motivo. Ela me odiava. A madrasta malvada, sabe? Você não fica animado com essas coisas de pai e mãe, Josh? Eu sei que você adora isso.
Não falei nada.
Levi: Admito que a Safia me lembra um pouco ela. Só que a Safia tem um poder mais forte sobre mim. Ela me obrigou a fazer um monte de coisas que eu gostaria de não ter feito.

DETETIVESCA: Tipo o quê, Levi?

Josh: Tipo o quê?
Ele mordeu o lábio e encheu o peito com uma inspiração profunda, antes de soltar tudo de uma vez só.
Levi: Ela me faz bater em mim mesmo. Autoflage... Como é mesmo o nome...?
Ele tomou um gole trêmulo de água.
Levi: Ela me proíbe de comer. Me faz participar de cerimônias com a

comunidade em que as pessoas oferecem presentes a Deus e expressam seu amor por Deus e umas pelas outras por meio de umas coisas muito estranhas, cara. Sangue, orgias e coisas assim. É bem doentio, puta merda. Desculpa... eu não gosto de falar palavrão.

> *ANSIOSA: Uau.*
> *ANALÍTICA: É abuso coercitivo.*

Levi: Eu sei que sou dono do meu nariz. A Safia não está me *obrigando* a fazer essas coisas. Eu sei que é uma escolha minha, no fim das contas. Mas a ameaça parece muito real. Tenho medo de contrariar ela por causa do que ela vai dizer, do que vai fazer. Comigo... com ela mesma...

> *VOLITIVA: Fala pra ele.*
> *EMPÁTICA: Com jeito. Não é bom ouvir isso em relação a um ente querido.*

Josh: Isso se parece muito com abuso coercitivo, Levi. E abuso sistemático. Se o que você está me dizendo é verdade, você está em um relacionamento abusivo dentro de uma comunidade abusiva.

A notícia não pareceu surpreendê-lo. Era evidente que ele vinha pensando e refletindo muito, nos últimos tempos. Pareceu perturbado.

Levi: Eu sei... Eles não são só abusadores, entende? A Safia é minha esposa. Ela está... aqui dentro de alguma forma.

Ele bateu na têmpora.

Josh: Você comentou que impôs limites em casa e na comunidade, não foi?

Levi: É. Eu disse que não vou mais participar das cerimônias nem de nada do tipo. Também estou trabalhando mais, então não vou ficar disponível pra congregação. Eles não gostaram, e isso deixou a Safia chateada... mas... é a minha vida, não é? Eles vão ter que lidar com isso.

Josh: Por que você continua lá, Levi?

Levi: Não posso deixar a minha esposa.

Josh: Você já pediu a ela pra sair da comunidade? Sugeriu que ela pode obter ajuda de fontes mais seguras?

Levi: Já pedi, claro. Mas ela é apavorante. Sou casado com uma mulher com quem eu me preocupo, mas de quem também tenho medo. Ela não acha que esteja doente, Josh. Na verdade, desde que ela ficou doente, a Safia está *mais* convicta das próprias experiências. Mais confiante do que nunca. Só que confiante nas coisas erradas. Nas crenças erradas. Os olhos dela ficam possuídos, Josh. Você tem que ver quando ela fica me rodeando, contando as chicotadas que eu dou nas minhas costas. Mandando eu bater com mais força...

> EMPÁTICA: *Um impasse.*
> COMPASSIVA: *Isso é muito errado. O Levi está em uma posição terrível.*

Josh: Entendo que você se sinta preso. É compreensível. Mas, Levi, sua esposa parada ao seu lado mandando você se autoflagelar é fundamentalmente errado. Isso não só põe você em perigo, como você está vivenciando o perigo diretamente.

> ANSIOSA: *E se as costas infeccionarem?*

Josh: E se suas costas infeccionarem?

> ANSIOSA: *E se você exagerar?*

Josh: E se você exagerar?

> VOLITIVA: *Segura a onda.*

Respirei fundo. Ele assentiu e se recostou no sofá.
Josh: Você pode ir embora, Levi. Eu sei que é mais fácil falar do que fazer. Estou muito preocupado com o seu bem-estar e até mesmo com a sua segurança neste momento. O abuso coercitivo é uma situação sombria e confusa, em que a nossa própria autonomia pode facilmente escapar. Ainda mais quando lidamos com a possibilidade de TOC e de pensamentos intrusivos.

Levi: Eu não posso abandonar a minha mulher, Josh! Fim de papo! Não posso fazer isso com a Safia. Eu prometi a ela nos meus votos.

Josh: Por mais que isso seja admirável, Levi, não acredito que estar nesse relacionamento seja seguro pra você. Está te fazendo mal tanto física quanto emocionalmente. Olha pras suas costas, Levi. Olha pras suas costas como um lembrete.

Levi: Mas eu consigo! Posso ficar com ela e ajudá-la. Posso conseguir ajuda pra ela. Eu só preciso aprender a parar de ficar petrificado. E que se dane a comunidade. Se eles tentarem fazer alguma coisa, acerto um na cara deles.

Tentei encontrar Levi no ponto em que ele estava, aceitar que ele ainda não estava pronto para ir embora, mas foi difícil não demonstrar o quanto eu estava preocupado.

Josh: Ok... É só que...

COMPASSIVA: Eu me preocupo com você.

Josh: Eu me preocupo com você.

Nossos olhares se encontraram por alguns segundos em um gesto compartilhado de cuidado, compaixão e compreensão. Ele interrompeu o momento com um sorriso singelo e depois se levantou. Parecia uma assombração no consultório, um gigante imponente cuja sombra se projetava na parede. Ficar de pé foi um anúncio simbólico. Minha intuição percebeu antes mesmo de eu conseguir pensar: estava prestes a perdê-lo.

Levi: Você me ajudou muito, Josh, mas este é o fim da linha pra mim. Tem umas coisas com as quais você não pode me ajudar.

ANSIOSA: Não vá embora.
ESCAPISTA: Deixa ele ir.

Josh: Não vá embora, Levi. Podemos fazer mais trabalho de EPR com seus pensamentos intrusivos. É importante que você tenha um espaço seguro pra onde ir, levando em conta tudo que está acontecendo. Também tenho o número do telefone de algumas organizações que lidam com violência doméstica. Podemos acioná-los.

Levi: Você é uma boa pessoa, Josh.

Ele vestiu a jaqueta de couro.

Levi: Eu entro em contato caso precise voltar. Eu gostei desse negócio de terapia. Só que isso simplesmente não vai me ajudar agora. Eu me lembro de tudo sobre EPR e da tendência à insegurança. Sei tolerar muito bem a ansiedade quando os pensamentos surgem… mas essa questão se tornou… secundária, por enquanto. A questão principal é uma que eu sinto que tenho que resolver sozinho.

> *ANSIOSA: Espera…*
> *VOLITIVA: Respeita.*
> *ANALÍTICA: Ele está ciente da situação. Confie na capacidade dele de saber o que fazer. Ele já começou a estabelecer os próprios limites e a se colocar a uma distância mais segura.*
> *ANSIOSA: Mas ele está em perigo.*
> *CRÍTICA: Você é tão carente! Admite, você falhou com ele.*
> *VOLITIVA: Deixa ele ir, cara.*

Eu me levantei e estendi a mão.

Josh: Minha porta estará sempre aberta pra você.

Ele apertou minha mão, e percebi como o aperto foi mais suave e ponderado do que o primeiro aperto de mão esmagador.

Levi: Obrigado.

E ele foi embora. Ouvi as portas do elevador se fecharem na frente de Levi pela última vez. Eu nunca mais o veria no meu consultório. Nada de final hollywoodiano. Nenhum arco narrativo para amarrar as coisas. Apenas um livro lido pela metade em uma estante que eu não conseguia alcançar.

Finais

Não importa o nível de profundidade da conexão que o terapeuta estabelece com um paciente, ele só consegue se preparar parcialmente para o final. Apesar de nossa formação ser pensada para navegar até a conclusão do relacionamento terapêutico, é impossível desenvolver imunidade total aos sentimentos que experimentamos quando um paciente sai do consultório pela última vez.

Os finais dos relacionamentos terapêuticos costumam ser alegres e celebrados. Eles podem parecer a conclusão natural de uma jornada compartilhada pelo paciente e pelo terapeuta. No entanto, também podem ser inesperados, confusos e cheios de tristeza. Quando isso acontece, normalmente tenho a esperança de que estejamos nos separando sem mágoas e que eu tenha exercido um impacto positivo e duradouro como terapeuta. No entanto, quando o final é súbito, inexplicável ou mesmo amargo, muitas vezes fica um sentimento de dúvida ou a sensação de que eu gostaria de ter feito mais ou dito algumas coisas de forma diferente. Fico me perguntando se deveria ter dado certos conselhos, omitido outros, insistido no meu ponto de vista ou simplesmente calado a boca e escutado. Sou um profissional que percebe que os finais terapêuticos nem sempre são perfeitos, mas eu estaria mentindo se dissesse que não me preocupo quando as coisas não terminam bem.

Existem alguns finais muito bonitos na terapia. O tipo de final que você imagina quando começa a estudar para se tornar terapeuta. O paciente agradecendo e expressando a confiança interior e a clareza que você o ajudou a encontrar. Há também finais em que você consegue imaginar que o paciente poderia se tornar seu amigo em outras circunstâncias – uma prova do crescimento terapêutico alcançado pelo trabalho em conjunto. Tive muitas terapias positivas como paciente e admito que esses sentimentos geralmente são um sinal de que confiei e de que me senti seguro com meu terapeuta.

Infelizmente, também é difícil dizer adeus. É um sentimento conflitante, mas as histórias sobre essas jornadas não devem nunca sair do consultório, protegidas pelos guardiões do tempo e do anonimato. É um relacionamento construído sobre a santidade da confidencialidade, e a extraordinária dinâmica desse relacionamento só existe nesse contexto belo e singular.

Os finais, na terapia, exigem um resguardo atento do terapeuta, o que é praticamente impossível de fazer quando estamos conversando com amigos e parentes. É difícil não dizer a um ente querido que o trabalho dele é uma merda e que ele merece coisa melhor, que a pessoa com quem ele está saindo não é boa para ele ou que ele fica bem, sim, com aquela roupa nova que comprou, apesar das dúvidas em relação a si mesmo. As opiniões compartilhadas com entes queridos muitas vezes vêm de um lugar positivo, construído a partir do amor, do cuidado e do sentimento irresistível de que às vezes achamos que sabemos o que é melhor para o outro. No entanto, falar isso explicitamente no consultório envolve diversos dilemas éticos. Trabalhei com inúmeros pacientes aos quais gostaria de ter sugerido "soluções" ou insistido para que trabalhássemos juntos por mais tempo, mas parte da beleza da terapia é que o meu consultório é, efetivamente, o consultório deles. Não é o consultório dos conselhos de vida do Josh. Os pacientes podem entrar e sair de acordo com a vontade deles. E não podemos esquecer que a minha vida com certeza não está toda resolvida, portanto, com exceção dos conselhos sobre a ansiedade, não posso dizer como eles devem moldar a própria vida.

Um bom final é uma das melhores partes de ser terapeuta. Cada vez que um paciente conta que está confiante em si mesmo ou que se sentiu feliz recentemente, meu cérebro é inundado por um coquetel de dopamina e serotonina. Isso é tão gratificante que surge sempre a tentação de tentar acelerar esse processo – chegar logo ao final feliz alimentado pelo meu desejo de me sentir realizado, começar a dar instruções que partiram de um palpite que tive poucas horas depois de conhecer um paciente. Mas terapia não é nada disso. Não é priorizar a minha necessidade de realização instantânea, de elogios e agradecimentos. Ela é sobre você, o paciente.

Um bom terapeuta vai pensar em você quando você sair do consultório pela última vez. Eu, pelo menos, penso em muitos dos meus ex-pacientes. Geralmente oscilo entre a curiosidade genuína e a torcida pelo seu bem-estar, sempre com um pouco de preocupação com o impacto que tenho na vida dele. Será que eu disse as coisas certas? Encontrei um equilíbrio entre coerência e integridade profissional? A abordagem que utilizei foi adequada para aquela pessoa? Às vezes, decidir qual abordagem adotar parece uma aposta, e os terapeutas muitas vezes contam com uma mistura da formação e da intuição instantânea. Os terapeutas esperam que a sua experiência no nosso consultório não tenha prejudicado nem causado nenhum mal à sua vida.

Espero que você se sinta orgulhoso pela decisão corajosa de fazer terapia. Espero que saia se sentindo fortalecido e motivado e tenha uma maior compreensão em relação a si mesmo e a sua vida. Espero ter ajudado você a acreditar que existem pessoas em quem você pode confiar. Existem, *sim*, pessoas que vão ouvir, mesmo que seja em um contexto profissional. Espero que se lembre com carinho do nosso tempo juntos e que a experiência o tenha deixado aberto para voltar à terapia caso precise, seja comigo ou com outro profissional. Apesar da minha postura profissional reservada, eu me importo com o que você pensa do meu papel como terapeuta e, considerando que é uma faceta de quem eu sou como pessoa, me importo com o que você pensa de mim.

A dúvida do terapeuta é uma coisa boa. Eu costumava achar que isso era um tipo de fraqueza minha como terapeuta, mas, à medida que evoluí no meu papel, percebo que é um bem inestimável. Os terapeutas que duvidam de si e se analisam criticamente quando uma relação terapêutica chega ao fim o fazem porque se importam. Na minha opinião, a última coisa de que as pessoas que partilham as suas vulnerabilidades precisam é um sabe-tudo insuportável sentado diante delas, com um ar desmedido de autoconfiança. Se o seu terapeuta não se enxerga como responsável, isso sinaliza que a prioridade dele é defender a crença que ele tem na própria infalibilidade. Acreditar nisso e ao mesmo tempo priorizar o dever de cuidar dos pacientes soa paradoxal. Por isso, tento abraçar os sentimentos de frustração e as oportunidades perdidas como um sinal de que eu simplesmente me importo com os meus pacientes.

Se decidir parar de fazer terapia, lembre-se de que você vai continuar existindo no espaço e na lembrança da pessoa com quem compartilhou todas aquelas coisas complicadas. Suas vulnerabilidades são tratadas com cuidado, compaixão e sem julgamento, de modo tão inabalável quanto as fundações do espaço em que você as compartilha. Preciso ver os finais como parte do meu trabalho e espero sinceramente que meus pacientes os vejam com uma ótica o mais próxima possível da que eu tenho. Mas admito que essa pode ser uma expectativa injusta e que a nossa responsabilidade como terapeutas é enquadrar essas expectativas ao longo da terapia. Você chegou ao fim da terapia porque era o momento, seja porque era esse o combinado em termos contratuais, seja porque ela chegou ao seu desfecho natural. Qualquer que seja o final, eu sempre espero que a impressão duradoura seja positiva. Uma experiência que fortalece sua ligação com a terapia e o incentiva a falar e a processar experiências emocionalmente desafiadoras, caso elas voltem a surgir em sua vida.

Como em todos os finais, dizer adeus pode ser difícil.

Harry

Um espasmo, um tremor, junho de 2013

>   INTUITIVA: *Acorda.*
>   CRÍTICA: *Por quê? Eu não dormi nada.*
>   INTUITIVA: *Você precisa acordar. Confia em mim.*

Eu me sentei de repente na cama. Minha boca e meus olhos estavam secos por causa do ar-condicionado do hospital. Um pouco da luz do dia tentava entrar pelas persianas. Tudo estava estático, estéril e pouco acolhedor. Eu tinha passado a noite em claro com o Harry. A última sessão de quimioterapia o tinha afetado muito, e passei a maior parte da noite olhando esperançosamente para o monitor dos sinais vitais, desejando que ele apresentasse alguma melhora. Uma pizza inteira tinha esfriado e ressecado ali ao lado. Harry não comia havia dias, e eu também não tinha apetite. Um telefone tocou ao lado do leito do hospital.

Josh: Alô?
Enfermeira: Oi, Josh. É a Zoe. Acho que você devia vir até a enfermaria.

>   ANSIOSA: *Ah, não... não, não, não...*
>   ANALÍTICA: *Você está sempre supondo o pior.*
>   CRÍTICA: *É verdade.*

Josh: Por quê? O que houve?
Enfermeira: Só venha. O Harry precisa de você agora.

REDENTORA: *Eu cuido disso.*

Pulei da cama e vesti uma roupa. Corri pelo labirinto de corredores em direção à enfermaria 84, percebendo que minha camiseta estava do avesso, mas não me importei.

BIOLÓGICA: *E eu? Cadê a minha nicotina e a minha cafeína?!*
VOLITIVA: *Não temos tempo pra isso.*
INTUITIVA: *Não temos mesmo.*

Segui pelo longo corredor da enfermaria 84. Vi que minha mãe tinha acabado de chegar à porta do quarto do Harry, junto com o pai dele e sua esposa. Eles obviamente tinham recebido uma ligação semelhante. As enfermeiras e os médicos estavam no quarto com o Harry, e havia uma tela cinza sobre o vidro da porta, tapando nossa visão. Meu coração começou a bater forte, e um zumbido gritava no meu crânio.

REDENTORA: *Não...*
COMPASSIVA: *Não...*
ANSIOSA: *Não...*

Josh: Eles baixaram a tela...
Todos nós já tínhamos passado tempo suficiente na enfermaria no ano anterior para entender o significado daquilo. A tela é um sinal de intervenção iminente e paliativa para o pior que pode acontecer. É um sinal não só para você, mas para a enfermaria, de que é preciso manter distância do quarto por respeito, porque o que está acontecendo ali não é nada bom. A tela era baixada para poupar pacientes esperançosos e seus entes queridos da realidade brutal de uma enfermaria de oncologia. E, para nós, era o pior sinal possível.
Enfermeira: Oi, o oncologista e o residente estão lá dentro com a equipe de enfermagem. Eles estão cuidando do Harry.
Mãe: O que está acontecendo?
Percebi que ela sabia a resposta. Minha pobre mãe.
Josh: Posso entrar pra vê-lo?

Em vez de esperar a resposta, abri a porta do quarto escuro. Os médicos se viraram quando eu entrei, mas não me mandaram sair. Harry estava inconsciente e hiperventilando. O quarto parecia escuro demais, sombrio demais. Abri as persianas.

Josh: Melhor assim.

Residente: Você já foi informado sobre o que está acontecendo com o Harry?

Josh: Não, mas desconfio que não seja nada bom. Já tivemos muitas dessas situações, e ele sempre supera. Não é, garotão?

Harry não respondeu. Ele continuou deitado de lado, hiperventilando, com a cabeça virada para a parede oposta. Olhei para o mesmo monitor de sinais vitais que encarei durante toda a noite anterior e me choquei ao perceber que os números aos quais eu tinha confortavelmente me acostumado tinham caído pela metade desde então. O nível de saturação de oxigênio no sangue do Harry estava extremamente baixo. O pulso estava perigosamente baixo. Toda a encenação acabou ali, e minha ilusão inabalavelmente otimista se desfez.

Josh: Ele está morrendo, não é?

A enfermeira se aproximou e colocou uma mão consoladora nas minhas costas. Era a resposta de que eu precisava.

Residente: Vamos deixar você e a sua família com o Harry. Ele vai precisar de vocês agora.

Minha mãe estava parada perto da porta e ouviu a conversa. Quando os médicos saíram, ela ocupou seu lugar do outro lado do leito. Sorriu para mim por um momento, apesar do medo, depois segurou a mão do Harry. O pai dele também se juntou a nós, e todos ficamos juntos olhando para ele.

A respiração dele estava pesada, e seu frágil abdômen inflava e se contraía com dificuldade. Ele não tinha mais pelos no corpo pálido e cheio de cicatrizes. Mas era lindo. Era meu irmão.

Todos nós ficamos em silêncio por um tempo, sem saber o que fazer além de olhar sem jeito para o monitor. Ele começou a apitar, e a enfermeira entrou para silenciá-lo. O oxigênio no sangue de Harry despencou ainda mais. Mais um apito. Silêncio. O coração dele palpitou, depois a frequência caiu perigosamente. Em seguida, mais um apito. O corpo de Harry começou a convulsionar, e a respiração ficou dolorosamente difícil. Nós nos aproximamos, segurando as mãos dele enquanto minha mãe colocava a palma da mão na cabeça dele.

Mãe: Estamos todos aqui por você. Nós te amamos muito.
Pai do Harry: Nós te amamos, Harry.

> *ESCAPISTA: Eu só quero sair correndo.*
> *COMPASSIVA: Bem, ninguém vai sair correndo. A gente nunca fugiu desde que isso tudo começou.*
> *VOLITIVA: Vamos ficar aqui até o fim.*

O monitor apitou mais uma vez.
Josh: Que sentido faz isso?!
Fui seguindo o fio do monitor até achar a tomada na parede e desliguei. Ninguém reclamou.

> *ANSIOSA: Essa... dor...*

Coloquei a mão no peito de Harry, sobre seu coração, e senti os batimentos falhando. A cabeça dele estava virada para o lado. Não sei se ele conseguia nos ouvir, mas quero acreditar que sentia a nossa presença.
Josh: Você ouviu isso, cara? Todo mundo aqui te ama. Eu te amo muito. Está quase acabando. Estou tão... tão... orgulhoso de você.
Um espasmo, um tremor, um último suspiro. O rolar da cabeça no travesseiro. O choro abafado da família. Em seguida, a imobilidade.

Zahra

Zahra: Acho que estou pronta pra falar sobre a minha dor. Sei que eu já te contei o que aconteceu com o meu pai, mas acho que não me permiti sentir de verdade a perda dele. Explorar mais essa perda. Falar sobre o esfaqueamento e o que aconteceu com a minha família ajudou a abrir o diálogo, a permitir que o que não tinha sido dito fosse dito em voz alta. Mas estou pronta pra lidar com o lado emocional das coisas. É sobre isso que eu quero falar hoje.
Josh: Ok. É uma ótima ideia.

> ENGATILHADA: *Não é, não. Você odeia falar de luto.*
> COMPASSIVA: *Você estudou pra isso.*
> ANALÍTICA: *Você já trabalhou com o luto muitas vezes.*
> CRÍTICA: *Não com alguém por quem você está desenvolvendo sentimentos complexos.*
> COMPASSIVA: *Isso não te impede de fazer o seu trabalho.*
> CRÍTICA: *Quer apostar?*

Houve um longo silêncio enquanto Zahra se preparava para falar sobre um assunto profundamente emotivo. Alguém estava rindo na rua lá embaixo. Uma porta se fechou em um corredor ali perto. Eu me mantive paciente, sentado com as mãos no colo.
Zahra: Tem um vazio em mim que eu fico tentando ignorar. Só percebi isso depois que os ataques de pânico diminuíram. Isso é normal?
Josh: Sim, é esperado, na verdade. A ansiedade e a ameaça sempre pulam pro topo da fila e consomem nossos pensamentos e a nossa atenção –

normalmente por muito tempo. Quando a ansiedade se dissipa um pouco, um acumulado de emoções vem à tona.

Tomei um gole de chá.

Josh: Não me surpreende que você esteja passando por isso, visto que os ataques de pânico geralmente consomem toda a nossa atenção.

Zahra: É. É quase impossível mergulhar nos meus sentimentos quando vivo com um medo constante do pânico. Inclusive, eu costumava evitar os possíveis gatilhos. Não por medo da tristeza, mas pelo medo em si.

> DETETIVESCA: *"Costumava"*.
> INTUITIVA: *Chame a atenção pra isso.*

Josh: Costumava? Não é maravilhoso ouvir isso? Você lidou de maneira incrível com o pânico e as exposições. Sei que estamos prestes a explorar um tema difícil hoje, mas saiba que se sentir confiante o suficiente pra fazer isso é uma prova de que você evoluiu muito.

Zahra sorriu. Ela pareceu aceitar o elogio. Sua expressão mudou quando ela se lembrou de algo que queria me perguntar.

Zahra: Como foi que você conseguiu?
Josh: Consegui o quê?
Zahra: Superar o luto.

> ANALÍTICA: *Cuidado.*
> VOLITIVA: *É, atenção aos limites.*

Josh: Não acho que quem perde alguém que ama "supera" isso, mas aprende a crescer e se adaptar na ausência da pessoa querida. Numa linha semelhante à sua, desenvolvi um transtorno de ansiedade e precisei lidar com isso primeiro, depois abri espaço pra olhar pro luto. Mas o luto é pessoal e subjetivo.

Zahra: Você lida com o luto até hoje?
Josh: Eu levo uma vida feliz. O luto pode surgir de vez em quando, e eu aceito isso.
Zahra: Quanto tempo demorou?

VOLITIVA: *Redireciona imediatamente.*
IRREVERENTE: *Vamos trocar de lugares, que tal?*

Josh: Levou um tempinho. Acho que teria sido mais rápido se eu tivesse cuidado um pouco mais de mim e não evitasse falar sobre as partes difíceis. Tenho a sensação de que você está me perguntando essas coisas como uma forma de reafirmação.

Zahra ficou envergonhada.

Zahra: Só tenho medo de que, se eu falar sobre isso tudo, o luto tome conta de mim de um jeito que eu não seja capaz de lidar com ele.

Josh: Interessante. Você disse algo parecido antes de entrar no elevador, antes de dirigir até o trabalho, até mesmo quando teve um ataque de pânico no chão deste consultório. E mesmo assim...

Zahra: É, eu sei... mas parece... diferente? É como se eu tivesse medo de que a dor *e* a ansiedade me consumam de uma vez só.

EMPÁTICA: *Medo de que todas as emoções apareçam ao mesmo tempo.*

Josh: Isso não vai acontecer. Quer dizer, você talvez sinta as duas coisas, mas não vai perder o controle.

Tentei parecer seguro. Zahra tamborilava com os dedos nos joelhos.

Zahra: Deixando todo o trauma de lado... eu sinto saudade dele...

ENGATILHADA: *Eu sinto saudade dele.*
COMPASSIVA: *Está tudo bem, volta pro momento presente.*
ANALÍTICA: *Faça o possível pra se manter no quadro de referência da Zahra.*

Josh: O que te deixa com saudades?
Zahra: Sinto saudade de tudo. Até das coisas que me incomodavam. Sinto saudade da presença dele, dos abraços, do cheiro dele quando eu estava encostada no peito dele. Sinto saudade das palestras, das orientações, da confiança que ele tinha em mim...

Zahra começou a chorar enquanto falava.

Zahra: Sinto saudade das brincadeiras dele com a minha mãe. Eu adorava a calma e a compostura que ele tinha em momentos difíceis. Isso seria muito útil pra mim, agora.

> COMPASSIVA: *Você está se saindo bem, na minha opinião.*

Zahra: Ele nunca levava as coisas pro lado pessoal, e isso o fazia ser muito paciente com o meu irmão. Ele era muito bom nisso. Minha mãe e eu perdíamos a paciência facilmente com o Babak.

Assenti de leve, para sinalizar a ela que eu estava prestando atenção.

Zahra: Eu... adorava a forma como ele conseguia captar a atenção das pessoas. Ontem à noite assisti a uma das palestras dele no YouTube. Ele tinha conquistado o respeito e a admiração dos colegas. Até eu estava sendo sugada pela palestra. Por um momento, esqueci que estava sentada no meu quarto vendo aquilo no meu laptop, órfã de pai, e não em uma das carteiras da sala de aula.

Ela enfiou o rosto entre as mãos e começou a chorar.

Zahra: Eu sinto muita saudade dele. Eu me sinto... como é aquela expressão relacionada a barcos?

Josh: À deriva?

Zahra: Completamente à deriva. Nunca estive em um barco na minha vida. Mas me sinto à deriva, Josh. E eu nem sei o que é isso.

Josh: Estou percebendo que seu pai te ajudava a sentir que você tinha uma direção.

Zahra: É. Eu queria ser igual a ele.

> ANALÍTICA: *Vamos ver se isso é saudável ou não.*
> DETETIVESCA: *Faça isso com tato. Ela está se abrindo sobre o pai morto.*

Josh: Ele parece ter sido um homem incrível. Consigo entender o desejo de ser como ele.

Zahra: Eu queria que ele estivesse aqui agora. Pra me dar sabedoria. Pra me dizer o que fazer.

Ela pegou um lenço de papel e enxugou os olhos.

Josh: O que você acha que ele diria pra você agora?

Zahra fungou e assoou o nariz.

Zahra: Eu sei o que ele ia dizer. Ia dizer que estou indo muito bem e que o luto é uma coisa poderosa. Ia dizer pra eu não me julgar com tanta rigidez. Ele era esperto pra caramba. Sempre sabia o que dizer. Nunca me julgou quando eu errei ou não alcancei os objetivos que tinha estabelecido pra mim mesma. Minha mãe também não.

Josh: Então, por que você acha que estabeleceu objetivos tão altos?

Zahra: Porque... não sei...

Josh: Talvez você tenha enxergado segurança na idealização que fez do seu pai?

Zahra franziu a testa.

INTUITIVA: Cedo demais, Josh.

Zahra: Não é "idealização" nenhuma saber como ele era sensacional. Ele era incrível. Não merecia morrer. Foi uma perda pra todo mundo. Pra mim, pra minha família e pra profissão dele.

Josh: Não duvido disso, Zahra. Mas estou percebendo que parte da sua dor vem de uma frustração consigo mesma. Uma frustração que nasce da não concretização de um ideal ou de um padrão muito rígido que você estabeleceu pra si mesma usando as conquistas e a personalidade de seu pai como referência. Ele é... era mais velho... mais experiente e responsável. Assim como você, Zahra. Você é responsável. Não acho que seja saudável usar seu pai como único termômetro para as suas próprias conquistas. Também me parece que ele tinha orgulho da pessoa que você se tornou.

Zahra: O que você quer dizer com isso?

INTUITIVA: Segura as rédeas.

Josh: Estou dizendo pra você não ser tão dura consigo mesma. Também acho que vai ser bom se um dia você focar em todas as suas qualidades. Perceber seu valor como pessoa, sem se comparar com os outros.

CRÍTICA: E você conhece bem todas essas qualidades, não é, Josh?!

BIOLÓGICA: *Ela é muito bonita mesmo.*
CRÍTICA: *Não dá pra fugir da Biológica, cara. Você pode me ignorar o quanto quiser, mas a Biológica é tão coerente quanto parece.*

Josh: Não tem problema nenhum em sentir saudade dele. Talvez você sinta isso pra sempre. E tudo bem. Mas nem sempre é necessário reagir a isso.
Ela olhou para mim.
Zahra: Você está falando por experiência própria?

ENGATILHADA: *Humm... Você sente saudade do seu irmão, sim.*
VOLITIVA: *Não é a sua sessão de terapia.*
CRÍTICA: *Você errou com a Zahra no momento em que continuou a trabalhar com ela mesmo depois de suspeitar que sentia algo a mais por ela.*
ANALÍTICA: *Ficou complicado, Josh.*

Josh: É, acho que sim. Mas não estamos aqui pra falar da minha vida.
Zahra: Foi corajoso da sua parte falar desse assunto em público. Poucos homens são tão abertos em relação às emoções. Eu gostaria que mais homens na minha vida fossem assim.
Josh: Bem, eu gosto de ser um exemplo nesse caso, pra ajudar os outros.
Ela se inclinou para a frente, e eu percebi que ela estava prestes a me fazer uma pergunta por genuína curiosidade, não só para desviar a sessão dela mesma. Isso me colocou em alerta; eu estava me esforçando ao máximo para limitar o que falava sobre mim. "Esforçando" aqui é a palavra-chave.
Zahra: Tenho dificuldade em achar palavras pra descrever o meu luto. Como... como você descreveria o seu?

BIOLÓGICA: *O rosto dela é um bálsamo.*
ANSIOSA: *Seria bom compartilhar alguma coisa. Nenhum dos seus amigos e parentes pergunta sobre isso.*
VOLITIVA: *Tenha muito cuidado...*

Josh: Como eu descreveria o luto? Humm... Às vezes pode parecer um vazio pesado. Ou um ruído branco que está sempre ali. Pra mim, são os assentos vazios que trazem isso à tona: uma pessoa a menos na mesa no almoço de domingo. Ninguém pulando por cima de você pra gritar o pedido no fone do drive-thru. O segundo controle do Xbox juntando poeira. Descobri que, às vezes, o luto pode ser tão grande a ponto de encher um cômodo, mas, em outras ocasiões, quando os fantasmas das lembranças preciosas decidem não me assombrar, pra variar, ele pode servir de consolo. Com o tempo, o luto pode te fazer sorrir de vez em quando.

Perdi o quadro de referência de Zahra quando mergulhei no meu. Eu me contive bem a tempo e voltei meu foco para ela.

Josh: Zahra, boas lembranças podem também te lembrar de quem você é, *por que* você faz o que faz e te dar um motivo pra honrar a memória de alguém que continua vivo por meio de você. A melhor maneira de homenagear essa pessoa não é imitá-la, mas continuar a levar a vida sendo o mais próxima de você mesma. Sendo você! Continuar sendo a pessoa que o *outro* amava. É difícil quando você não pode ligar, mandar uma mensagem de texto ou um meme bobo, mas eu gosto de acreditar que o luto existe pra nos lembrar do quanto aquela pessoa era... *é* importante pra você.

Zahra me encarou, mas não disse nada.

> *CRÍTICA: Seu idiota. Você está bagunçando os limites.*
> *ANALÍTICA: Entrando em território antiético.*

Eu também a encarei. Ela sorriu de um jeito acolhedor. Aquilo me fez estremecer por dentro. Zahra irradiava beleza. Ela tirou uma mecha de cabelo da frente do olho, que caiu de volta em instantes.

> *BIOLÓGICA: Endorfina dupla com um toque de adrenalina.*
> *CRÍTICA: Sério, o que você tá fazendo?*
> *VOLITIVA:...*
> *ESCAPISTA: Foi tão lindo dizer isso a ela. Ela faz você se sentir tão bem, Josh. Vocês podiam ajudar um ao outro.*

Josh: Eu, bem... então, é... onde é que a gente estava?

Zahra: Meu luto parece uma culpa palpável. Por que posso andar por aí quando uma pessoa que eu amava morreu? Quem sou eu pra aproveitar uma refeição, um filme, um lindo passeio pelas montanhas? Por que eu posso fazer isso? Por que fui eu que... hã... por que fui eu a...?

Josh: Sobrevivente.

Não tive a intenção de interferir. Minha boca agiu primeiro. Eu estava perdendo a compostura pouco a pouco e percebi isso naquele momento. Eu precisava me recompor e retomar o profissionalismo.

Zahra: É... sobrevivente. Eu sou uma sobrevivente culpada.

Josh: Por que você acha que existe culpa nesse caso?

Ela fez uma pausa para refletir sobre a pergunta.

Zahra: Porque não consegui me despedir nem dizer o quanto eu o amava. Fiquei de mau humor naquela noite no restaurante... fiz aquilo girar em torno de mim. Também acho que, se eu tivesse voltado pra casa com os meus pais, em vez de ficar lá me lamentando, as coisas podiam ter sido diferentes.

Josh: O que você diria a seu pai se ele estivesse aqui agora? Não precisa dizer olhando pra mim, pode escolher qualquer coisa no consultório. Uma pessoa escolheu o vaso de planta, uma vez.

Ela sorriu e continuou olhando para mim com atenção. Seus olhos estavam fixos nos meus.

Zahra: Eu diria... obrigada por ser um homem maravilhoso. Obrigada por me guiar. Obrigada por me inspirar. Sinto muito por termos nos despedido de um jeito estranho. Não se culpe pelo seu irmão, Josh.

ANSIOSA: Que p**** é essa?

Zahra: Não se culpe pelo meu irmão, pai. Você dedicou o coração e a alma pra ajudar o Babak. Ele sabe disso. Nós também sabemos. Não tinha o que consertar nele, pai. E... nem em mim. Você sempre falou que sentia orgulho da gente. Lamento não ter retribuído suas gentilezas. Elas foram mais poderosas e mais influentes do que eu imaginava. Além disso, não se preocupe comigo. Você se preocupa demais. Vou ficar bem. Minha mãe e eu vamos ficar bem. Ela também sente saudade do Harry.

> ANSIOSA: *Estou imaginando isso?*
> IRREVERENTE: *Até eu estou achando isso esquisito.*

Zahra: Ela também sente saudade de você. Eu sei que você se preocupa com o Babak e não queria que eu usasse isso contra ele. Não vou usar. Ele não está bem. Vou dar o melhor de mim pra apoiá-lo de todas as formas possíveis.

Zahra não interrompeu o contato visual comigo em nenhum momento. Foi inusitado, como se ela estivesse falando comigo, embora racionalmente eu soubesse que não estava. Foi intenso. Eu sentia a paixão enquanto tentava domar o turbilhão de emoções que girava dentro de mim.

Zahra: Não se arrependa de nada. Eu te amo. Sempre vou te amar. Obrigada por existir.

O realismo. A natureza sem filtros e coerente da conversa dela com o pai era comovente, mas ser o canal dessas emoções foi avassalador, levando-se em conta os sentimentos pouco profissionais que eu estava desenvolvendo rapidamente em relação a ela.

> BIOLÓGICA: *Quero abraçá-la.*
> ESCAPISTA: *Quero beijá-la.*

Josh: Isso foi comovente. Como você se sentiu? Dizendo isso em voz alta?

Zahra quebrou o contato visual e se recompôs daquela declaração emotiva com um sorriso tímido.

> BIOLÓGICA: *Segurar a mão dela. Ter o ombro um do outro pra chorar nos momentos difíceis.*
> ESCAPISTA: *Imagina agora voltar pra casa com esse nível de acolhimento e compaixão.*
> BIOLÓGICA: *Sem falar na beleza.*
> ANSIOSA: *Volitiva! Cadê você!?*
> DETETIVESCA: *Foi sequestrada pela Biológica.*

Zahra: Olha só... isso pode parecer estranho... mas, no final da terapia, quando a gente encerrar o processo de vez, você quer tomar um café de vez em quando? Bater um papo de médica pra terapeuta? Claro, estou ciente dos limites – não espero que você aceite. Só acho que... seria legal, sabe?

>BIOLÓGICA: *Seria legal. A gente ia adorar.*
>ESCAPISTA: *Eu pago!*
>CRÍTICA: *Eu avisei. Ele é e sempre será um charlatão. Fraco. Sugestionável. Patético.*
>ANSIOSA: *Compassiva? Cadê você?! Analítica?! Alguém me ajuda!*
>BIOLÓGICA: *Estou no comando, agora.*
>ESCAPISTA: *Da minha parte, não tenho do que reclamar.*

Zahra: E... se você alguma vez quis ter um espaço seguro pra falar sobre o Harry... Eu entendo que deve ser difícil. Estou sofrendo com isso. Tenho a impressão de que você sofre até hoje.

>BIOLÓGICA: *Cada célula do meu corpo deseja essa pessoa linda.*
>ESCAPISTA: *Ela faz tudo parecer melhor. Ela pode afastar todos os sentimentos ruins.*
>CRÍTICA: *Pqp.*
>ENGATILHADA: *Harry...*

Meu corpo estremeceu e me trouxe de volta à lucidez. Escapei da fantasia. Voltei ao meu consultório. Eu era eu. Por que meu coração estava disparado?

>VOLITIVA: *Acorda! Faz uma pausa e se recompõe.*
>ANALÍTICA: *Que confusão antiética está acontecendo aqui?*
>ANSIOSA: *Oba! A cavalaria chegou!*

Josh: Sinto muito por interromper esse momento, principalmente quando estamos conversando sobre um assunto tão delicado, mas você se importa se eu for ao banheiro? Caso contrário, minha atenção vai estar focada em discutir com a minha bexiga.

Ela pareceu desconfortável. Ciente de que eu não tinha respondido ao seu convite.

Zahra: Claro que não me importo.

Quando fechei a porta, meu corpo tremia da cabeça aos pés. Comecei a suar e tive que me esforçar para recuperar o fôlego. Cruzei apressado o corredor até o banheiro. Por sorte, estava vazio. Abri a torneira na pressão máxima e joguei água fria no rosto. Olhei no espelho e percebi que estava chorando.

Josh: Que raios eu estou fazendo?

> COMPASSIVA: *Respira fundo. Todos os cenários podem ser complexos. Vamos resolver esse. Até o momento, você fez um excelente trabalho.*
> CRÍTICA: *Fez mesmo?*
> COMPASSIVA: *Você não foi convidada, Crítica. Se manda.*
> ANALÍTICA: *Parece que os seus sentimentos pela paciente transcenderam para o âmbito pessoal. A atração, tanto emocional quanto física, parece estar te impedindo de sentir a empatia necessária e entrar no quadro de referência da Zahra. Você não conseguiu perceber que ela está te idealizando – projetando em você a necessidade de conforto vinda de uma figura masculina de autoridade. É muito comum no luto. Você não percebeu.*
> EMPÁTICA: *É verdade.*
> DETETIVESCA: *E isso está atrapalhando o seu julgamento. Escuta, cara. Você gosta dela. Não tem como negar.*
> ESCAPISTA: *Mas, pelo menos dessa vez, eu não quero ir embora.*

Eu estava chorando na pia. A que ponto tinha chegado. O rangido da porta do banheiro ecoou mais alto que o barulho da torneira. Vi o Dr. Patel pelo espelho. Ele olhou para mim. A preocupação imediatamente se espalhou pelo rosto dele.

> DETETIVESCA: *Por que ele sempre insiste em usar o banheiro deste andar?*

Eu me endireitei.

Josh: Por que você usa este banheiro? Tem um literalmente do lado do seu consultório.

Ele começou a rir, o que afastou momentaneamente a preocupação de seu rosto.

Dr. Patel: Ah, por nada além da minha própria superstição, Joshua. Uma vez, um paciente meu desmaiou quando eu estava usando o banheiro do lado do meu consultório. Desde então, nunca mais consegui ir nele.

Josh: Isso não faz o menor sentido.

Dr. Patel: Você, mais do que qualquer um, devia saber que a ansiedade não faz um uso muito sábio da razão.

Assenti e retribuí o sorriso.

Dr. Patel: O que houve, Joshua? Você está bem? Você parece perturbado. Aqui, pega uma toalha de papel.

Ele me passou uma toalha, e eu sequei o rosto.

Josh: Não vou te aborrecer com isso, doutor.

Dr. Patel: Sua hipocrisia me cansa. O conservadorismo emocional não é o tipo de coisa que você combate ativamente?

Josh: Como é que você sabe?

Dr. Patel: Assisti a uma palestra sua.

Josh: Ah... uau... isso é muito gentil da sua parte. E também surpreendente. Obrigado... doutor.

Dr. Patel: Achei interessante. Aquilo ressoou em mim pessoalmente. Enfim, por que você está chorando no banheiro?

Dei um suspiro. Eu estava com muito medo de contar a ele. Medo do seu julgamento.

> IRREVERENTE: *O Dr. Patel pode ser o seu novo papai!*
> COMPASSIVA: *Acho que não tem problema nenhum em se abrir.*
> VOLITIVA: *Faça de um jeito que funcione pra você.*

Josh: Estou usando uma coisa que não devia usar, doutor. Uma coisa que eu achei que fosse boa pra mim, mas logo percebi que não era. Acontece que está sendo difícil ir largando pouco a pouco. Tenho medo de sofrer se eu largar de uma vez só, sabe?

Dr. Patel: Bem, de que substância estamos falando? É algum remédio?

Josh: Não, não é um remédio... É... um tipo de droga. Tenho vergonha de falar. Faz eu me sentir bem, mas não é boa pra mim.

Dr. Patel: Ah, entendo...

Ele me lançou um olhar solidário, como se tivesse acabado de descobrir que eu estava viciado em crack.

Dr. Patel: Bem, há quanto tempo você está usando?

Josh: Não muito...

Dr. Patel: Bem, são poucos os medicamentos que podem te causar mal se você parar de tomá-los logo no começo. Obviamente, estou partindo dessa sua descrição vaga, porque você parece relutante em me contar. Mas, se você acabou de começar, eu diria que seria melhor parar o mais rápido possível. O vício é uma coisa que consome e ameaça a vida. Você é um bom terapeuta, Josh. Não ponha isso em risco. Posso te indicar umas instituições de apoio, se você quiser.

> VOLITIVA: *"Parar o mais rápido possível."*
> COMPASSIVA: *"Você é um bom terapeuta, Josh. Não ponha isso em risco."*

Josh: Muito obrigado, doutor. Sua bexiga deve estar prestes a explodir; não vou mais tomar o seu tempo.

Dr. Patel: Se cuida, Joshua. Minha porta está sempre aberta.

> IRREVERENTE: *Obrigado, papai!*

Coloquei a mão na porta do meu consultório, respirei fundo e entrei. Zahra estava me esperando. Ela parecia humana de novo, e não a figura fantástica que minha atração, meu luto e meu escapismo queriam que ela fosse. Ela era minha paciente. Sentei e dei um sorriso acolhedor.

Josh: Desculpa.

Zahra: Você teve que sair por causa do que eu disse? Peço desculpas se isso ultrapassou os limites.

Josh: Não precisa se desculpar.

> ANALÍTICA: *Coerência e sinceridade são um dos seus maiores pontos fortes como terapeuta. Seja corajoso. Use-as.*
> COMPASSIVA: *Na faculdade eles não ensinam a gente a sair dessas situações.*

Josh: Fiz uma pausa porque não estava conseguindo ser seu terapeuta por alguns instantes. Eu estava distraído, e meu profissionalismo estava oscilando. Peço desculpas.

Zahra: Eu não percebi nada. Tudo bem.

Josh: Zahra... eu acho... eu acho que não podemos mais trabalhar juntos, por causa das minhas próprias limitações. Desenvolvi sentimentos que atrapalham meu julgamento profissional. Às vezes isso acontece, pela natureza das conexões que podem surgir no consultório. Aconteceu aqui.

Ela parecia incrédula.

Zahra: Rá. Esse é um daqueles momentos "Não é você, sou eu!"? Meu terapeuta está terminando comigo?

Josh: Não. É uma confissão de que meus sentimentos pessoais e as emoções não processadas da minha vida se infiltraram no nosso relacionamento terapêutico. Sinto muito por te decepcionar assim. Essa nunca foi minha intenção.

Zahra: Você está dizendo que estou despertando emoções em você?

Josh: Estou dizendo que estão surgindo emoções com as quais percebo que não lidei adequadamente.

Zahra: Seja sincero, por que está pondo um fim nisso? Eu estou me saindo tão bem. Você me ajudou muito! Por que parar?

Josh: Acho que eu te levei até onde fui capaz.

ESCAPISTA: Que triste.

Josh: Você está indo muito bem. Eu recomendo veementemente que você trabalhe com um especialista em luto e trauma. Alguém que tenha uma formação mais específica do que eu.

Zahra: Mas eu quero trabalhar com você. Não podemos simplesmente fazer uma pausa esta semana? Dar um tempo e recomeçar? Você está sendo incrivelmente vago. Acho que foi porque eu te convidei pra tomar um café, não foi?

Suspirei e tentei desesperadamente achar uma saída. Eu detestava o fato de estar deixando Zahra chateada. Eu também estava profundamente chateado.

Zahra: Me explica o motivo.

> VOLITIVA: *Não explica o motivo.*
> ANALÍTICA: *Não. Integridade profissional.*
> EMPÁTICA: *A última coisa que ela precisa é de mais complicação na vida, como o terapeuta confessar que está sentindo atração por ela!*
> COMPASSIVA: *Mas ela merece a verdade, não é?*
> VOLITIVA: *Não. Existem ocasiões em que não tem problema nenhum não falar tudo. Inclusive na terapia.*

Josh: Vou ser sincero. É horrível esperar sinceridade dos meus pacientes e reservar pra mim o poder de mentir pra me proteger. Vamos encerrar a terapia por causa de uma decisão profissional. *Não* foi porque você me convidou pra tomar um café; esse é um gesto de gentileza e de apreço à conexão genuína que desenvolvemos aqui dentro. Não foi pelo convite, e sim porque uma grande parte de mim quis aceitá-lo. Isso me deixou preocupado, Zahra. Um terapeuta que não respeita mais os limites profissionais deixa de ser terapeuta. E eu... adoro ser terapeuta. Sinto muito.

Ela sorriu.

Zahra: Entendo. Obrigada por ser sincero e claro comigo.

Ela se inclinou para o lado do sofá e pegou uma sacola de presente.

Zahra: Antes de eu ir, por favor, você aceitaria este presente? Eu comprei como forma de agradecimento. Não, não é um Rolex nem nada, só uma planta. Acho que as que você tem aqui estão precisando de companhia. Por favor, me diz que você vai aceitar.

Josh: Vou, sim. Vou colocá-la no parapeito da janela. Obrigado.

Ela parecia prestes a chorar. Eu me inclinei para a frente e a olhei nos olhos.

Josh: Obrigado por confiar em mim. Você foi incrível. Não tenho a menor dúvida de que vai continuar assim. Em todos os aspectos da sua vida.

Ela esboçou um sorriso. Tomei consciência das próprias lágrimas que estava desesperadamente tentando conter. Zahra se levantou pela última vez no meu consultório. Eu me permiti ficar refletindo sobre o maravilhoso contraste com a primeira sessão, quando ela estava rastejando no chão em pânico. Ela estava ereta, segura e íntegra. Eu ia sentir saudade.

Zahra: Tchau, Joshua.

Fechei a porta delicadamente depois que ela saiu. A maranta que ela me deu ficou ali, na mesinha de centro. Eu a peguei e a coloquei em um novo vaso. Depois, a levei com cuidado até o parapeito da janela, de modo que estivesse sempre na minha linha de visão por muitas tardes.

Mantenha a calma e siga em frente

Mãe: Obrigada pelo almoço.
   Josh: Obrigado por vir à cidade pra me ver!
Mãe: Você está bem? Eu sei que é sempre um dia difícil.
   Josh: Você me conhece, mãe. Estou bem. Como você está?
Mãe: Estou ok. Eu o senti com a gente hoje.
   Sorri e assenti. Eu não sabia ao certo como responder, mesmo depois de tantos anos.
Mãe: Bem, vou pegar o ônibus de volta.
   Josh: Eu te acompanho e espero com você.
   Tínhamos nos encontrado para comemorar o que seria o aniversário do Harry. Foi um almoço caro, e não estava tão bom quanto eu esperava. Não era culpa do chef, só um paladar deprimido. Minha mãe parece estar mais em paz com a morte do Harry, talvez por causa de suas próprias crenças. Eu, no entanto, acho que sempre tenho problemas nessa época do ano. Mas não queria preocupá-la. Dei tchauzinho para ela enquanto o ônibus se afastava e senti uma tristeza profunda se espalhar pelo meu estômago.

> *ESCAPISTA: É aniversário do seu irmão. Você não merece se sentir triste. Vamos aliviar a dor.*
> *CRÍTICA: Lá vai ele. Usando a dor pra justificar escolhas equivocadas.*

Fui andando por uma das ruas mais tranquilas da cidade e descobri o pub de aparência mais triste que consegui encontrar. O barman me serviu um *pint* de *bitter* naquele lugar sombrio, e fiquei vendo pela janela enquanto os últimos integrantes da "procissão" da hora do almoço voltavam a contragosto para o trabalho. Meu celular vibrou no bolso. Era uma mensagem da minha mãe.

Mãe: Foi bom te ver. Lembre-se de que ele te ama. Te amo. Bjs.

Sorri. Em seguida, pedi um uísque. Depois, outro *pint*. Depois, outra dose de uísque. Continuei nesse padrão autodestrutivo até me cansar do ambiente e cambalear em direção a uma parte mais gentrificada da cidade. Encontrei refúgio no Crown & Anchor, onde um violonista tocava músicas famosas para o público do fim de tarde. Sentei perto dele e cantei bem alto clássicos de Manchester, como Oasis, Stone Roses, James e David Gray.

> *COMPASSIVA: Josh... você não acha que está na hora de ir pra casa?*
> *ESCAPISTA: Ignora ela, você merece se divertir. É o que Harry ia querer.*
> *ANSIOSA: Se formos pra casa agora, não vamos ter nada além do silêncio e dos nossos pensamentos.*
> *ESCAPISTA: Exatamente.*
> *BIOLÓGICA: Você vai precisar de um pouco de comida no estômago pra contrabalançar toda a cerveja e o uísque.*

Quando o músico fez uma pausa, eu o vaiei com vigor. Por sorte, ele levou na brincadeira. O silêncio que se seguiu pareceu intenso demais, então saí do pub em busca de comida. Comprei algo terrível em um restaurante de kebab e comi encostado na vitrine.

Minha próxima parada foi em um bar de blues ali perto que tem música ao vivo desde a tarde até altas horas. A cerveja não fazia mais efeito, então continuei no uísque. Achei uma cadeira e me sentei para ouvir a banda de blues, admirando o saxofonista, que era incrível. Oscilei entre rir de alegria e chorar. Não porque a música fosse muito evocativa, mas porque eu estava revoltado.

Abri a porta do banheiro com um encontrão, derrubando um sujeito de meia-idade.

Homem: Ei! Presta atenção.

Josh: Desculpa. Eu, hã... perdi o equilíbrio.

O banheiro girava enquanto eu oscilava na frente do mictório. Um segurança entrou e me olhou de cima a baixo.

Segurança: Um pouco cedo pra já estar bêbado assim, amigo. Não acha melhor ir pra casa?

Josh: (*arrotando*) Sério, estou bem. Nós dois estamos bem. Olha só pra nós, estamos ótimos! Ei, você já jogou *Portal*?

O segurança me acompanhou gentilmente até a rua. Com uma gentileza que eu não esperava, ele me colocou em um táxi e me disse para voltar para casa em segurança.

Taxista: Pra onde, amigo?

Josh: É... me leva pra alguém que... me leva pra um lugar onde eu possa, é... ah, já sei!

As luzes ao redor estavam borradas e desfocadas, e eu tinha que fazer força para o lado para manter o equilíbrio. Passei cambaleando por um bar popular com uma fila se formando do lado de fora. Do outro lado da rua havia um banco, que parecia atraente para alguém cujas pernas estavam parecendo gelatina. Filei um cigarro de um jovem que parecia tão bêbado quanto eu, acendi, me recostei e fiquei observando as pessoas. Prestei atenção nas risadas dos clientes na fila do bar. Todo mundo parecia vestido de maneira esquisita para mim, e eu me senti velho.

Examinei a lateral do edifício, olhando para um impressionante mural de abelhas que coloria uma das laterais. A abelha é um símbolo de Manchester que remonta à Revolução Industrial, quando os trabalhadores da cidade eram chamados de abelhas operárias. Fiquei maravilhado com a habilidade artística, até que uma coisa chocante estragou minha diversão. Um grande cartaz azul escrito "Mantenha a calma e siga em frente" estava colado na parte inferior da asa da abelha.

Josh: Que bizarro. Alguém devia arrancar isso.

REDENTORA: Você, companheiro. Você é esse cara. Você é um herói.

Josh: Eu sou... um herói!

A fila do bar tinha crescido a ponto de bloquear a entrada do beco onde estava o mural e o abominável cartaz. Abri caminho pela multidão até o beco e olhei para a monstruosidade. Era um cartaz enorme.

Josh: Por que alguém colou essa frase idiota em cima de um mural tão bonito?

Pessoa na fila: (*rindo*) Você devia ir lá e arrancar.

Josh: Eu vou!

O pôster estava a quase quatro metros de altura, mas uma lata de lixo de tamanho industrial oferecia um atalho para chegar até ele; eu só precisava subir nela. Então subi. Um bêbado idiota escalando uma lata de lixo instigado por uma multidão jovem e embriagada.

> *REDENTORA: Vou te tirar daí.*

Fiquei de pé em cima da lixeira, agora cara a cara com o cartaz.

> *REDENTORA: Agora eu te peguei.*

Coloquei a mão no canto do cartaz, mas ele estava tão colado à parede que fui obrigado a vasculhar as bordas em busca de uma ponta solta. Dava para ouvir as risadas lá embaixo. Risadas de incentivo, eu esperava.

> *CRÍTICA: Eles estão rindo de você, Josh. O que você está fazendo?*

Irritantemente, o cartaz parecia quase pintado na parede. Eu não conseguia achar uma ponta em nenhuma parte dele. Comecei a arranhar freneticamente a superfície.

> *CRÍTICA: Ah, cara, isso não é bom...*
> *IRREVERENTE: Amigo...*

Continuei arranhando. As pontas dos meus dedos começaram a arder.

> *REDENTORA: Quase lá – você pode salvar o mural das abelhas dessa aberração!*
> *ANSIOSA: Não posso!*

A risada que vinha lá de baixo se transformou em uma mistura de zombaria e preocupação. Alguns transeuntes pararam para ver o que estava acontecendo, e a multidão foi crescendo. Minhas mãos começaram a sangrar. Perdi o equilíbrio, mas felizmente só caí de joelhos em cima da lixeira. Tudo girava. Eu tinha fracassado. Abaixei a cabeça. Solucei, gritei de raiva e comecei a chorar.

>   CRÍTICA: *Que caos.*
>   ESCAPISTA: *Você foi longe demais, cara. Deu azar.*

Fiquei ajoelhado ali e chorei. Eu não sabia o que fazer. De repente, as pessoas começaram a pegar os celulares para registrar aquele momento tragicômico.

>   DETETIVESCA: *Levanta, Josh. Isso pode acabar com sua reputação. Pode afetar sua carreira.*
>   COMPASSIVA: *Presta atenção!*

Minhas pernas agora eram como chumbo. Eu não conseguia me mexer. Só deixei que me filmassem. De repente, a multidão se abriu e apareceram dois seguranças do bar. Suas silhuetas foram ficando cada vez maiores conforme eles marchavam na minha direção. Senti meus braços sendo agarrados com força e fui puxado de cima da lixeira e carregado pelo beco.

>   CRÍTICA: *Talvez eles te deem umas bofetadas pelo transtorno.*
>   ESCAPISTA: *Eu não ligo.*

Eles me arrastaram por uma porta corta-fogo até uma cozinha pequena. Baixei a cabeça, olhando para os meus pés à espera de uma forma de repreenda verbal ou física. Uma caneca de café preto foi colocada na frente do meu rosto, a fumaça entrando pelas narinas. Levantei o olhar.

Levi: Pega logo! Não posso ficar aqui o dia todo.

Fiquei atordoado. Tomei o café, inundado pela confusão, pelo constrangimento e pelo alívio ao mesmo tempo.

Levi: Bebeu demais, né, amigo?

Ele olhou para o colega e fez um sinal com o queixo, para sugerir que ele fosse embora.

Levi: Pode nos dar um minuto? Te encontro daqui a pouco. Lá na porta. Me avisa se tiver alguma emergência.

O segurança assentiu e saiu com uma garrafa térmica de café. Levi puxou uma cadeira e se sentou ao meu lado.

Levi: Não sei o que está acontecendo com você, mas, seja o que for, não parece bom. Você é mais inteligente do que isso.

Josh: Eu... eu estou...

Levi: Não tenta explicar, porque você está bêbado e isso vai me deixar irritado. Não quero que essa seja a lembrança que eu vou guardar de você.

Assenti.

Levi: Seja o que for que você esteja passando, lembra que... você também merece ajuda, sabia?

Ele tomou um gole do próprio café.

Levi: Sabe, alguém pra te ajudar como você me ajudou.

O rádio dele apitou no bolso.

Voz no rádio: Levi, desculpa, cara, mas temos um grupo aqui que está arrumando confusão na fila.

Levi suspirou e revirou os olhos.

Levi: (*no rádio*) Certo, tô indo.

Ele se levantou e foi até a porta. Então, parou e se virou para mim.

Levi: Cura esse porre. Não vou voltar aqui. Vou fingir que nunca te vi. Se cuida. E... obrigado.

Ele abriu a porta e começou a atravessá-la. Depois, parou de novo.

Levi: Ah, e um dia eu vou terminar com ela. Não é mais a mesma coisa e... nunca mais vai ser. Eu só preciso saber que tentei de tudo antes.

A porta se fechou devagar quando Levi saiu de novo em direção à rua. Bebi um gole de café e tomei minha única decisão sensata da noite: chamei um táxi para voltar para casa. Sou eternamente grato pelo que Levi fez naquela noite, quando eu estava no fundo do poço. Sua compaixão, sua postura sem julgamento, seus modos: todas as características que você pode esperar de um grande terapeuta.

A beleza da terapia

Quando a terapia funciona – quando você, seu terapeuta e a abordagem escolhida para o tratamento combinam –, coisas lindas podem acontecer e muitas vezes acontecem. Mesmo que você esteja fazendo terapia uma vez a cada duas semanas só para desabafar, quando há empatia, coerência e consideração positiva incondicional (obrigado, Carl Rogers) no bolo, coisas realmente boas podem acontecer, e isso pode ser incrivelmente útil.

Gostaria que você imaginasse que estamos todos flutuando juntos vida afora, mas também que cada um de nós está dentro de sua própria bolha especial. Essa bolha é criada para e por nós, criada pelos nossos medos, experiências, crenças, esperanças e sonhos. Sua bolha é, ao mesmo tempo, onde você existe e quem você é. Você viaja em sua bolha pelo tempo e o espaço, às vezes sentindo alegria e serenidade, às vezes sendo sacudido pelas violentas correntes da vida. Uma boa terapia – uma bela terapia – é como ser convidado a estacionar sua bolha dentro da bolha de outra pessoa de vez em quando. Uma boa terapia é um espaço seguro onde você é totalmente bem-vindo. Um lugar onde você pode se abrir sem medo do julgamento. Um cofre onde você pode armazenar seus pensamentos, sentimentos e experiências mais valiosos, sabendo que eles estarão lá quando você voltar, protegidos do mundo exterior. É maravilhoso quando isso acontece.

Uma boa terapia é o resultado da confiança. Quando fiz terapia pela primeira vez, demorei um pouco para baixar a guarda. Eu estava vivendo como se tudo e todos fossem uma ameaça. Mas, depois de um tempo, comecei a confiar no meu terapeuta, e as sessões se tornaram lugares e momentos muito especiais para mim. Aprendi a me abrir. Parte do que eu disse permanece trancado naquele cofre sagrado. Parte eu aprendi a compartilhar também com outras pessoas de forma saudável e produtiva. A experiência foi maravilhosa. Poderosa. Quase espiritual, palavra que eu não uso com frequência.

Existe um grande volume de pesquisas sobre diferentes métodos de terapia que indicam que quase todas as formas de terapia "funcionam" de algum jeito, desde que alguns requisitos essenciais sejam cumpridos. Encontrar um terapeuta que seja empático, sincero e coerente, e que o aceite completamente em todos os sentidos, significa que você tem uma boa chance de obter algum benefício da terapia, independentemente da orientação teórica do terapeuta. É claro que existem algumas questões que respondem melhor a determinados tipos de tratamento (abordagens cognitivo-comportamentais no caso de transtornos de ansiedade, por exemplo), mas as pesquisas ilustram para nós a beleza potencial da terapia quando há uma boa química entre você e o profissional que deseja sinceramente ajudá-lo. Uma relação terapêutica sólida baseada nesses princípios fundamentais será benéfica de alguma forma, na maior parte das vezes. Isso é maravilhoso. A terapia funciona, e funciona porque dois seres humanos trabalhando juntos no espírito de aceitação e compreensão é algo poderoso.

A terapia pode ser linda. Qual é, então, a diferença entre a beleza e os benefícios da terapia e a beleza e os benefícios de ter bons amigos ou parentes próximos na sua vida? Às vezes temos sorte e cultivamos relações pessoais que podem nos proporcionar aceitação incondicional, empatia e sinceridade. Acontece. Mas a vida é complicada, e cada um de nós tem as suas próprias crenças, condições de autoestima, experiências e questões. Vemos o mundo através das nossas lentes. Você esperaria que o seu melhor amigo enterrasse completamente os problemas e dificuldades dele em nome dos seus? Claro que não. Não é isso que queremos das nossas amizades. Você esperaria que os seus irmãos deixassem completamente de lado as próprias experiências e crenças para lhe oferecer aceitação total e incondicional em todos os momentos, sem nenhum conflito? Isso não é realista. Todos nós temos conflitos com os amigos e os parentes. É ingenuidade demais pensar que as pessoas especiais da nossa vida são sempre inteiramente sinceras e transparentes conosco? Não exatamente, mas sempre é bom lembrar que as pessoas próximas estão cuidando da própria vida e, portanto, vêm até nós saturadas ou, no mínimo, tocadas pelas próprias influências e prioridades.

Tudo isso é normal e esperado. É uma coisa boa. Não há nada de errado com relacionamentos pessoais que existem dentro desses parâmetros. Todos nós temos o direito de ser humanos uns com os outros. Devíamos sempre ter o respeito e o amor das pessoas próximas, mas simplesmente não podemos esperar encontrar uma consideração positiva incondicional, empatia e sinceridade em nossos relacionamentos pessoais o tempo todo, mesmo quando todo mundo tem as melhores intenções e está tentando criar essas condições. Nossos relacionamentos íntimos e pessoais também são lindos, mas à maneira deles.

A beleza e a eficácia de uma boa terapia são algo totalmente diferente. Tudo começa com limites claros e importantes. Seu terapeuta está ali para ajudar você. Não há nenhuma expectativa de que você o ajude, nem mesmo que se preocupe com ele em um nível pessoal. Você não precisa amar nem mesmo gostar dele. Certamente ajuda quando existe uma boa conexão, mas um terapeuta não está lá para ser cuidado, apreciado ou validado por você. Lembra quando eu disse que não esperamos que nossos amigos ignorem as próprias dificuldades deles em nome das nossas? É exatamente isso que um terapeuta deve fazer por você durante a sessão.

Um terapeuta estuda por um tempo para aprender a permanecer ancorado em seu quadro de referência, algo que um amigo não é obrigado a fazer, nem deveria. Um amigo permanece no próprio quadro de referência enquanto interage com você e, portanto, não pode deixar de examinar como você está fazendo com que ELE se sinta. Um terapeuta pode ter sentimentos durante uma sessão, mas também vai trabalhar muito para arquivar esses sentimentos e permanecer focado em como VOCÊ se sente.

Observe o título do livro que você está lendo agora. Existe uma razão pela qual associamos essa frase à terapia.

A terapia é uma troca. Isso não é algo negativo. A natureza transacional do relacionamento é de onde vem o potencial de beleza e de resultados positivos. Você confia seu dinheiro ao terapeuta. Em troca, ele está ali para ser sincero e coerente com você, para ter empatia e lhe oferecer uma consideração positiva incondicional. É claro que ele também está lá para usar a formação e a experiência dele para resolver seus problemas e preocupações, mas, antes de chegar a esse ponto, um bom terapeuta começa cada sessão aceitando que está inteiramente ao seu lado, sem expectativa de nada em troca além do pagamento do valor combinado.

É difícil ter empatia, ser sincero e totalmente acolhedor e dedicado a outro ser humano. É cansativo. É preciso trabalho e dedicação. É preciso estudo, inclusive. Tudo bem. É por isso que os terapeutas existem. Eles escolhem fazer isso por você e com você em blocos de uma hora por semana ou mais, dependendo da situação. Um bom terapeuta se preocupa totalmente com você, mas a natureza do relacionamento significa que ele não está lá para ser seu amigo. Em vez disso, uma boa terapia começa onde o relacionamento com seus amigos é insuficiente. Uma boa terapia aprimora e intensifica a ajuda que você obtém em seus relacionamentos pessoais. Uma boa terapia dá segurança e apoio, mas é também focada e dedicada inteiramente às SUAS necessidades. É aí que reside a beleza da boa terapia.

Este parece ser um bom momento para falar sobre a ideia de ser amigo do seu terapeuta. É difícil conhecer alguém em um nível emocional íntimo e não criar um vínculo de amizade. Os terapeutas também são seres humanos. Muitas vezes, os pacientes querem ser nossos amigos. É normal você gostar do seu terapeuta. É aqui que a formação e a prática ética de um bom terapeuta se tornam importantes. Fui treinado para fazer o melhor possível para evitar o que é chamado de relacionamento duplo com um paciente. Ser terapeuta e amigo seria um relacionamento duplo que começaria a ultrapassar os limites importantes que comentei anteriormente. Você precisa desses limites. Como terapeuta, eu preciso desses limites. Nós nos esforçamos muito para mantê-los intactos, porque eles existem para garantir que a terapia seja eficaz de uma forma que as amizades não conseguem.

Um terapeuta ético e com boa formação evita fazer amizade com os pacientes, porque os amigos estão emocionalmente investidos em ajudá-lo a se sentir melhor. Os terapeutas devem estar investidos na tarefa, muitas vezes mais difícil, de ajudá-lo a *ser* melhor. O vínculo emocional da amizade torna mais complicado para o terapeuta fazer as coisas difíceis que você precisa que sejam feitas. Nós – e você – estamos em melhor posição quando permanecemos firmemente enraizados no papel claramente definido e delineado de auxiliar. Os amigos querem nos defender. Um amigo vai dizer que você não é um babaca e que é absolutamente incrível. Um terapeuta está disposto a fazer o trabalho sujo, de não lhe dizer que você é incrível, mas pedir que você explique por que acha que não é.

Quando um relacionamento terapêutico termina e você sente que não precisa mais da ajuda do terapeuta, você vai embora. Às vezes, esse é um momento triste para os dois, mas também um momento de orgulho. Um bom terapeuta vai pensar em você de vez em quando, se perguntar como você está, mas não precisa que você dê notícias e nunca vai lhe pedir isso, por mais que esteja curioso. Você pode cortar todo o contato com seu terapeuta por dois anos, depois pegar o telefone e marcar uma sessão sem fazer perguntas nem dar explicações. A porta permanece aberta incondicionalmente. Tente fazer isso com um amigo e a reação provavelmente será bem diferente.

Se o seu terapeuta resistiu às suas tentativas de desenvolver uma amizade, não se ofenda. Isso não significa que ele não se importa. Não significa que ele só está ali pelo dinheiro. Não significa que tem algo de errado com você. Significa apenas que ele está tentando manter esse relacionamento em um lugar especial, onde você tem segurança e apoio e onde o foco permanece em você e naquilo que você precisa. Qualquer pessoa que tenha passado por uma boa terapia olha para trás e pensa: "Eu podia ter ficado amigo do meu terapeuta, mas fico feliz por não ter feito isso." É isso que faz a santidade da terapia ser tão especial.

Se dependesse de mim, eu mandaria minha família e meus amigos para a terapia. Não porque eles estejam destruídos e precisem de conserto, mas porque uma terapia maravilhosa não serve apenas para os momentos em que nos sentimos destruídos ou precisando de conserto. A boa terapia – uma bela terapia – é uma experiência que melhora nossa vida, na medida em que é uma experiência que nos dá alento ou conforto. Uma boa terapia é uma dádiva.

A entrevista

Maio de 2015

O corredor onde tínhamos que esperar era comprido e adornado com retratos a óleo de pessoas que eu presumi serem importantes na história acadêmica. Eles nos fizeram sentar em bancos acolchoados, como em uma igreja. Eu não conseguia ficar parado. Aquela era a minha oportunidade de fazer um mestrado para me tornar psicoterapeuta. A grande porta georgiana ao meu lado se abriu e dela saiu uma entrevistada de semblante aliviado, mais ou menos da minha idade. Ela me lançou um olhar tranquilizador, como se dissesse "boa sorte", enquanto seguia pelo corredor. Uma mulher sorridente de meia-idade apareceu na porta.

Dra. Phillips: Joshua?
Josh: Sou eu.
Dra. Phillips: Vamos entrar para a sua entrevista agora?

Segui a Dra. Phillips até uma sala grande e ornamentada, com todas as paredes cobertas por estantes de livros antigos. Dois professores estavam sentados atrás de uma grande mesa de mogno e fizeram um gesto para que eu me sentasse em frente a eles. A Dra. Phillips se juntou ao painel de entrevistadores. Embora parecessem amistosos, meu coração estava disparado. Eu estava torcendo para não confundir as palavras nem deixar escapar bobagens. Também fiz tudo que era possível para esconder minhas mãos agitadas – um tique que eu tenho desde a infância. Havia um copo d'água esperando por mim, e eu tomei um gole trêmulo.

Dr. Perbesi: Seja bem-vindo, Joshua.
Josh: Olá.

Dra. Phillips: Gostamos da sua inscrição, Joshua. Parabéns por ter chegado até aqui. Recebemos um número muito grande de candidaturas este ano, por isso, independentemente do que aconteça hoje, lembre-se que chegar até aqui é sinal de que a sua inscrição foi muito boa.

Assenti e sorri sem jeito. O terceiro professor permaneceu em silêncio, anotando algo no bloco.

Dr. Perbesi: Vamos direto ao assunto, então. Nossa primeira pergunta é algo que fizemos na inscrição por escrito, mas também gostaríamos de ouvir a resposta dos candidatos pessoalmente. Não se preocupe se a sua resposta não for idêntica à que você mandou por escrito; não é um teste de memória.

O terceiro professor olhou em volta para pegar um documento que presumi ser minha ficha de inscrição.

Dr. Perbesi: Então, vamos começar. Você pode nos explicar por que deseja ser psicoterapeuta?

Eu me senti travar na cadeira, procurando nos recônditos da minha mente a resposta que parecesse mais adequada. Algumas vozes familiares contribuíram com suas versões:

> *ANSIOSA: Quero ser terapeuta porque isso me dá uma sensação de controle sobre as minhas ansiedades. Além disso, o mundo está desmoronando e não vão faltar pacientes quando o apocalipse chegar. Ser um terapeuta especializado em ansiedade significa que posso estudar algo que eu mesmo já enfrentei e usar minha experiência para ajudar outras pessoas.*
>
> *VOLITIVA: Quero estudar para ser terapeuta porque sou eu que estou tomando uma decisão assertiva e fundamentada para minha vida, em vez de ficar remoendo na indecisão e hesitando em fazer grandes mudanças. Além disso, é algo que exige que eu seja o mais autêntico possível. Um bônus é que posso trabalhar sozinho, fazer minhas escolhas profissionais e não receber ordens de chefes irritantes.*
>
> *ANALÍTICA: Acho que faz todo o sentido eu estudar pra ser terapeuta. Tenho as notas, a disposição, a experiência de vida e a vontade. Poucas pessoas se sentem atraídas pelo papel de ouvinte,*

ao passo que eu acho que caminho em direção a esse papel. Faz sentido pra mim.

DETETIVESCA: Eu daria um ótimo terapeuta porque adoro saber mais sobre as pessoas. Além disso, adoro um bom caso pra resolver com um bom parceiro, ou seja, com os pacientes. Também tenho uma quedinha por sobretudos e chapéus fedora e sou obcecado por evidências.

COMPASSIVA: Quero ser terapeuta porque tenho muita compaixão por quem está passando por dificuldades. Acho que demonstrar compaixão por outro ser humano é uma das coisas mais bonitas que alguém pode fazer, ainda mais em uma sociedade que é tão facilmente dividida e que é repleta de preconceitos pessoais e sistemáticos. Minha compaixão vai ser uma mão carinhosa estendida para aqueles que passam por dificuldades emocionais. A ansiedade pode ser muito assustadora. Quero que a minha prática seja fundada na pedra angular da compaixão.

REDENTORA: Eu adoraria ser terapeuta porque quero salvar as pessoas. Mais importante ainda, quero ajudar as pessoas a salvarem a si mesmas. Capacitá-las a serem seus próprios redentores. Como disse Einstein, só uma vida vivida para os outros é uma vida que vale a pena. Não se trata apenas de tentar projetar a necessidade de redimir os outros por causa da perda do meu irmão – embora isso sem dúvida desempenhe um papel –, isso sempre foi algo que eu quis fazer. A morte dele me deu o impulso de que eu precisava.

CRÍTICA: Quero ser terapeuta pra preencher o vazio deixado pelo luto e pelas escolhas ruins que fiz na vida. Estudar muito e ajudar os outros vai me ajudar a me convencer que eu tenho valor. Também vai ajudar a aplacar a culpa do sobrevivente com a qual convivo todos os dias. Também sou péssimo em trabalhos manuais, em rotinas banais e em receber ordens, portanto ter um trabalho em que passo o dia todo sentado é perfeito.

BIOLÓGICA: Eu gostaria de ser terapeuta porque acredito que isso seria bom pro meu bem-estar físico e psicológico e para o dos outros. Também gostaria de mostrar às pessoas que não tem

problema o corpo processar as emoções e que não tem problema expressá-las. Além disso, acho a profissão empolgante, e é um trabalho que talvez careça de profissionais do sexo masculino.
EMPÁTICA: *Eu seria um ótimo terapeuta porque poderia desenvolver ainda mais minha capacidade de ter empatia. Desde criança eu sempre fui bom em me colocar no lugar dos outros. Sempre fui aquele que cumprimentava o aluno novo na escola e queria que ele se sentisse seguro. Sempre fui atraído por pessoas que estavam chateadas e queria ouvir suas trajetórias pra saber melhor como ajudá-las. Ter um trabalho onde eu pudesse aplicar e desenvolver essa habilidade seria incrível.*
ESCAPISTA: *Eu gostaria de ser terapeuta porque isso me permite entrar no mundo fascinante dos outros com o bônus de fugir do meu, mas de uma forma produtiva, embora o paradoxo seja que eu quero que o meu trabalho se torne parte da minha vida. Além do mais, é uma fuga da minha carreira atual, na qual não me sinto realizado. Abrir meu consultório pode me dar mais liberdade e proporcionar momentos mais felizes fora do trabalho.*
IRREVERENTE: *Eu gostaria de ser terapeuta pra poder ir a festas e mentir sobre meu trabalho, pra que as pessoas bêbadas não me contem todos os seus traumas enquanto estou na fila do banheiro. O professor à direita está com uma mancha de mostarda na camisa.*
ENGATILHADA: *Quero ser terapeuta porque aprendi que não há problema nenhum em lidar com meus gatilhos de ansiedade em vez de passar a vida tentando evitá-los. Desde que superei o transtorno de ansiedade, uma parte de mim gosta do desafio de praticar a tolerância voluntária. Espero levar isso pro meu papel de terapeuta.*
INTUITIVA: *Você consegue, Josh.*

O tempo desacelerou. As batidas suaves de uma chuva de fim de verão na janela eram o único ruído na sala. O sol difratava sua luz através das gotas de chuva, criando um pequeno e colorido anel atrás do painel de entrevistadores. Olhei para o círculo brilhante esperando que algo ou alguém aparecesse para me dar a resposta. Em vez disso, o círculo flutuou suavemente por um momento antes de desaparecer. Uma sensação acolhedora e eufórica tomou conta de mim e aliviou a ansiedade. Não pude deixar de sorrir. Segui minha intuição.

Josh: Por causa do meu irmão...

Agradecimentos

Eu não seria capaz de escrever este livro se não fossem as centenas de pacientes corajosos que me deram o benefício da dúvida e confiaram no meu trabalho. Eles me inspiraram a celebrar e representar a terapia da maneira mais sincera possível. Além disso, o apoio que recebi dos meus colegas de profissão foi inestimável enquanto eu mergulhava em algo que, para mim, era desconhecido até então.

Obrigado à minha amiga Gillian, por plantar a semente e me inspirar a escrever este livro. Essa semente foi então nutrida pela minha agente Rachel e depois levada a florescer por Pippa e toda a equipe da Orion Spring. Agradeço a confiança de todos.

Também gostaria de agradecer a Hannah, minha mãe, minha família e meus amigos, por todo o amor e encorajamento. Vocês foram meu antídoto para os momentos sempre presentes de dúvida e me ajudaram a perseverar neste projeto, que é tão importante para mim. Obrigado por me amarem tanto quanto eu amo vocês. E me desculpem pelas vezes em que fui um pouco chato.

CONHEÇA ALGUNS DESTAQUES DE NOSSO CATÁLOGO

- Augusto Cury: Você é insubstituível (2,8 milhões de livros vendidos), Nunca desista de seus sonhos (2,7 milhões de livros vendidos) e O médico da emoção

- Dale Carnegie: Como fazer amigos e influenciar pessoas (16 milhões de livros vendidos) e Como evitar preocupações e começar a viver

- Brené Brown: A coragem de ser imperfeito – Como aceitar a própria vulnerabilidade e vencer a vergonha (900 mil livros vendidos)

- T. Harv Eker: Os segredos da mente milionária (3 milhões de livros vendidos)

- Gustavo Cerbasi: Casais inteligentes enriquecem juntos (1,2 milhão de livros vendidos) e Como organizar sua vida financeira

- Greg McKeown: Essencialismo – A disciplinada busca por menos (700 mil livros vendidos) e Sem esforço – Torne mais fácil o que é mais importante

- Haemin Sunim: As coisas que você só vê quando desacelera (700 mil livros vendidos) e Amor pelas coisas imperfeitas

- Ana Claudia Quintana Arantes: A morte é um dia que vale a pena viver (650 mil livros vendidos) e Pra vida toda valer a pena viver

- Ichiro Kishimi e Fumitake Koga: A coragem de não agradar – Como se libertar da opinião dos outros (350 mil livros vendidos)

- Simon Sinek: Comece pelo porquê (350 mil livros vendidos) e O jogo infinito

- Robert B. Cialdini: As armas da persuasão (500 mil livros vendidos)

- Eckhart Tolle: O poder do agora (1,2 milhão de livros vendidos)

- Edith Eva Eger: A bailarina de Auschwitz (600 mil livros vendidos)

- Cristina Núñez Pereira e Rafael R. Valcárcel: Emocionário – Um guia lúdico para lidar com as emoções (800 mil livros vendidos)

- Nizan Guanaes e Arthur Guerra: Você aguenta ser feliz? – Como cuidar da saúde mental e física para ter qualidade de vida

- Suhas Kshirsagar: Mude seus horários, mude sua vida – Como usar o relógio biológico para perder peso, reduzir o estresse e ter mais saúde e energia

sextante.com.br